GENJIN刑事弁護シリーズ⓴

実践!
刑事証人尋問技術
part2
事例から学ぶ尋問のダイヤモンドルール

ダイヤモンドルール研究会ワーキンググループ[編著]

現代人文社

はしがき

　ダイヤモンドルール研究会の前書（『実践！　刑事証人尋問技術——事例から学ぶ尋問のダイヤモンドルール』）は、2009年4月に発刊された。裁判員裁判制度が施行される直前である。前書の「あとがき」の最後に「裁判員裁判における審理を通して、刑事弁護における尋問技術は飛躍的に向上することが予見される」と書いているが、この10年足らずの時間経過のなかで、証人尋問という分野は、我が刑事裁判実務において、最も顕著な変化をみせ、進展した領域であるといって過言ではないだろう。この間、尋問自体をめぐっての論攷の数自体、飛躍的に増大している。前書は、好評を得、版も重ねているが、このような議論や実践の進展に、いささかなりとも寄与するところがあったものと自負している。

　現に今、我が国においても、公判中心主義・直接主義の理念のもと、証人尋問こそを裁判の中心に位置づける時代が到来している。これは弁護人にとって、同時に、証人尋問の場が憲法37条2項を実効化させる場として捉えられることをも意味している。より実効的な尋問を行うためにどうすべきかは、個々の弁護人にとって、ますます切実な実践課題となっている。当然多くの検討テーマが存在しており、さらなる試行錯誤がある。公判中心主義・直接主義自体をめぐっても、様々な考えが展開され、その議論が活性化している。

　同時に、捜査段階の取調べ及び供述調書への過度の依存を改めることを大きなテーマにした、2016年刑訴法等の改正によって、我が刑事司法実務は、さらに異なった局面をも迎え、大きな変貌を遂げようとしている。取調べ可視化時代の現実の始動のなかで、普通の弁護人が、その弁護の技能を質的に、かつ、量的にアップさせるべき時代が到来しているのである。証人尋問・被告人質問の在り方についても、新たな観点が生じうる。そのとき、たとえば、刑訴法322条1項自体が問われ、刑訴法321条1項2号の解釈適用もまた根本的に変化することが予見されているというべきであろう。

　そのようななかで、どのような尋問技術が求められているのか。時代の変化とともに、尋問技術の在り方も、また、変化するというべきであろうか。むしろ、ダイヤモンドルール研究会は、どのような時代にも耐えうる普遍的な

尋問技術（ダイヤモンドルール）があるとして、その構築をこそ目指しているというべきなのかもしれない。

　本書の論攷の多くは、今回も、当会代表の秋田真志弁護士によって書かれた。同弁護士の尋問技術論に、ますますの磨きがかかっていることは誰もが認めるところであろう。さらに本書では、髙見秀一弁護士、小田幸児弁護士、そして、森直也弁護士が、ダイヤモンドルールの在り方に相応しく、まさに自らが経験した具体的な事案に則し、尋問についてのノウハウを惜し気もなく、提供している。本書における、これら論攷は、尋問技術に関し、具体的な事例における実践を通し、従来の手法を再確認しつつも、読者各位に対し、新たな知見を展開し、披瀝している。

　以上に加え、高木光太郎教授には、まさに開拓されつつある供述心理分析の新領域を語っていただいた。そして、巻末には、故髙野嘉雄弁護士の論攷を収録している。感性と勘にもとづいて、法廷を「髙野劇場」としていたようにみえた同弁護士の反対尋問の在り方が、如何に周到な方針・戦略のもとに組み立てられていたか、その発想のコアな部分が明らかにされている。

　前書に続いて本書もまた、弁護人の座右の書になることを疑わない。

2017年7月

小坂井　久

目次　実践！ 刑事証人尋問技術　part 2
──事例から学ぶ尋問のダイヤモンドルール

はしがき　2
ダイヤモンドルールの「復活」にあたって──序論　13

実践的基礎編
──反対尋問の基礎理論と実践

【第1章】
反対尋問の目的についてもう一度考えてみよう ─── 16
──「活かす反対尋問」と「弾劾」

　反対尋問の目的は弾劾に尽きるのか？　16
　ダイヤモンドルールは「活かす反対尋問」を目的としないのか？　17
　「活かす反対尋問」と「弾劾セオリー」　19
　有利な事実を引き出すための技術　21

【第2章】
塗り壁をしないために ─── 24
──主尋問では「出なかったこと」に注目せよ！

　設例と検察官主尋問　24
　反対尋問──よくある失敗例　26
　参考反対尋問例──主尋問で「出なかったこと」に注目せよ　27
　弾劾事実の見つけ方　28

【第3章】
弾劾事実を見極めよ（その１） ─── 31
──反対尋問のブレーン・ストーミング

　記録の内容　31
　証拠の検討──反対尋問の準備（その１）　35
　反対尋問のブレーン・ストーミング　38

【第4章】
弾劾事実を見極めよ（その2） ―― 42
―― 反対尋問のブレーン・ストーミング

 弾劾事実の抽出（続き）――被害者は「ストレートで3、4発殴られた」のか？　42
 弾劾事実抽出の方法　44
 まとめに代えて――的確で有効な矛盾の抽出のために　46

【第5章】
弾劾事実から尋問事項を組み立てよう ―― 48
―― 被害者は「顔面をカウンターに叩きつけられた」のか？

 「顔面をカウンターに叩きつけられた」の弾劾事実の抽出　48
 抽出された弾劾事実　50
 弾劾事実と尋問の組み立て　52
 モデルとなった事件の顛末　57

【第6章】
あなたが見たのは彼ですか？ ―― 59
―― 犯人識別供述の弾劾

 問題の所在――犯人識別の困難と誘導の危険　59
 犯人視認状況についての供述の弾劾　63
 犯人識別過程についての供述の弾劾　65

自己矛盾弾劾編
―― 自己矛盾供述弾劾の理論と実践

【第7章】
再び、調書を示す反対尋問について ―― 72
―― とくに田中伸一判事の「証人の検察官調書を示す尋問」をめぐって

 ある反対尋問　72

裁判官の抵抗？　77
　　199条の10説──私たちの立場　77
　　田中論文と199条の11説　78
　　まとめに代えて　81

【第8章】
法と規則の条文を使いこなせ！ ─────── 83
──刑訴法328条および規則199条の10、11、12の解釈、射程
　　条文規定はどうなっているか、再度よく読んでみる　83
　　「これを証拠とする」方法について　87
　　規則199条の11の説明　93
　　規則199条の12の説明　96

【第9章】
検察官の異議を跳ね返せ！ ─────── 98
──自己矛盾供述による弾劾をめぐって
　　問題の所在──3C手法をめぐる現状　98
　　自己矛盾供述による弾劾の意味と突くべき変遷──事例①への対処　100
　　反対尋問における供述調書の呈示──事例②③への対処　102
　　変遷理由との関係──事例④への対処　106
　　まとめに代えて──反対尋問の課題　107

【第10章】
あれ？　それは言ってなかったけど…… ─────── 109
──一歩進んだ欠落型自己矛盾の弾劾テクニック
　　問題の所在　109
　　事例設定──ある迷惑防止条例違反事件　109
　　被害者と被告人の各供述　110
　　反対尋問の準備　111
　　よくある失敗例　111
　　改善例──欠落を突くことの意味　113
　　判決事例の展開と判決の信用性判断　116

実践編
——実際の公判に学ぶ反対尋問事項書の作り方

【第11章】
使い勝手のよい反対尋問事項書を作ってみよう（その1）——— 120
　具体的事案　120
　当該証人の供述調書（再現実況見分等も）を全部、供述の時系列順に綴り直す　122
　尋問事項書をどうやって作っていくか　127

【第12章】
使い勝手のよい反対尋問事項書を作ってみよう（その2）——— 133
　はじめに　133
　判決の「理由」　133
　Dの供述が信用できないとされた根拠についての具体的検討　135
　供述調書を示そうとしたときの検察官の異議申立てに対する対応方法　147

【第13章】
使い勝手のよい反対尋問事項書を作ってみよう（その3）——— 150
——検察官による異議申立てと不相当な証人テストへの対処方法
　供述調書を示そうとしたときの検察官の異議申立てに対する対応方法（続）　150
　証人テストの内容について尋問する方法　157
　検察官の異議申立てに対する尋問事項書というものがあるのか　160
　尋問が終わったら、すぐに、弁論で言えることをまとめる作業をしておくこと　161
　最後に　162

専門家証人主尋問編
―― 専門家を尋問する秘訣を知ろう！

【第14章】
先生！ 教えてください ———————————— 166
―― 専門家証人の主尋問（その1）

　ある昼下がりの法廷　166
　何が問題だったのか　167
　専門家証人とは何か　168
　改善例　169

【第15章】
先生！ ちょっと待って！ ———————————— 171
―― プレゼン先行方式は本当にわかりやすいのか？：専門家証人の主尋問（その2）

　再び、裁判員法廷　171
　何が問題か　173
　どうすべきなのか　175
　改善例　176

【第16章】
「専門的経験則」と「データ」を示せ！ ———————— 179
―― 専門家証人の主尋問（その3）

　そして、再び裁判員法廷　179
　専門家証人の核心へ　180
　失敗例　180
　改善策　181

【コラム】
「身に覚え」ってどういう意味？ ─────── 185
──要通訳事件の尋問基本テクニック

 はじめに──通訳の難しさ 185
 何が問題か──日本語のクセや文化を知ろう 186
 処方箋──要通訳事件ではどのような配慮が必要か 188
 それ以外の配慮──通訳人とコミュニケーションをとろう 189

専門家証人反対尋問編
──専門家を尋問する秘訣を知ろう！

【第17章】
先生！ 本当ですか？ ─────── 194
──専門家証人の反対尋問のコツ（その1）

 問題提起──専門家証人の反対尋問にルールはあるか 194
 事例設定 194
 失敗例 196
 改善例 198

【第18章】
先生、調べましたっけ？ 欠落を突け！ ─────── 202
──専門家証人の反対尋問のコツ（その2）

 事案の概要 202
 Ｃ医師の供述 203
 反対尋問例──実践例 205

【第19章】
先生、なるほど！……でも、ということは……？
専門性を逆手にとったスーパーテクニック ─────── 213
──専門家証人の反対尋問のコツ（その3）

 弁護人の反対尋問（続き） 213
 Ｏ弁護人の反対尋問テクニック──アナザー仮説の指摘 216

  O 弁護人の反対尋問戦略──弾劾セオリー　217
  事件の顚末　218

【第20章】
先生、それはちょっと……
あれっと思う専門家証言への反対尋問　221
──専門家証人の反対尋問のコツ（その4）

  事件の概要　221
  B君の負傷は伸展創か──T医師の主尋問証言　222
  T医師証言に対する疑問　226
  反対尋問例　226
  反対尋問の秘密とその背景　231
  裁判所の認定　232

【第21章】
専門家証人に対する主尋問の準備と実践　235
──総まとめ！(1)

  専門家証人尋問請求──当事者鑑定あるいは鑑定請求の検討　235
  主尋問の組み立てと工夫　237
  小括　244

【第22章】
専門家証人に対する反対尋問の準備と実践　247
──総まとめ！(2)

  専門家証言の意義と危険性　247
  専門家証言に対するわが国の判例の傾向およびアメリカでの議論等　248
  専門家証人に対する反対尋問についての基本的視点　249
  専門家証人に対する反対尋問の準備　250
  専門家証人に対する反対尋問　254

特別編①
——供述心理学と反対尋問のコラボを探る

【第23章】
目撃者・被害者の供述心理 ——————— 268
- 記憶現象としての目撃証言　269
- 目撃証言の正確さに影響する諸要因　276
- 記憶保持段階の諸要因　279
- 供述聴取段階の諸要因　281
- 識別手続段階の諸要因　282
- 目撃証人の特性に関する諸要因　284
- 目撃証言における非体験性諸兆候　285
- 「うそ」と「記憶違い」　289
- 供述心理学から見た反対尋問　290

【第24章】
反対尋問の新たな展開 ——————— 293
——供述心理学とのコラボ可能性を意識して
- 問題の所在　293
- 具体例——車椅子放火事件　294
- 裁判官の信用性判断とアプローチとの関係　304

【第25章】
パネルディスカッション：
供述心理学は反対尋問技術に活かせるか ——————— 308
- 供述心理学から見たダイヤモンドルール——矛盾の背景を意識せよ　308
- 反対尋問のために証人との事前面談はすべきか——供述特性の重要性　310
- 判決は客観矛盾を重視した　312
- 体験性の欠如と反対尋問——シミュレーションの重要性　312
- うその動機を重視する裁判所の意識と反対尋問手法　316
- 供述変遷を認めている証人に対する反対尋問　320
- 証人の供述特性とその分析手法　322

新たなダイヤモンドルールの提言　323
　　証人の記憶の変容をどう見るか　325
　　供述の変遷と記憶の整理　326

特別編②
──髙野嘉雄からのメッセージ

ダイヤモンドルールにモノ申す ──────────── 331
──私の言いたいこと

　　私はなぜ「勘」に依拠するのか　331
　　ケースストーリー　331
　　事例①：甲山事件の園児証人の反対尋問　332
　　事例②：内ゲバ殺人事件の目撃証人　333
　　事例③：ある鑑定人に対する反対尋問　334
　　強調したいこと　335

あとがき　337
抽出されたダイヤモンドルール　339

ダイヤモンドルールの「復活」にあたって——序論

　「復活」という言葉がある。「復活を信じている」「復活の日」「華麗なる復活を遂げた」などと使われる。どの使われ方を見ても、その言葉には、「再開」にとどまらない、肯定的なイメージがある。その前提には、何らかの輝かしい過去が意識されるからであろう。他方、「復活」と評されるためには、再開後の活動に対して、期待を裏切っていない、という条件が必要なように思われる。

　さて、私たちは、2012年、季刊刑事弁護においてダイヤモンドルールの連載を「再開」した。振り返って私たちは、2009年4月に、約6年にわたる連載を編集し、『実践！　刑事証人尋問技術——事例から学ぶ尋問のダイヤモンドルール』（現代人文社）を上梓した。それから3年以上経過しての再開であった。同書の「はしがき」には、「これから未知の裁判員裁判に、積極果敢に取り組むわが国の弁護士の一助になれば、幸いである」と記している。真に「一助」となりえたかはともかく、幸い前著は、それなりの評価をいただいたようである。何回かの増刷を重ねることとなり、改訂が話題に上った。連載終了後も、その後の議論の深化なども踏まえ、若干の番外編を投稿する機会を得た。そうである以上、早期に番外編も含めた改訂版を世に問うべきだったかもしれない。

　しかし、他方で、裁判員裁判により、刑事裁判の実務は大きく変わった。はしがきで「未知の裁判員裁判」と記した前著は、これら変革の中では、すでに古典ともいえよう。また、前著では、尋問の組立て方や、そのためのブレーンストーミング法などに十分に触れたとはいいがたい。そのためか、ダイヤモンドルールを誤解したかのような尋問の失敗例を目にすることもあった。また、専門家証人に対する尋問など、ほとんど手つかずだった分野もある。われわれには未だ尋問において、切り開くべき道が残されていたのである。そうである以上、私たちは、前著の単なる改訂では足りないと判断した。前著のあとがきで、「一にも二にも研鑽である。三、四がなくても、五に研鑽である」と記しているが、その言葉は、私たちにこそ当てはまる。連載の再開により、さらなる研鑽を積み、続編の刊行を目指すこととした次第である。

とはいえ続編は、常に「期待はずれ」と隣り合わせでもある。だからこそ、2012年の再出発の際には、「あえて連載の単なる『再開』ではなく、『復活』を期したいと思う」などと大それたことを書いた。今般、4年間の連載を終え、さらに研究会メンバーの季刊刑事弁護での寄稿やダイヤモンドルール研究会の反訳を加えて、続編の刊行へとこぎ着けた。この続編が、真の「復活」と言えたかは、読者の評価に委ねるほかないであろう。

　本書は、季刊刑事弁護での論稿と研究会の反訳を章ごとに整理したものであり、相互に関連している部分もあるが、原則として各章が独立して完結している。したがって、どの章からでも読み始めることができる。実務家各位は、それぞれの問題関心や、日々の実務で直面する問題毎に、適宜の箇所を拾い読みをしていただければと思う。なお、本書では、複数の研究会のメンバーが、それぞれの見解に基づき連載の執筆に当たったほか、研究会での議論を収録したこともあり、いくつかの点で重複がある。内容によっては、ニュアンス等において若干の差異が生じている面があることも否めない。これらの重複や差異については、整理統合することも考えられるところである。しかし、実務における解は、決して1つではない。メンバー毎にそれぞれの見解を述べることにも、それなりの意義があると思われる。そのような観点から、原則として、それぞれの見解についての調整は行っていない。それらの点も含めて、忌憚のないご意見をいただければ幸いである。

　　　　　　　　　　　2017年8月
　　　　　　　　　　　ダイヤモンドルール研究会ワーキンググループ
　　　　　　　　　　　　代表　秋田真志

実践的基礎編
―― 反対尋問の基礎理論と実践

【第1章】
反対尋問の目的についてもう一度考えてみよう
——「活かす反対尋問」と「弾劾」

　2009年5月、裁判員裁判が始まり、早8年が経過した。

　目で見て、耳で聞いて判る法廷を目指す裁判員裁判において、反対尋問の重要性は、これまで以上に増したことに疑いの余地はない。2000年に大阪弁護士会で発足したダイヤモンドルール研究会は、反対尋問の研究からスタートした。お陰様で、裁判員裁判の施行直前の2009年3月に当研究会が上梓した『実践！　刑事証人尋問技術——事例から学ぶ尋問のダイヤモンドルール』(以下、『実践・ダイヤモンドルール』)も、好評をいただいている。ダイヤモンドルールが、裁判員裁判という「実戦」の場で真価を問われる場面も増えてきている。現に、同書には、いくつかのご質問やご指摘をいただいている。その中で最も根本的だと思われるのは、反対尋問の目的についての指摘である。本稿では、この反対尋問の目的について再度考えてみることにしよう。

反対尋問の目的は弾劾に尽きるのか？

　ダイヤモンドルールは、主尋問の目的が「立証」であるのに対し、反対尋問の目的は「弾劾」であると強調してきた[1]。このようなダイヤモンドルールの議論に対し、反対尋問の目的を「弾劾」に尽きるというのは、狭きに失するとの批判がある。すなわち、反対尋問では、単に主尋問の立証を弾劾するだけではなく、弁護側に有利な事実を引き出す場合もあるのであるから、「弾劾」だけを強調するのは相当ではない、というのである。

　この点、高野隆弁護士は、反対尋問には、「目的の異なる2つのタイプがある」としたうえで、その1つを「敵性証人にこちらに有利な事実を承認させる尋問」とし、もう1つを「敵性証人が行ったこちらに不利な証言の信頼性

を減殺する尋問」であるとされる。そして、前者を「活かす反対尋問」、後者を「殺す反対尋問」と名づけておられる[2]。この分類によれば、ダイヤモンドルールは反対尋問の目的を「弾劾」としているのであるから、目的としているのは後者の「殺す反対尋問」のみであって、「活かす反対尋問」を含んでいないように見えるかもしれない。

　また、アメリカの法廷技術の教科書を見ても、反対尋問の目的の1つとして、「あなたの主張を支え、裏付ける積極的事実がないかを確認し、あなたの言い分（case）を高めよ（Enhance your case）」とされている[3]。これは、高野弁護士の「活かす反対尋問」と軌を一にするものといえるであろう。

　確かに、検察側証人に対する反対尋問においても、弁護側に有利な事実を引き出すことができる場合がある。この点、高野弁護士による「活かす反対尋問」というネーミングは、言い得て妙であろう。他方、ダイヤモンドルールが、このような反対尋問をその目的としていないというのであれば、その目的が狭すぎるという批判を免れないと思われる。

ダイヤモンドルールは「活かす反対尋問」を目的としないのか？

　では、ダイヤモンドルールは「活かす反対尋問」を目的としていないのであろうか。

　結論からいえば、ダイヤモンドルールは決して「活かす反対尋問」を否定していない。なぜなら、ダイヤモンドルールで繰り返し述べてきた「ケースセオリーを見極めよ」「弾劾のセオリーを確立せよ」[4]「矛盾する周辺事実を積み重ねよ」[5]などのルールは、この「活かす反対尋問」といえるからである。

　事例を重視するダイヤモンドルールの基本に忠実に、この点を『実践・ダイヤモンドルール』の例で確認してみよう。

　第6章「ケースセオリーを見極めろ」で挙げた反対尋問例は、以下のようなものであった[6]。万引きを目撃したとする保安員に対する反対尋問である。

弁護人　　保安員の心得として、不審者からあなたが保安員とわからないようにしなければなりませんね。
証　人　　はい。

弁護人	できるだけ自然を装わなければなりませんね。
証　人	はい。
弁護人	もし、あなたがじっと不審者を見つめていたら、不審者は警戒しますよね。
証　人	はい。
弁護人	そういうことを避けようとしたのではありませんか。
証　人	もちろん、直視は……。
弁護人	避けていたのではないですか。
証　人	多少はあります。

　これは、典型的な証言の弾劾例といえるが、単に視認状況等を確認して証言の信用性を弾劾するにとどまらず、「証人が保安員であることを悟られないため、一般客を装う特別の努力を行っていた」との弁護側のセオリーを証人に認めさせる尋問でもある。その意味では、高野弁護士の指摘される「活かす反対尋問」の一例といえるであろう。

　また、第8章「少女は嘘をつかないか？──性犯罪事件の被害者尋問」の反対尋問例では、以下のような場面がある[7]。店長がその地位を利用して、アルバイトの18歳未満の少女と関係を持ったとして、児童福祉法違反に問われた事件である。少女は、主尋問で、被告人のことを「うざい」店長であり、避けようとしていたが、無理矢理関係を持たされたと証言した。その少女に対する反対尋問である。

弁護人	あなたの定期券だけど、事件のあった日に切れたよね。
証　人	はい。
弁護人	定期券は、梅田まで行かなければ買えなかったんだよね。
証　人	はい。
弁護人	あなたは、梅田のことをよく知らなかったでしょう？
証　人	はい。
弁護人	あなたから店長について来て、と頼んだよね。
証　人	はい。
弁護人	休憩時間のときに、梅田まで店長について来てもらったでしょう。

証　人	はい。
弁護人	梅田にあるスヌーピーグッズ専門の「スヌーピータウン」にもついて来てもらったんだよね。
証　人	……はい。

　被告人を嫌っていたはずの少女が、実は被告人と親しく接し、被告人を頼っていたことを認めさせる尋問である。これも「活かす反対尋問」の一例である。
　さらに、ここでは詳述しないが、第９章「さびしき家出少女の嘘――続・性犯罪事件の被害者尋問」でも、児童買春の被害児童とされた少女（検察側証人）に弁護側のストーリーの一部を認めさせたうえ、弁論で活用している事例を紹介した[8]。この事例も、ダイヤモンドルールを使って「活かす反対尋問」をした事例だといえるであろう。

「活かす反対尋問」と「弾劾セオリー」

　ダイヤモンドルールは、これらの反対尋問を「活かす反対尋問」とは呼ばず、すべて「弾劾」であると説明してきた。先の万引きの例では、次のように説明している。「尋問で成功を収めるためには、さらに証拠を精査することによって、弾劾の理論を確立しなければならない。事件そのものについての勝つべき理由・説明を『ケースセオリー』と呼ぶことと対比すれば、この弾劾のための理論は『弾劾セオリー』と名づけることができるであろう」[9]。
　では、このようなダイヤモンドルールの説明は適当だったといえるであろうか。一見すると「活かす」と「弾劾」は対立する表現であるから、説明としては必ずしも適切ではない、との批判もありえそうである。
　この点「弾劾セオリー」と名づけるダイヤモンドルールの議論を再確認しておこう。「万引き」や「少女」の尋問例など、これまで示してきた事例からも明らかなとおり、ダイヤモンドルールは、反対尋問において、弁護側の主張するセオリーを示すことを目標としてきた。弁護側のセオリーを示すことは、同時に主尋問で描き出された検察側のストーリーそのものを突き崩そうとしていることを意味する。検察側のストーリーと弁護側ケースセオリーは、本来的に矛盾対立関係にあるからである。そうである以上、反対尋問を

通じて弁護側に有利な事実を引き出すこと、すなわち弁護側ケースセオリーを「活かす」ことは、そのこと自体が検察側ストーリーを「殺す」ことになる。ダイヤモンドルールは、このような検察側ストーリーの批判そのものも含めて、反対尋問の目的として捉え、それを「弾劾」と呼んできたのである。

「矛盾する周辺事実を積み重ねよ」というダイヤモンドルールは、主尋問によって描かれた検察側ストーリーと矛盾する周辺事実を積み重ねよ、という意味では「弾劾」である。しかし、検察側ストーリーと矛盾し、弁護側ケースセオリーに合致する周辺事実を積み重ねよという意味でいえば、「活かす」尋問である。結局、「弾劾」か「活かす」かは、裏表の関係を逆の角度から説明したにすぎないともいえる。

ただ、たとえ基本的に同じことを表現したものだとしても、説明としてどちらが適切か、あるいはわかりやすいか、という問題は残る。この点ダイヤモンドルールの説明は、主尋問の目的＝立証、反対尋問の目的＝弾劾という対立軸で説明できるという意味で、シンプルでわかりやすいというメリットがある。

しかし、他方でこのような説明は、「弾劾」の意味が曖昧でわかりにくい、との批判がありうる。この点、アメリカの法廷技術の教科書では、日本語で「弾劾」という訳語が当てられるimpeachmentという概念を、自己矛盾や証人の信用性の減殺（たとえば証人の偏見や事件等の利害関係等を示すことがこれにあたる）の意味に限定して用いているようである[10]。これは高野弁護士の分類でいえば「殺す反対尋問」のみを指すことになろう。「弾劾」という言葉をこのimpeachmentと同義だと限定的に解すれば、ダイヤモンドルールでいう「検察側ストーリーの弾劾」は、そもそも「弾劾」の概念に含まれないという批判を受けることにもなりかねない。そして「弾劾」という言葉をそのように限定的に理解することになれば、ダイヤモンドルールは、反対尋問としては証人の証言の信用性を減殺すれば足りると主張しているかのように解釈されかねないであろう。

確かに、そのような解釈がなされてしまえば、「反対尋問の目的＝弾劾」と割り切るダイヤモンドルールの説明は、誤解を生む危険性を否定できない。そうすると、反対尋問の目的として、「①証言の減殺」のみならず「②弁護側に有利な事実を引き出す」ことも含まれると改めたほうが、端的でベターかもしれない。

しかし、反対尋問の目的には、①と②の両方が含まれるとしつつ、なお、「それは弾劾である」との説明することも可能であろう。英語のimpeachmentはともかく、日本語の「弾劾」は決して「証言の減殺」といった限定的な意味ではなく、批判・追及すること一般を指す広い概念として用いられる[11]。この意味で、「検察側ストーリー」との矛盾を突くことを「弾劾」に含めることに何ら問題はない。刑事訴訟の基本的な立証構造に鑑みても、弁護人には被告人に有利な事実を「立証する責任がある」のではなく、そのような立証を通じて、検察官の主張を「弾劾」するにすぎない。この観点からしても、ダイヤモンドルールの説明する「弾劾」概念は誤りではないだろう。その一方で、かかる解釈をすることで、「弾劾」概念をキーワードとして、主尋問の目的との対比を明確にすることができる。このことは、説明手法としても大きなメリットがあるといえるだろう。

　以上の点を、ダイヤモンドルールの慣例に従って、ルール化しておくこととしよう。

- 反対尋問で弁護側に有利な事実を引き出せ。
- 弁護側に有利な事実を引き出し、検察側ストーリーを弾劾せよ。

　ただし、これらは言葉や説明の方法にすぎないともいえる。説明はともかく、反対尋問であくまで重要なのは、弁護側のケースセオリーを見極め、「弾劾のセオリー」を確立することである。そして、その「弾劾のセオリー」を適確な技術で裁判員・裁判官に納得してもらうことなのである。

有利な事実を引き出すための技術

　そこで「弁護側に有利な事実を引き出す」ための技術について確認しておこう。

　「弁護側に有利な事実を引き出す」といっても、主尋問とは異なる。相手はあくまで敵性証人である。主尋問のようにオープンな質問をして、コントロールを失ってしまえば、有利な事実を引き出すどころか、不利な事実を固めることになりかねない。その意味で、尋問者が使うべき基本は、やはり誘導尋問である[12]。先の保安員の尋問例も、少女の尋問例もすべて誘導尋問に

よって組み立てられていることに注目してほしい。この点、「証人から弁護側に有利な事実を引き出す」というより、むしろ誘導尋問によって、「証人に弁護側に有利な事実を認めさせる」といったほうが正確であろう。

　また、聞く内容も重要である。誘導尋問だからといって、闇雲に弁護側に有利な事実を問い質せばよいというものではない。否定されてしまえば、かえって主尋問を固めることになりかねない。「有利な事実」であり、かつ、「証人が否定できない事実」を徹底的に抽出することが必要なのである。この点、先に挙げた尋問例をもう一度見てほしい。保安員に対する「保安員の心得として、不審者からあなたが保安員とわからないようにしなければなりませんね」「できるだけ自然を装わなければなりませんね」も、少女に対する「あなたの定期券だけど、事件のあった日に切れたよね」「定期券は、梅田まで行かなければ買えなかったんだよね」も、いずれも証人が否定できない事実である。「有利な事実を引き出す反対尋問」の成否は、このような証人が否定できない事実を、どれだけ多く見つけ、積み重ねることができるかにかかっているといえるであろう。

　あらためて、有利な事実を引き出す反対尋問のルールを確認しておこう。

- **誘導尋問によって、証人に弁護側に有利な事実を認めさせよ。**
- **証人が否定できない有利な事実を探せ。**

1　ダイヤモンドルール研究会ワーキンググループ編著『実践！　刑事証人尋問技術——事例から学ぶ尋問のダイヤモンドルール』（実演DVDつき）（現代人文社、2009年）26頁。以下、注内では「前著」と表記する。
2　日本弁護士連合会編『法廷弁護技術〔第2版〕』（日本評論社、2009年）129頁。なお、後藤貞人ほか編『裁判員裁判刑事弁護マニュアル』（第一法規、2009年）151頁〔谷口太規〕は、「崩す」反対尋問と「獲得する」反対尋問があるとする。
3　全米法廷技術研究所（NITA）で法廷技術の教科書とされている Steven Lubet "Modern Trial Advocacy - Analysis and Practice [Third Edition]" p.87 (NITA, 2004)。同書は、スティーヴン・ルベット（菅原郁夫ほか訳）『現代アメリカ法廷技法』（慈学社、2009年）という邦題で翻訳されている。なお、本文での訳・解説は、筆者が原書に当たったものであり、上記翻訳とは必ずしも一致していないことをお断りしておきたい。
4　前著90頁。
5　前著54頁、63頁。同書249頁以下に「抽出されたダイヤモンドルール」の索引を掲載しているので、ぜひ活用されたい。
6　前著87頁。
7　前著107頁。

8 前著119頁。
9 前著84頁。なお、高野弁護士は、似たような概念として、日本弁護士連合会編・前掲注2書132頁で、反対尋問においては「弾劾ストーリー」の構築を提唱しておられる。ダイヤモンドルールにおける「弾劾セオリー」に通ずるところがあろう。ただし、高野弁護士は、「弾劾」の意味を「殺す反対尋問」に限定して使っておられるので、ダイヤモンドルールで説明している「弾劾セオリー」とは若干ニュアンスを異にしている。
10 Steven Lubet・前掲注3書149頁。
11 ちなみに「弾劾」という言葉について、『大辞林〔第2版〕』(三省堂、1995年）では「不正や罪過をあばき、責任を追及すること。身分保障された官職にある者を、義務違反や非行などの事由で、国会の訴追によって罷免し、処罰する手続き」と説明している。
12 但し、反対尋問においても、予め証人と面接して証言内容を確認できた場合やオープンに聞いても答が明確である場合などは例外的に誘導尋問以外を使うことはありうる。本書でも、そのような例についていくつか触れることになる。本書第6章、第22章参照。

（秋田真志）

【第2章】塗り壁をしないために
——主尋問では「出なかったこと」に注目せよ!

　日弁連などで行われる実演型研修[1]の講師を担当していて、受講生の反対尋問の実演に首を傾げることが多い。受講生が主尋問をそのまま塗り壁をしてしまうのである。
　本章では、実演型研修を通じて浮き彫りになった反対尋問初心者が陥りやすい失敗について考えてみよう。

設例と検察官主尋問

　以下のような設定での反対尋問を例に挙げよう。
　証人は、公園での強盗傷害事件の直後に、同じ公園にいて犯人らしき若い金髪の男性を見たという目撃者である。事件の30分後、被告人の山本一郎は、公園近くで緊急配備されていた警察官に職務質問され、この目撃者の供述をもとに犯人として緊急逮捕された。これに対し、山本被告人は、この目撃証言を人違いであるとして、無罪を主張している。
　検察官請求の証人尋問で、以下のような主尋問が行われたとする[2]。

検察官　　若い男の姿を見たのは、どこでしたか。
証　人　　公園です。
検察官　　そのときの公園の明るさは、どうだったでしょうか。
証　人　　夜で暗かったですが、私のいたところは、ちょうど外灯がありましたので、男の人のことはよく見えました。
検察官　　あなたは、そのときどうしていたのでしょうか。
証　人　　その外灯にもたれて、友だちが来るのを待っていました。
検察官　　あなたがその男を見たとき、男はあなたの位置からどれくらい離

	れていたのでしょうか。
証　人	すぐ私の目の前を通っていきましたので、ほんの1メートルほどだったと思います。
検察官	あなたがその男を見たとき、あなたは何をしていたのでしょうか。
証　人	それまでは、友だちにメールを書いていたのですが、送信ボタンを押して、顔を上げたちょうどそのときに、男の人が目の前を通るのを見たのです。
検察官	そのとき、あなたが見た状況を説明してください。
証　人	顔を上げたところで、ちょうど私の方に向かってくる男の人と目が合いました。すごく怖い顔をしていたので、一瞬目をそらしかけたのですが、男の人も目をそらしたので、もう一度見ました。すると男の人は、私から向かって右の方に方向を変えて、歩いて立ち去りました。その間、男の人の横顔が見えました。
検察官	どれくらいの時間、男の顔を見たのでしょうか。
証　人	完全に後ろ姿になるまで、5〜6秒は見ていました。
検察官	その男の顔にはどんな特徴があったでしょうか。
証　人	とにかく20代の細面の若者で、髪の毛がぼさぼさの金髪で、あごに無精ひげがありました。
検察官	ところで、あなたの視力はどの程度ですか。
証　人	右が0.2、左が0.3で正直よくはありません。
検察官	その視力で、その男の顔はわかりましたか。
証　人	確かに視力はよくないですが、外灯の真下で距離は近くて、ぼさぼさの金髪やあごの無精ひげは、よくわかりました。
検察官	同一性確認のため、証人に対し、検3号証添付の緊急逮捕直後の被告人の写真を示します。この写真の人物とあなたが今証言された男との関係はいかがでしょうか。
証　人	間違いなく同一人物と言えます。
検察官	どうしてでしょうか。
証　人	先ほども申し上げたとおり、髪の毛が金髪であることやあごの無精ひげが、私の見たままだからです。
検察官	終わります。

反対尋問——よくある失敗例

　このような主尋問に対し、受講生によく見られる反対尋問は、以下のようなものである。

弁護人　　あなたの視力は右が0.2、左が0.3ということでしたね。
証　人　　はい。
弁護人　　外灯があったといっても、夜の公園でしたね。
証　人　　はい、そうですけど。
弁護人　　男の人の顔を見る前、メールをしていましたね。
証　人　　はい、でも男の人の顔は見ました。
弁護人　　男の人の顔を正面から見たのは一瞬ということでしたね。
証　人　　はい、正面からはね。横顔は5〜6秒見ました。
弁護人　　聞かれたことにだけ答えてくださいね。
証　人　　はい。ただ、先ほどから弁護士の先生に聞かれているのは、検察官の質問にお答えしたのと同じだと思いますが……。
弁護人　　……。(絶句)

　この尋問をどう思われたであろうか。最後に証人自身が述べているとおり、検察官の尋問を誘導尋問でなぞっているだけにすぎない。これでは、単なる塗り壁尋問である。
　実際の実演型研修では、受講生が実演をする前に、反対尋問の講義があり、「塗り壁尋問をしてはならない」と注意される。にもかかわらず、このような「塗り壁」反対尋問が後を絶たないのである。
　もっとも、受講生の立場を考えれば、その気持ちもわからないではない。なぜなら、やはり講義の中では「誘導尋問をせよ」「証人を弾劾する周辺事実を積み重ねよ」「答えのわからない質問をするな」などとも教えられるからである。失敗例も、すべて誘導尋問である。尋問にある「視力が右0.2、左0.3」「夜であること」「目撃直前にメールをしていたこと」「顔を正面から見たのは一瞬であること」などは、いずれも目撃者の視認条件がよくなかったことを示す事実であり、「弾劾する周辺事実を積み重ねている」かのように見える。もちろん、すべてその「答えはわかっている」。それだけを見れば、この尋問は、

反対尋問のポイントをちゃんと押さえているようにも思える。

しかし、結果は塗り壁尋問である。「弾劾する事実」（弾劾事実）を積み重ねたかのように見えて、かえって、証人が率直に事実を述べている印象を与え、その証言の信用性を高めてさえいるのである。

何が問題だったのだろうか。

参考反対尋問例
——主尋問で「出なかったこと」に注目せよ

実は、失敗の理由ははっきりしている。反対尋問では、主尋問で「出てきたこと」を重ねて聞いても意味はない。意味はないどころか、主尋問の信用性を高めるだけで、かえって有害なのである。

それではどうすべきか。これも考えれば単純である。すでに主尋問で「出てきたこと」は捨てる。逆に、「出なかったこと」にこそ注目すべきなのである。

参考尋問例を示してみよう。

弁護人　先ほど、公園で見た男性を見たときの印象をご証言いただきましたね。
証　人　はい。
弁護人　先ほどは、顔を上げた途端、男性と目が合いそうになったとのことでしたね。
証　人　はい。
弁護人　あなたは立っていた。
証　人　はい。
弁護人　距離はわずか1メートルだった。
証　人　そうです。
弁護人　他に、印象に残ったことで言い忘れたことなどありませんか。
証　人　いえ、別に……。
弁護人　ところで、証人の身長についてお聞きしたいのですが、165センチくらいでしょうか。
証　人　そうですね。

弁護人　申し訳ないですが、証人立っていただけますか。
証　人　はい。(立ち上がる)
弁護人　ここで被告人の山本一郎さんも立って、証人から1メートルの位置に立ってもらいます。
(山本一郎が立ち上がって、証人の後ろに1メートル離れて立つ)
弁護人　振り返って、山本さんと目を合わせてもらえますか？
証　人　はい、え？……(被告人を見上げながら)、うーん、こんなに背が高い方だったんですかね……。
弁護人　あなたは、山本さんの身長が185センチあることをご存じなかったのですね？
証　人　……知りませんでした。
弁護人　終わります。

　いかがであろうか。これは架空の反対尋問ではあるが、実際に無罪となったある強盗傷人事件での反対尋問を参考にしている。この事例では、主尋問では「出てこなかった」被告人の身長を材料に、目撃証言に現れる犯人像との食い違いを浮き彫りにしたのである。主尋問では現れなかった事実による弾劾であるため、先の失敗例に比較して、明らかに印象深いものになっている。

　これまでダイヤモンドルールでは、反対尋問における弾劾のために、証言と矛盾する事実を積み重ねることを提唱してきた。しかし、その弾劾は、あくまで印象的なものでなければならない。その意味では、主尋問ですでに現れた事実をいくら持ち出しても、事実認定者に反対尋問が成功したと思わせることはできないのである。

弾劾事実の見つけ方

　それでは、主尋問に現れていない弾劾事実をどうやって見つけるのか。
　事件ごとに証拠や事情はさまざまであり、その手法を一般化することは簡単ではない。しかし、いくつかのテクニックを提示することは可能である。
　まずなにより、模擬教材を利用した研修では困難ではあるが、生の事件では「現場百遍」の精神が必要である。「現場」を自らの五感で直接体験すれば、

書面として記録化された証拠からは読み取ることができなかったさまざまな情報が得られるはずである。そのような「現場百遍」で得られた情報から、主尋問で現れていない弾劾事実を見つけ出すことは容易になるはずである。

　ただ漫然と「現場」を見たからといって、弾劾事実を見出せるわけではない。重要なのは、「現場」も含めた事案・証拠の分析手法である。そのために推奨したいのは、生の事実を細かく分解・分析し、シミュレーションすることである。例えば、先の設例で言えば、目撃者が男と遭遇した場面をできるだけ細かく分解し、分析していく。公園の状況、目撃者の位置・行動、男の位置・行動などを一つ一つ細かく分解・分析していけば、いろいろなことが浮かび上がってくるはずである。証拠の「行間を読む」作業といえるであろう。例えば、参考例で示したとおり、目撃者の視線を考えただけでも、目の位置・高さ、動きなど、分析の対象はいくらでも出てくる。そのような視点を持つことによって、目撃者の供述する男の目の高さと、被告人の目の高さとが整合しないのではないか、という問題に気づけばしめたものである。

　つまり、

「目撃者の目の高さ＝男の目の高さ」
「目撃者の目の高さ≠被告人の目の高さ」
↓
「男の目の高さ≠被告人の目の高さ」
↓
「男≠被告人」

という論理である。

　この論理を反対尋問で示すためには、目撃者の身長と被告人の身長を照らし合わせ、その違いを浮かび上がらせればよいことになる。

　「行間を読む」ことと並んで提唱すべきなのは、「対象を拡げる」分析手法である。反対尋問対策を考えていると、どうしても思考が限定された局面に集中しがちになり、広い視野を見失いがちになる。失敗例でいえば、目撃者の視認条件ばかりに目が行ってしまい、他の観点が持てなくなるのである。そのような失敗を防ぐためには、検討の対象を拡げてみる必要がある。

　例えば、この目撃者が捜査機関に男の容貌を伝えてから、被告人の逮捕ま

での間に、捜査機関がどのような動きをしたかを考えてみるのである。目撃供述は捜査機関の中ではどのように扱われたのか、捜査機関が目撃者に影響を及ぼしたことはなかったかなど、検討すべきことはいろいろと出てくるはずである。わが国の捜査では、緊急逮捕のために目撃者を犯人とおぼしき人物に単独面通しをさせる例も多いが、これは面通しの際の記憶と目撃時の記憶とが混同する危険な手法である。仮にそのような事実があれば、重要な「弾劾事実」となりうるであろう。

　これらの分析手法を駆使して、「主尋問では現れない」有効な弾劾事実を見つけること、これが反対尋問を成功させる基本中の基本である。

　今回のルールを再確認しておこう。

- ・「主尋問で出た事実」をなぞって、塗り壁をするな。
- ・「主尋問で出なかった事実」に注目せよ。
- ・「現場百遍」で弾劾事実を探せ。
- ・事実を細かく分解・分析せよ。
- ・証拠の行間を読んで、弾劾事実を探せ。
- ・検討の対象を拡げて、弾劾事実を探せ。

1　日弁連では、2008年以来、アメリカのNITA（全米法廷技術研究所）の研修メソッドを参考に、受講生が実演することによって法廷技術を習得するプログラムを行っている。プログラムの中で尋問技術の研修、とくにその実演は、重要な要素となっている。
2　実演型研修で使用される教材ではなく、あくまで架空の尋問例である。

（秋田真志）

【第3章】弾劾事実を見極めよ（その1）
——反対尋問のブレーン・ストーミング

　前章では、反対尋問において「弾劾事実」を見つけることの重要性を指摘した。そして尋問例を明らかにした上で、その方法論の一端を紹介した。本章ではより実践的に、尋問前の記録を見ただけの状態で、どのように反対尋問の「弾劾事実」を探すのかを検討してみよう。

　本章も実際の事件をモデルにしたフィクション（登場人物は架空）を設定しよう。被告人の吉田文紀さん（59歳）は、居酒屋で交際相手に暴力を振るった傷害事件で起訴された。吉田さんは、被害者に暴行を振るったこと自体は認めているが、その犯行態様には争いがある。実は、吉田さんには累犯前科があり、罰金にならなければ実刑が免れない。犯行態様＝犯情が被害者の言い分どおりなのか、吉田さんの言うとおりなのかは、きわめて重要である。私たち弁護人が実務上直面しがちな事例である。

記録の内容

1　起訴状と主な検察官請求証拠

　起訴状は次頁のとおりであり、それを裏づける検察官の主要な証拠は、被害者の供述調書（現場図面添付）、診断書（負傷部位の図面添付）である。

> 起訴状
>
> 本籍・住所　略
> 職業　建設作業員
>
> 　　　　　　　　　　　　　　　　　氏名　吉田文紀
> 　　　　　　　　　　　　　　　　　昭和28年12月11日生（59歳）
>
> 　　　　　　公訴事実
> 　被告人は、交際中の坂井京子（当時32歳）の態度が悪いとして立腹し、平成25年1月26日午後10時40分頃、大阪市北区南山町2丁目×番××号ハイツアメリア106号室所在の居酒屋「あきちゃん」店内において、同女に対し、手拳で顔面を数回殴打し、頭髪を鷲づかみにして顔面を2回カウンターに叩きつける暴行を加え、よって、同女に全治約1週間を要する顔面打撲の傷害を負わせたものである。
>
> 　　　　　　　　　　　罪名及び罰条
> 　　　　　　　　　　　傷害　刑法第204条

図表3-1　現場見取図

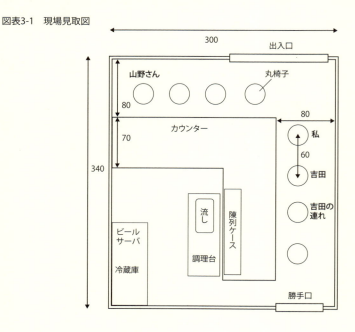

図表3-2　診断書

診　断　書

住　所　大阪市北区南山町2丁目X番XX号
氏　名　坂井　京子　　　　（女）

病名　　　顔面打撲

　平成25年1月26日に暴行を受け、上記傷病を受傷。右眼外側に打撲による内出血を認める。顔面レントゲンでは、骨折はないと思われる。
　　（内出血の位置等につき添付図面参照）
　　加療見込み1週間（3日間の自宅安静）。

上記の通り診断する。

平成25年1月27日

大 阪 北 診 療 所
〒530-1111　大阪市北区中央通り2丁目X番XX号
　　TEL　　（06）6123-4XXX
　　FAX　　（06）6123-4XXX

図表3-3　添付図面（傷害部位の位置・状況等）

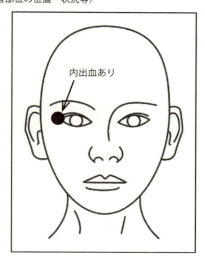

2　被害者坂井京子の検察官調書（平成25年3月18日付）の抜粋

(1) この日、私は、午後6時頃から1人で、自宅近くの「漁り火」という居酒屋に1人で飲みに行きました。ビール大ビン2本位を飲んだ頃に、吉田から「今、あきちゃんで飲んでいるから、お前も来い」と電話がかかってきたのです。それで「漁り火」を出て、午後8時半前頃に、「あきちゃん」に着きました。吉田は連れの男1人と一緒に飲んでいました。知り合いの山野さんもいました。座席は見取図に書き込んだとおりです（図表3-1参照）。

(2) 私は、「あきちゃん」でチューハイを飲み、吉田はビールやアテをどんどん注文し、連れの人と楽しく飲んでいました。私も、はじめのうちは「吉田に恥をかかせてはいけない」と思い、吉田や連れの人にお酒をついでまわって、我慢して接待しておりました。

(3) 吉田たちのお酒を飲むペースはものすごく早く、私が何度ついでもすぐになくなります。すぐにお酒をつがないと吉田は怒り出すので、私は気が休まる暇がありませんでした。その上、吉田は、酔っ払って私に文句を言ってくるので、私はだんだんと腹が立ってきて、午後10時40分位だったと思いますが、吉田に対して、「なんでお仕事でもないのに、そんなんせなあかんの」と遠慮がちに文句を言ったのです。すると、吉田は、真っ赤な顔をして怒り出したのです。

(4) そして、吉田は体を正面に向けたまま、顔だけ私のほうを見て、右拳を胸のあたりに持っていき、右隣に座っていた私の顔面めがけて、右手甲で裏拳と呼ばれるパンチを浴びせたのです。私は身構える暇もなく、まともに吉田のパンチを顔面に喰らい、目の前が一瞬真っ暗になり、右こめかみにジーンとした痛みが走りました。

(5) 私は、すぐに座ったまま顔を下に向け、右手で右こめかみあたりを押さえて、痛みをなんとかこらえながら、「何をするのよ」等と言って、顔を上げ、おそるおそる吉田を見たところ、吉田は有無を言わさず、座ったまま私のほうに体を向け、どちらの手か覚えていませんが、ボクシングでいうストレートパンチで、私の顔面を続けざまに、3、4発位殴ってきたのです。私は、吉田のパンチを防ごうと思い、座った

まま頭を下げ、すぐ両手で顔面を押さえながら痛みをなんとかこらえていたのです。
(6) 吉田はさらに後頭部のあたりでくくっている私の髪をつかんで、私の頭を勢いよく持ち上げ、後ろに大きく引っ張ると、私の顔面を続け様に、カウンターの上に、2発叩きつけたのです。顔面はまともにカウンターに当たり、あまりの痛みに声も出ませんでした。

3 被告人の言い分

これらの証拠に対し、被告人吉田さんの言い分（平成25年4月15日付弁護人メモ）は、以下のようなものであった。

(1) ワシが京子を殴ったのは確かです。けど、1発だけです。そんなに強くありまへん。握り拳の甲のほうで、コツンと当てた程度です。京子は両手で顔を覆うような格好をしてましたけどな。わざとらしかったんで、内心「なに格好つけとるんや」と思って、後ろから髪の毛つかんで揺さぶったったんですわ。それだけです。ワシが女相手に何発も殴るわけがありまへん。
(2) その日は、弟分の手前、ええとこ見せんとあかんと思って、酒も食べ物も途切れんように盛大にやりましたわ。ママも「食べきれるの？」と言うて、びっくりしてました。京子を呼んだんも、まあええとこ見せよういう気持ちです。それが急に「何で、ついでまわらなあかんの」とか言い出したんです。弟分の前で恥をかかされたんやから、少々腹立ちますわな。
(3) 最近、口げんかはようありました。親子ほども年が離れてますから、何やかやと口実にして、別れるきっかけがほしかったんやろうと思ってます。

証拠の検討──反対尋問の準備（その1）

依頼者吉田さんの言い分と被害者の言い分は真っ向から対立している。このままでは水掛け論である。被害者の反対尋問に成功しないと、被害者の言

い分が通ってしまう可能性が高いであろう。

　それでは、反対尋問をどのように準備すべきか。とりあえず記録を読んで、何かネタはないかと考えるであろう。しかし、ネタといっても、漠然と記録を読み、漠然と考えただけでは、浮かんでこないであろう。

　記録の検討の当初は、いきなり細部にこだわる必要はない。むしろ、こだわるべきではない。事件の全体像を把握することこそが重要だからである。最初から細部にこだわると、逆に全体像を見失うこととなりかねない。全体像を把握してこそ、細部の意味も理解できるものである。

　では記録の検討を進めよう。

1　対象供述の分析

　反対尋問のためには、まず弾劾の対象である証人の供述をよく知ることである。なにより、依頼者にとって不利な部分をきっちりと抽出し、その内容を把握しておかなければならない。考えてみれば当然のことであるが、案外この作業が疎かにされがちである。

　吉田さんの事例で考えてみよう。

　本件で最も重要なのは、暴行の態様である。この点被害者は、大きく分けて次の3つの暴行があったと説明していることがわかる。

①　右手拳のいわゆる裏拳の方法で右こめかみを1発殴られる。
②　ストレートで顔面を3、4発殴られる。
③　髪の毛をつかまれ、顔面を2発カウンターに叩きつけられる。

　このうち①については、吉田さんも認めている。②については完全否認である。③については、髪の毛をつかんだ限りで認めているが、カウンターに叩きつけたことは否認している。

　もちろん、このような論点に関わる内容を挙げただけでは、水掛け論である。水掛け論を防ぐためには、証拠の検討対象を拡げなければならない。

　では、どうやって検討の対象を拡げるべきなのだろうか。

2　時系列の整理

　まず、時系列で供述内容を整理することである。時間の経過は、あらゆる事象で問題となりうる軸である。尋問の際にも尋問順序などを決める基礎となる。そうである以上、どんな事件でも時系列で整理することは最低限必要な作業である。実際、時系列で整理してみれば、気づいていなかった事情が浮かび上がってくることが多い。この事件でも試してみよう。

【坂井京子が供述する時系列】
18:00	京子「漁り火」でビール瓶2本飲む
？	吉田→京子に電話
20:30前頃	京子「あきちゃん」に到着
	酒をついで回る
22:40	京子「なんでお仕事でもないのに、そんなんせなあかんの」
	吉田、こめかみを裏拳で殴る①
	ストレートで3、4発殴る②
	後頭部の髪をつかんで、カウンターに2発叩きつける③

　簡単な整理であるが、それだけでもたとえば、被害者は「あきちゃん」に来るまでの間2時間以上も1人で飲んでいたこと、被害者が「あきちゃん」に来てからもなお2時間以上の時間があることがわかる。これだけの時間があれば、事件までに被害者も吉田さんも相当程度の飲食をしただろうと推測できる。

　これらの事実や推測を尋問の準備の中で、どのように利用するかは後述するとして、他の観点からの検討を進めよう。

3　現場

　時系列の整理は、動かない事実を確定する作業ともいえる。動かない事実は、尋問の基礎となる。時系列以外に動かない事実の典型は、現場である。
　本件の現場の図面を見てみよう（図表3-1）。居酒屋「あきちゃん」は間口3

メートル、奥行き3.4メートルの小さな店である。カウンター席しかなく、丸椅子は8席である。丸椅子と丸椅子の中心間距離は60センチ、客が座るカウンターと壁の間は80センチである。実際に距離を測って再現すれば明白であるが、客が座るスペースはきわめて狭い。

　また、開示された記録上は明白ではないが、これだけ狭い店であれば、一人で切り盛りしている店であろうことは容易に予測できる。

4　その他の証拠

　他に客観的で、動かない事実はないだろうか。本件では、被害者の負傷状況がこれに該当するであろう。

　診断書を見てみよう。①の暴行についての被害者供述を裏づけるように「顔面打撲」との記載があり、右こめかみ部分の内出血が記載されている。しかし、それ以外の記載はない。これは②③の暴行に疑問を抱かせる事情となりうるであろう。

反対尋問のブレーン・ストーミング

　以上では、弾劾対象の供述と、「時系列」「現場」「その他（負傷状況）」の動かない事実について、証拠の大まかな分析を行ってきた。もちろんこれだけでは何ら反対尋問はできない。さらに分析を進めて、反対尋問事項を組み立てる必要がある。

　そのための分析手法として、いわゆるブレーン・ストーミングの手法を応用することが有効であろう。ブレーン・ストーミングは、企業等において新規プロジェクトを企画する際などに多用されている手法である。その手法はさまざまであり、一概にはいえないが、①できるだけ多くのアイデアを抽出するという過程（抽出過程）と、②抽出されたアイデアを分類して整理する過程（分類過程）、③分類整理したアイデアを集約し、具体的な企画へと結びつけていく過程（集約過程）に分かれているといえる。反対尋問でもそのような分析は応用可能である。本章では、このうち①の抽出過程について検討しよう。

1 「疑問点」と「事実」の抽出

　では、①の抽出過程では何をすべきか。まず、思いつくままに弾劾対象供述の「疑問点」を挙げていくことである。吉田さんの事例であれば、「ストレートで３、４発も殴られた」が弾劾対象供述のひとつである。この供述に対しては、「この狭い店で３、４発も殴ることができるのか」「被害者は３、４発も殴られたままになるだろうか」「３、４発も殴られたら大けがをするのではないか」といった疑問点が浮かんでくる。そして、併せてこの疑問点を支える「事実」を抽出することが必要となる。これらの事実が「弾劾事実」となってくるのである。

　たとえば、「狭い店で３、４発も殴ることができるのか」という疑問を支える事実としては、「ストレートパンチは腕を伸ばす」「ストレートパンチには一定の間隔が必要」「吉田さんと被害者は隣同士で座っていた」「椅子と椅子の間隔は60センチしかない」「60センチの間隔では肩と肩が触れあう」「被害者は逃げたと供述していない＝吉田さんと被害者の間隔は拡がっていない」などの事実を抽出することができる。これらの事実を積み重ねていけば、「吉田さんにはストレートパンチはできなかったはずだ」という獲得目標が浮かんでくる。

　なお、ここでは解説の便宜上、「事実」の抽出より先に「疑問点」の抽出をした。しかし、実際の人間の思考過程では、「疑問点が浮かぶこと」と「事実の検討」は同時並行的に行われる。「狭い店で３、４発も殴ることができるのか」という疑問も、実は店の図面を見て、「狭いなあ」という事実認識が先行している。逆に疑問が明確化してくると、その疑問に対応する具体的な事実が意識されてくる。このように「疑問」と「事実」は「鶏が先か卵が先か」の関係なのである。はじめは、「疑問」であろうと「事実」であろうと、思いつくままに抽出することが重要である。

　また、今は「狭い店で３、４発も殴ることができるのか」という１つの疑問点に絞って、それに関連する事実を拾っていく形になった。これも、そのような方法にとらわれてはいけない。むしろ、ブレーン・ストーミングの際には、いくつもの疑問点をアトランダムに出し、それを支える事実をどんどん拾い出すことも同時並行的に行っていくべきである。

2　ブレーン・ストーミングのコツ（抽出の過程）

　ここでブレーン・ストーミングのコツに触れておこう。今も述べたように、「疑問点」の抽出にせよ、「事実」の抽出にせよ、自由な発想を大切にすることである。ブレーン・ストーミングの解説本などでよく触れられているが、この抽出の過程では「批判」をしてはいけない。批判は過去の発想に縛られるのが通常である。批判をしてしまうと、過去の発想を打ち破る斬新なアイデアが生まれなくなってしまうからである。反対尋問も同じである。過去の発想に縛られていては、有効な反対尋問は不可能である。

　とにかく自由な発想で、思いつきを出すことが必要であるが、書き出しておかないと、思いつきはどんどん記憶から消えていってしまう。ひたすら書くことが不可欠である。後々の整理・分類のためには付箋が便利である。1疑問ごとに1枚、あるいは1事実ごとに1枚の付箋を使い、どんどん貼り出していくのである。整理・分類の際には簡単に並べ替えて、グループ化することができる。

　以下のようなイメージになるだろう。

　【疑問点】
　　狭い店で3、4発も殴ることができるのか？

　【弾劾事実】
　　ストレートは腕を伸ばす。

　　被害者と吉田さんは隣同士で座っていた。

　　椅子と椅子の間隔は60センチメートル。

　　……

3　中間のまとめに代えて

　以上では、疑問点、事実の抽出過程の例を見てきたが、吉田さんの事例では、まだまだ反対尋問の材料となりそうな疑問点、事実があるはずである。

その他の点についても、次章以降で順次触れることとするが、読み進む前に読者も考えてみてほしい。また、疑問点や弾劾事実が浮かび上がったからといって、すぐに反対尋問ができるわけではない。尋問事項として整理するには、さらにさまざまな検討が必要である。そして重要なのは、浮かび上がった疑問点、弾劾事実のすべてが実際の反対尋問で使えるわけではないということである。取捨選択も重要なテクニックである。これらの点は、次章以下の検討課題としよう。

今回のルールを確認しておこう。

- 弾劾対象の供述を分析せよ。
- 動かない事実（時系列、現場など）を検討せよ。
- 疑問点とそれを支える事実を抽出せよ。
- ブレーン・ストーミング手法を活用せよ。
- 抽出過程は自由な発想で行え。
- 抽出過程では批判をするな。

（秋田真志）

【第4章】弾劾事実を見極めよ（その２）
──反対尋問のブレーン・ストーミング

　前章では、傷害事件を題材に、反対尋問のブレーン・ストーミング方法について検討を開始した。本章はその続きである。

弾劾事実の抽出（続き）
──被害者は「ストレートで３、４発殴られた」のか？

　前章では、「ストレートで３、４発殴られた」という被害者供述について、疑問点を出し、その疑問点を支えるいくつかの弾劾事実を抽出した。
　本章でも、まずはこの疑問点について、引き続き弾劾事実の抽出を試みよう。
　前章で抽出した弾劾事実は、

「ストレートパンチは腕を伸ばす」
「ストレートパンチには一定の間隔が必要」
「吉田さんと被害者は隣同士で座っていた」
「椅子と椅子の間隔は60センチしかない」
「60センチの間隔では肩と肩が触れあう」
「被害者は逃げたと供述していない＝吉田さんと被害者の間隔は拡がっていない」

であった。
　「ストレートで３、４発殴られた」という供述の弾劾には、これだけの事実を抽出すれば、十分であろうか。それ以外に弾劾事実はないであろうか。
　結論から言えば、これだけでは弾劾事実の抽出として、十分とは言えない。
　たとえば、本当にストレートパンチで１発でも殴られたとしよう。被害者

はどうなるであろうか。少なくとものけぞることになるであろう。被害者は、不意を突かれたはずである。被害者の供述調書では、はじめに裏拳で殴られてから、ストレートパンチで殴られるまでの間に「『何をするのよ』等と言った」などと不満を述べたかのような供述をしていることも、次の攻撃を予想していなかったという意味で、不意打ちであることを裏付ける事実になりうる。しかも、被害者が座っていたのは、不安定な丸椅子である。いきなり男から殴られれば、のけぞるだけでは済まず、そのまま椅子から落下したとしても不思議ではない。このように考えると、次のような弾劾事実が浮かび上がってくるであろう。

「殴られる前『何をするのよ』等と言ったと述べていること」
「殴られるとは予想していなかったこと」
「殴られた後のけぞったとは説明していないこと」
「座っていたのが丸椅子であること」
「殴られた後、丸椅子から落ちていないこと」

他にはどうであろうか。まだまだある。仮に3発殴られたというのであれば、1発殴られた後、1発目から2発目、2発目から3発目の間、被害者は一体どうしていたことになるのであろうか。たとえば、1発でも殴られた時点で下を向いて、顔を覆えば2発目以降は、そう簡単には殴られないはずである。
　つまり、

「1発目を殴られた後2発目、3発目までの被害者の回避行動が語られていないこと」

が、弾劾事実となりうるのである。
　被害者の傷はどうであろうか。いきなり殴られたというのであるから、少なくとも1発は、まともに顔面に当たっているはずである。ところが、被害者の診断書や図面（33頁）には、右こめかみ以外に負傷の指摘は一切ない。これも重要な弾劾事実となる。さらにこの負傷の点は、被害者の供述を直接弾劾する要素になる。なぜなら、被害者自身も「顔面」というだけで、顔面のいっ

たいどこを殴られたというのか、まったく説明していないからである。「顔面」と一口で言っても、額もあれば、頬もあごもある。目もあれば鼻も口もある。被害者の供述は具体性に欠け、曖昧というほかないのである。

さらに弾劾事実として、次のような点が加わることになる。

「診断書にストレートパンチに見合う負傷の記載がないこと」
「被害者も顔面という以上に殴られた位置を説明していないこと」

弾劾事実抽出の方法

いかがであろうか。比較的単純な事案の中の1つの論点でも、結構多くの弾劾事実が抽出されるものだと感じられたのではないであろうか。

では、これらの弾劾事実を抽出するには、どのような考察をすればよいのか。

いくつかの要素に分けて考えることができるであろう。

1　具体的な事実のイメージを持て

まず、実際に起こった生の事実をできるだけ具体的に細かく分解し、分析していくことである。そして、具体的な事実のイメージを持つことである。そのためには、事件の起こった現場、関係者、時刻、被告人の行動、その順序、被害者の行動、結果（被害）などを子細に検討すべきことになる。

この事案で言えば、前章で検討したのは主に「現場」の状況だけであった。すなわち現場となった「店が狭い」という観点から、弾劾事実の抽出を試みたのであるが、それだけでは視野が狭いことが明らかである。それ以外に暴行に対する「被害者の行動」（のけぞったか否か、回避行動をとったかどうかなど）が弾劾事実を探す手がかりになる。また、「結果」（診断書の記載、被害者の説明の曖昧さなど）の検討も弾劾事実を抽出する重要な手がかりである。

2　論理的な矛盾を探せ

弾劾事実を探すコツとして、もう1つ指摘できることがある。論理的な矛

盾を探すことである。
　これまでも繰り返し指摘してきたとおり、反対尋問の眼目である「弾劾」とは「矛盾を示すこと」にほかならない。しかし、証人の供述に露骨な矛盾があることなど稀であろう。そうである以上、私たちは「露骨とは言えない」矛盾を探し出す必要がある。
　それでは、露骨とは言えない矛盾とは何か？
　論理的な矛盾である。今回の例で言えば、「ストレートで殴られた」という供述と「被害者が３、４発殴られる間回避行動をとったと説明していない」という事実との矛盾がこれに当たる。これは「ストレートで１発殴られる」→「２発目を回避しようとするはずだ」→「回避行動について述べていないのはおかしい」という論理過程となる。
　負傷の点も同じである。「ストレートで殴られる」→「避けられないはずだ」→「負傷をするはずである」→「診断書に記載がないのはおかしい」ということになる。
　では、このような論理矛盾を探すにはどうすればよいのか。これにもコツがある。論理矛盾には、大きく２つあることを意識するのである。
　１つは「前提」の矛盾である。
　証人の証言には何らかの前提がある。ところが、その前提と矛盾する事実が存在することを示すのである。本件で言えば、「ストレートパンチで殴られた」という証言には、「ストレートパンチができるだけのスペースが存在する」という暗黙の前提がある。この「前提」に気づけば、「店が狭い」という事実が弾劾事実として浮かび上がってくることになる。
　もう１つは「帰結」の矛盾である。
　「前提矛盾」とは逆に、証人の証言を前提とする「帰結」に矛盾がある場合である。本件では、「ストレートパンチで殴られた」という前提がある以上、「殴られた場所を負傷する」という帰結が生じるはずである。この「帰結」に気づけば、「診断書に負傷の記載がない」という事実が、弾劾事実となることがわかる。
　「前提矛盾」「帰結矛盾」のいずれにしても、言われてみれば当たり前のような話に思えるかもしれない。しかし、それこそコロンブスの卵である。「前提の矛盾を探そう」あるいは「帰結の矛盾を探そう」と意識するだけで、格段に弾劾事実を見つけることが容易になるはずである。

3　「欠落」に注目せよ

　「論理矛盾」を探す方法と重なる部分が大きいが、もう１つ、弾劾事実を探す方策として、「欠落」に注目すべきことが挙げられる。私たちは、弾劾事実を探そうとする際、ついつい積極的に「存在する事実」にばかり目が行きがちである。しかし、「存在しない事実」つまり「あるはずのものがない」ということも、重要な弾劾要素である。すでに検討した「負傷がない」というのも典型的な「欠落」である。ほかにも、「のけぞっていない」「丸椅子から落ちていない」「回避行動がない」「殴られた部位を特定していない」など、いずれも「欠落」矛盾として摘示することができる。
　このように「欠落がないか」という観点から記録を検討し直せば、新たな弾劾事実が見つかることが多い。

まとめに代えて――的確で有効な矛盾の抽出のために

　以上のとおり、「弾劾事実」を抽出するためには、「前提矛盾」、「帰結矛盾」、「欠落矛盾」といった観点から「論理矛盾」を探すことが有効である。本章では、「ストレートで３、４発殴られた」との被害者供述についての弾劾事実を検討したが、「髪の毛を掴まれ、顔面を２発カウンターに叩きつけられた」という被害者供述についても、同様にいくつかの弾劾事実を抽出することが可能である。どのような弾劾事実が抽出可能かは、次章で述べることにしよう。
　ただ、ここで注意しなければならないのは、当然のことながら、闇雲に矛盾を挙げさえすれば、反対尋問が成功するわけではないということである。生の事実を細かく分解、分析することを提唱したが、その細かな分析を直ちに反対尋問に使用すべきことを意味しない。仮に、それらの分析を基に、些末な矛盾をあげつらうような反対尋問をすれば、その尋問は成功するどころか、かえって事実認定者の反発を招きかねない。そのような事態となれば、当該証人に対する反対尋問にとどまらず、事実認定者に他の証人に対する反対尋問にすら耳を傾けてもらえなくなるおそれすらある。
　そのような事態を避けるためには、抽出した矛盾・弾劾事実の中から、事実認定者を納得させる真に有効な矛盾こそを選び出さなければならない。そ

のために必要なのは、抽出した矛盾・弾劾事実から、的確な尋問事項を組み立てた上で、その尋問事項が、真に有効か否かを検証する作業である。

そのためには、どのような手順が必要かつ有効であろうか。次章以下でさらに検討を進めることにしよう。

今回のルールを再確認しておこう。

・弾劾事実の抽出には実際に起こった事実を具体的にイメージせよ。
・論理的な矛盾を探せ。
・前提矛盾、帰結矛盾、欠落矛盾に着目せよ。
・事実認定者を納得させる矛盾を選び出せ。

（秋田真志）

【第5章】弾劾事実から尋問事項を組み立てよう
――被害者は「顔面をカウンターに叩きつけられた」のか？

　前2章では、傷害事件を題材に、反対尋問のブレーン・ストーミング方法として、弾劾事実の抽出過程について検討してきた。

　すでに見てきたように、被害者の被害供述には、大きく分けて3回の暴行が現れる。1回目は、①「裏拳でこめかみを殴られた」である。2回目は、②「ストレートで3、4発殴られた」というものである。3回目は、③「髪の毛を掴まれて顔面を2発カウンターに叩きつけられた」という。被告人の吉田さんは、①の暴行を概ね認めている。これに対し、吉田さんは②③の暴行を否認している。

　そこで、前章までに、吉田さんが否認している②の暴行についての弾劾事実を抽出した。そのうえで、前章の終わりには、③の暴行について「『髪の毛を掴まれ、顔面を2発カウンターに叩きつけられた』という被害者供述についても、同様にいくつかの弾劾事実を抽出することが可能である。どのような弾劾事実が抽出可能かは、次章で述べることにしよう」と予告した。

　いかがであろうか。「髪の毛を掴まれ、顔面を2発カウンターに叩きつけられた」との被害者供述を弾劾する事実を見出すことはできたであろうか。

　もう一度、これまでの手法をおさらいしながら、検討を進めてみよう。

「顔面をカウンターに叩きつけられた」の弾劾事実の抽出

1　対象供述の分析

　まず、「対象供述の分析」である。被害者は「髪の毛を掴まれ、顔面を2発

カウンターに叩きつけられた」と供述する。なにより依頼者である吉田さんの供述と比較する必要があるだろう。この点、吉田さんは、次のように述べていた。「被害者は両手で顔を覆うような格好をしていた。わざとらしかったので、『なに格好つけとるんや』と思って、後ろから髪の毛つかんで揺さぶったが、それ以上には暴行は振るっていない」。つまり、吉田さんの話からすれば、「髪の毛を掴まれた」ことは事実であるが、「顔面を2発カウンターに叩きつけられた」という部分は虚偽のはずである。弾劾事実として、この事実と矛盾する事実を抽出する必要がある。

2　動かない事実の確定

次の作業は、「動かない事実」の確定である。具体的には、時系列や現場の状況などとの比較である。まず、時系列でいえば、すでに見てきたとおり、被害者が居酒屋「あきちゃん」に来てから2時間以上の時間がある。現場では、「あきちゃん」は非常に狭かったこと、一人で切り盛りしていることが予想されることなどが問題となりそうである。

さらには、被害者の負傷状況である。これは②の「ストレートパンチ」とも共通することであるが、「顔面を叩きつけた」に該当する負傷の痕跡がないことが挙げられるであろう。

3　証人が語っていない事実——論理矛盾の抽出

いよいよ弾劾事実の抽出である。以上のような「動かない事実」を前提にすれば、どのような弾劾事実が浮かび上がってくるだろうか。

すぐに思い浮かぶのが、「カウンターに叩きつけられた」はずの「顔面」に「負傷の痕跡がない」ことであろう。ただそれだけであれば、印象的な尋問にはならないであろう。むしろ、反対尋問するまでもなく、弁論で述べれば足りるようにも思える。ほかに、反対尋問に利用できそうな弾劾事実はないであろうか。

ここで、「塗り壁をしない」ためのダイヤモンドルールを思い出してほしい。弾劾事実を探す手法として、ダイヤモンドルールで提唱してきたのは、証人が語っていない事実に注目することである。そして、論理的な矛盾を探

すことであった。そのためには、できるだけ具体的に事実をイメージすべきであることを推奨した。

　このような観点からすれば、まだまだ弾劾事実を見つけられそうである。たとえば、被害者は、髪の毛を掴まれたうえで「顔面」を２回にわたりカウンターに叩きつけられたという。その状況を具体的にイメージしてみよう。すると、被害者の供述が不自然であることに気づかないであろうか。一口に「顔面」と言っても広い。額もあれば鼻もある。頬もあれば顎もある。にもかかわらず、被害者はいったいどこを打ちつけられたというのか、被害者供述にはまったく現れないのである。これは一種の論理矛盾（帰結矛盾）とも捉えることができる。後ろから髪の毛を持たれて「顔面」をカウンターに叩きつけられれば、まず顔面が衝突するのは顔面の前面のはずであり、凸部のはずである。具体的には、前額部か鼻のいずれかであろう。

　他方、叩きつけられる対象のカウンターのほうはどうであろうか。顔面が叩きつけられるとなれば、相当広い範囲がぶつかるはずである。しかし、カウンターは幅70センチメートルほどで、それほど広いものではない。しかも、カウンターにはいくつもの料理が並んでいたとしてもおかしくはない。被害者の供述調書にも「吉田はビールやアテをどんどん注文」していたとある。吉田さんと被害者は、２時間以上も飲んでいたのである。居酒屋は一人で切り盛りしていたとみられることからしても、カウンターには料理や皿が残されていたことは十分に推測できる。もちろん、吉田さんに確認することも容易である。こうしてみてくると、料理や皿があったはずのカウンターに２回も頭を叩きつけることはできない（前提矛盾）、仮に叩きつければ料理や皿が飛び散ったはずなのに、そのことについての言及がない（帰結矛盾）といった論理矛盾が浮かび上がってくることになる。

抽出された弾劾事実

　それでは、どのような弾劾事実が抽出されたであろうか。前２章での検討も含めて整理しておこう。その際には、それらの弾劾事実を抽出した際に検討した「理由」を見出しとして書き出しておくのが有益である。この見出しが、尋問事項書でも見出しとして活用できるようになるからである。

1　②「ストレートで殴られた」との供述について

　まず、②「ストレートで3、4発殴られた」との被害者供述についての弾劾事実である。以下のようなものが抽出された。

　A　ストレートパンチをするには場所が狭すぎることを示す弾劾事実
　　(1)「ストレートパンチは腕を伸ばすこと」
　　(2)「ストレートパンチには一定の間隔が必要なこと」
　　(3)「吉田さんと被害者は隣同士で座っていたこと」
　　(4)「椅子と椅子の間隔は60センチしかないこと」
　　(5)「60センチの間隔では肩と肩が触れあうこと」
　　(6)「被害者は逃げたと供述していない＝吉田さんと被害者の間隔は拡がっていないこと」

　B　不意打ちを受けたはずであるにもかかわらず不意打ちに対応する事実がないことを示す弾劾事実
　　(7)「殴られる前『何をするのよ』等と言ったと述べていること」
　　(8)「殴られるとは予想していなかったこと」
　　(9)「殴られた後のけぞったとは説明していないこと」
　　(10)「座っていたのが丸椅子であること」
　　(11)「殴られた後、丸椅子から落ちていないこと」

　C　1発殴られた時点での回避行動についての弾劾事実
　　(12)「1発目を殴られた後2発目、3発目までの被害者の回避行動が語られていないこと」

　D　ストレートパンチに見合う負傷がないことにかかわる弾劾事実
　　(13)「近距離からストレートパンチを受けたはずであること」
　　(14)「よけることもできなかったこと」
　　(15)「ストレートパンチの衝撃は裏拳以上のものであったはずであること」

⑯ 「被害者も顔面という以上に殴られた位置を説明していないこと」
⑰ 「診断書・顔の図面にストレートに見合う負傷の記載がないこと」

2　③「顔面をカウンターに叩きつけられた」との供述について

③「髪の毛を掴まれて顔面を2発カウンターに叩きつけられた」という被害者供述については、以下のような弾劾事実が浮かび上がってきた。

E　顔面叩きつけに見合う負傷がないことにかかわる弾劾事実
⑱ 「髪の毛を後ろから持たれてカウンターに叩きつけられれば顔の前面を打ち付けるはずであること」
⑲ 「顔面前面の凸部は前額部もしくは鼻であること」
⑳ 「前額部に負傷の痕跡がないこと」
㉑ 「鼻にも負傷の痕跡がないこと」
㉒ 「診断書・顔の図面（33頁）に叩きつけられたことによる負傷の痕跡が認められないこと」
㉓ 「被害者も顔面のどこを負傷したのかを説明していないこと」

F　カウンターに顔面叩きつけの痕跡がないことにかかわる弾劾事実
㉔ 「カウンターは70センチ幅であること」
㉕ 「吉田はビールやアテを多く注文していたこと」
㉖ 「2時間近く注文していたこと」
㉗ 「カウンターには、料理や皿が残っていたはずであること」
㉘ 「被害者は、カウンターの料理がどうなったかを説明していないこと」

弾劾事実と尋問の組み立て

このように抽出した弾劾事実を整理していくと、見出しも含めて、尋問事項の組み立てにつながっていくことがわかるであろう。
しかし、このような整理だけで直ちに尋問ができるわけではない。尋問事項として、より具体的に洗練していく必要がある。それでは、より具体的な

尋問事項を組み立てていくためにどのような作業が必要だろうか。

1　尋問事項の取捨選択

　まず、尋問事項の取捨選択である。前章でも触れたとおり、これらの矛盾を闇雲に突きつけていきさえすれば、反対尋問が成功するというわけではない。些末な矛盾をあげつらうような反対尋問は、かえって事実認定者の反発を招きかねない。また、反発とまではいえないまでも、尋問すべき事項が多すぎると、焦点がぼやけてしまい、肝心の弾劾ポイントがわかりにくくなってしまうおそれもある。そうである以上、弾劾事実の中から、事実認定者を納得させる真に有効な矛盾を取捨選択する作業が不可欠である。

　上記では大項目として、「ストレートパンチ」「顔面叩きつけ」の２つ、中項目として、ＡからＦまでの６つの尋問事項を挙げた。これらのすべてが有効であるとは限らないのである。

　そもそも証拠との関係から十分な弾劾の効果を生まない項目もありうるであろう。たとえば、Ｆの「カウンター」との関係は、「顔面叩きつけ」の時点で、カウンター上の料理や皿が片づけられていたというのであれば、弾劾事実とはならない。「叩きつけ」の時点でカウンター上が片づいていなかったとの事実を浮かび上がらせることが必要である。もっとも、客観的証拠がなければならないというものではない。反対尋問の中で、事実認定者に「カウンターが片づいていなかった可能性がある」と推認させることができれば、反対尋問として効果を上げることができる場合もあるから難しい。

　ＢやＣの「不意打ち」「回避行動」などは一定の評価を含むものであり、尋問事項として適切かどうかは難しい側面がある。もちろん、証人と議論をするような反対尋問をしてはならない。「不意打ち」「回避行動」などという評価を証人にぶつけるのはタブーである。尋問するのは、あくまで「不意打ち」「回避行動」を基礎づける具体的事実である。しかし、Ｃの「回避行動」についてみれば、「とっさのことで回避するいとまもなかった」という反論がすぐに浮かんできそうである。そのように反論が容易な尋問項目については、そもそも尋問事項として維持すること自体が適切かが問われなければならないのである。反対尋問では、ついつい気づいたポイントを手当たり次第聞きがちである。捨てる勇気も重要である。

2　尋問の順序

　尋問事項を組み立てるうえで、取捨選択と並んで重要なのは、尋問順序である。これは、中項目の中でどのように尋問順序を並べるかという点と、さらに中項目や大項目の順序をどうするかという点の両面で問題となる。
　まず、中項目の中で尋問順序について、Fの「カウンターとの関係」を例に挙げて考察してみよう。
　この点、証人に対していきなり「カウンターの上には料理が残っていたのではないか」(前記(27)の項目) と尋ねてみても、否定されてしまえば終わりである。その時点で、証人もカウンター上の料理が問題となることを悟るであろう。そうである以上、周辺事実から聞くことになるはずである。たとえば、以下のような順序になるであろう。

弁護人　　居酒屋「あきちゃん」はママさんが一人でしているお店でしたね。
証　人　　そうです。
弁護人　　従業員はいませんね。
証　人　　はい。
弁護人　　事件の日、あなたが「あきちゃん」に到着してから、暴行まで2時間くらいありましたね。
証　人　　はい。
弁護人　　「あきちゃん」には、5人くらいのお客さんが来ていたんですね。
証　人　　そうです。
弁護人　　そのお客さんの相手をママが一人でしていた？
証　人　　はい。
弁護人　　吉田さんは、ビール瓶を5本は注文していましたね。
証　人　　はい。
弁護人　　ビールを飲むコップも出てましたよね。
証　人　　はい。
弁護人　　あなたも酎ハイを飲んでいましたね。
証　人　　はい。
弁護人　　ほっけ、ししゃも、やきとり、煮物、……どれも吉田さんは注文し

	てましたね。
証　　人	はい。
弁護人	食べきれないほど頼んでいたのではないですか。
証　　人	そうでしたね。
弁護人	カウンターにも食べきれない料理が並んだままでしたね。
証　　人	そうでしたね。
弁護人	吉田さんの暴行で、カウンター上のビール瓶が倒れたことはなかったですね。
証　　人	……覚えていません。
弁護人	コップが割れたこともなかったですね。
証　人	……それはなかったと思います。
弁護人	吉田さんの暴行で、カウンター上の料理が飛び散ったこともなかったですね。
証　　人	……そうかもしれません。

　先にも触れた点であるが、仮にこのように尋問が進めば、暴行時点でカウンターの料理や食器が片づけられていなかったとの客観証拠がなくても、反対尋問としては十分である。このように証人がおよそ否定できない客観的な周辺事実から始めて、徐々に核心に迫っていくことが重要である。そして、具体的に矛盾を示すのは、最後である。

　この点は、中項目の尋問順序を決めるうえでも意味をもつ。Ｆのうちカウンターに関する部分は客観的な前提事項であるから、Ａより先に聞くことが考えられる。そうすれば、証人にも尋問の意図を悟られることなく、言い逃れをされる可能性も減少するであろう。

　順番を考えるにあたっては、事実認定者に対する印象づけも重視すべきである。人の記憶は、最初と最後が残りやすいといわれる*。そうである以上、印象的な尋問は、最初か最後にもってくるべきことになる。反対尋問の場合、はじめには前提事項を聞くことが多いから、最後に印象的な尋問をもってくることが有効なことが多いであろう。本件の場合、印象的なのは、顔面にはその供述に見合う負傷がないことであることは間違いない。

　たとえば、以下のような尋問を最後にもってくることが考えられる。

弁護人	ところで、あなたは顔をストレートパンチで殴られたと言われましたね。
証　人	はい。
弁護人	よけることもできなかったと。
証　人	そうです。
弁護人	ストレートパンチをまともに受けてしまったということですね。
証　人	はい。
弁護人	ところで、顔といってもいろいろありますよね。
証　人	……はあ。
弁護人	鼻もあれば、頬もありますね。
証　人	そうですね。
弁護人	口元もあれば、顎もある。
証　人	はい。
弁護人	目もあれば、額もある。
証　人	……はい。
弁護人	あなたは、ストレートパンチをどこに受けたのか説明していませんね。
証　人	だから、顔です……。
弁護人	顔のどの部分かの説明をしていませんね。
証　人	……顔を覆っていたので、よく覚えていません。
弁護人	顔を覆っていた？　先ほどはよけられずにパンチをまともに受けたと認めておられませんでしたか。
証　人	……よけられなかったんですが、顔は覆って手の上から当たりました。
弁護人	もう一度同じことを尋ねます。先ほどはよけられずにパンチをまともに受けたと認めておられませんでしたか。
証　人	……そうです。……ただ、どこに当たったかは見ていなかったので……。
弁護人	殴られた人は、自分が殴られるところは見えませんね。
証　人	……見えないと思います。
弁護人	見えなくても、どこに当たったかはわかりますね。
証　人	……そうかもしれません。

弁護人　　　終わります。

3　リハーサルをしよう

　尋問事項の取捨選択や尋問順序の構成にしても、言うは易く、実際に行うのは難しい。とにかく実際の尋問事項を作成し、リハーサルをしてみることである。弁護団でしている事件であれば、1名が尋問役、他の1名が証人役となり、証人役は徹底して、言い逃れや弁解をしようと試みるのである。単独で弁護する事件でも、一人二役でそのようなシミュレーションを机上ですることは可能なはずである。詰め碁や詰め将棋の要領である。そのようなリハーサルは、尋問を端的でわかりやすいものにするうえでも有益である。ぜひお勧めしたい。

モデルとなった事件の顛末

　3章にわたって、ある傷害事件をモデルとして、反対尋問のブレーン・ストーミングから尋問事項の組み立てについて考えてきた。ここで、モデルになった事件の顛末について触れておこう。実際の公判では、先の尋問例のように、被害者の暴行についての供述は変遷し、曖昧なものとなったという事情もあった。その点も含めて、判決は以下のような認定をした。
　「(被害者は)被告人から裏拳という形で1回殴られた後、3回ほど握りこぶしで顔を殴られた旨供述する……が、被害者の顔には、裏拳による暴行を裏付ける顔面打撲の他は……被害者が述べる態様での暴行を裏付けるような受傷はない。……被害者は、殴られたときの状況について、顔を覆っていたので、よく見ていないと不明確な供述をしており、顔を殴られたという供述内容についても、最終的には顔を覆っていた手の上から当たったと供述を後退させている。……一般的に、被害者が加害者に対して悪感情を持ち、自分が正当であることを明らかにするためなどから、大げさに被害申告をする可能性は否定できないところ、前記した被害者の受傷状況や供述状況に鑑みると、被害者は、被告人から受けた暴行の態様や程度につき大げさな申告をしていたことが窺われる。3回くらい握りこぶしで顔を殴られたという被害者の供述の信用性には疑いを差し挟む余地がある。……被害者の顔面をカウン

ターにたたきつける暴行について……被害者は、概ね、『後頭部辺りで縛っていた髪を被告人からつかまれ、顔を2回カウンターに打ち付けられた。……』と供述する。……しかし、被害者のおでこには何ら受傷した痕が残っていない。……被害者が供述するような強さでカウンターにおでこをたたきつけられたというのであればおでこ辺りに何らかの痕跡が残っているのが通常であろう。上記被害者の供述内容は、客観的状況と整合的でなく、かえって、大げさに申告したことを疑わせる。カウンターに顔を打ち付けられたという被害者の供述内容は、その信用性に疑いを差し挟む余地がある」。

このように被害者供述の信用性を否定し、ほぼ被告人が認める限度で暴行を認定した結果、検察官の懲役刑の求刑に対し、宣告刑は罰金刑にとどまったのである。ちなみに被告人は、前科との関係で懲役刑が選択されていた場合、実刑が免れない立場であった。反対尋問が大きな成果を上げた事例といえるであろう。

今回のルールをまとめておこう。

- 抽出された弾劾事実を整理せよ。
- 尋問すべき事項は取捨選択せよ。
- 尋問順序を重視せよ。
- 証人が否定できない周辺事実から始めよ。
- 終わりは強く。
- リハーサルをせよ。

* 心理学における初頭効果、新近効果につき日本弁護士連合会編『法廷弁護技術〔第2版〕』(日本評論社、2009年)31頁。反対尋問も一種のプレゼンテーションであることを意識すべきことにつき、同書161頁、前著234頁。

(秋田真志)

【第6章】
あなたが見たのは彼ですか？
——犯人識別供述の弾劾

　本章では、実務上犯人特定の方法としてよく用いられる犯人識別供述を反対尋問で弾劾する方法について考察してみよう。

問題の所在——犯人識別の困難と誘導の危険

　犯人識別供述とは、犯人と被告人との同一性に関する目撃者（被害者であることも多いが、以下総称して「目撃者」という）などの供述をいう。通常当該供述は、目撃者が犯人を観察し、これを記憶し、犯人像を再生の上、写真面割りや面通しを通じて犯人とある特定の人物とを同定するという過程を伴う。

　犯人識別供述は、被告人と犯人を結びつけるものとして、場合によっては犯人性を基礎づける唯一の証拠となっている場合がある。逆にいえば、被告人の犯人性を争っている事案において、弁護人としては、目撃者の犯人識別供述の信用性を弾劾することが、無罪獲得に直結することとなる。

　一般に犯人識別供述については、①人の観察力、記憶力の脆弱性、②人の容貌等の相似性、③人物観察の日常性、④観察条件による影響性、⑤容貌供述のストーリー性の欠如、⑥比較対照という判断作用を本質とすること、⑦暗示の可能性、⑧記憶の混同、変容の可能性、⑨容貌についての言語化の困難性、⑩供述者が自己の前供述に固執してしまう危険性、および⑪検証の困難性等の観点から、通常の供述証拠と比較しても、固有の危険性があり、より慎重な吟味が要求されるとされている[1]。とくに、本章で扱う写真面割りについては、面通しの方法による犯人識別とは異なって、固定された方向からの容貌のみによる選別であり、そもそも同定対象のデータが著しく限定されている。また、似顔絵やモンタージュ写真の作成と異なり、目撃者の中で再生された被目撃者の容貌等の特徴と既存の写真との比較対照という判断作用であることから暗示、誘導を受けやすい[2]。そこで、目撃者の反対尋問に

おいては、このような識別供述自体に内在する問題点を十分に認識したうえで、とくに、示された写真の配列や提示方法に、捜査官による暗示や誘導の要素が含まれていないかを十分に精査し、それらが含まれている場合には目撃者の供述が暗示や誘導によるものであることを浮き上がらせるよう、工夫する必要がある。

　実際の犯人識別供述の採取過程を具体的に想起してみよう。捜査機関が面割り台帳を作って目撃者に示す場合には、すでに被告人は何らかの理由で捜査線上に被疑者として浮かんでいる。捜査機関は、被疑者の写真を何らかの方法で手に入れ、その写真を含めて面割り台帳を作成し、これを目撃者に示す。そして、目撃者は、被疑者を犯人として特定する供述を行う。もちろん、目撃者が何ら誘導も暗示もないまま、迷いなく被疑者を特定することもありうる（仮に目撃者にとって真犯人が既知の人物であれば、そのような特定は決して困難ではない）。その場合は、この面割りの過程が被疑者の有罪立証の大きな証拠となるであろう。

　しかし、時としてこの過程で目撃者は誤ってしまう。「被疑者が真犯人ではない」にもかかわらず、被疑者を犯人として特定してしまうのである。目撃者が、真犯人ではない被疑者を真犯人と誤って特定したとすれば、それはなぜか？　そこには誤認の原因が潜んでいるはずである。

　前述①～⑪として挙げたとおり、細かくいえば、その原因はさまざまでありうる。しかし、突き詰めれば、多くの場合、(A)犯人の容貌認識の困難さと、(B)犯人の識別過程における誘導、がその主要原因であろう。

　まず(A)について、人間の容貌は、顔を見れば誰しも、目・眉は２つ、鼻は１つ、口は１つ、耳は２つである。しかも、その形状は、細かく見ればそれぞれに特徴がありうるが、基本的には同じ形である。短時間の目撃でそれらの特徴を正確に認識し、記憶することはきわめて困難である。せいぜい大まかな印象が残るだけというのが実情である。

　次に(B)について、識別過程においては、写真などで固定されたデータと、その大まかな印象が照合されることになる。そこに捜査機関という権威による明示黙示の誘導があれば、容易に誤った特定へと結びついてしまう。そして、わが国の犯人識別供述の採取過程には、必ずといっていいほど、何らかの「誘導」が潜んでいるのである。

　以上より、目撃者への反対尋問においては、基本的にこの(A)、(B)の要素を

浮き彫りにしなければならない。

図表6-1
面割り台帳1

図表6-2
面割り台帳2

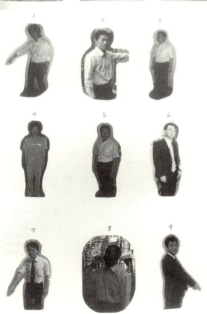

【第６章】あなたが見たのは彼ですか？

では、筆者自身が弁護した、実際に犯人識別供述の信用性が問題となった具体的な事案をもとに、反対尋問を考えてみよう。事例は以下のとおりである。

　平成〇年3月16日午前5時15分頃、1人で帰宅途中だった女性に、路上で下半身裸の男が襲いかかったが、女性が必死に抵抗したため、女性に怪我を負わせただけでそのまま逃走した。
　それから数日後、事件現場近くで家族と同居していた男性が逮捕された。男性が知らないある事情から、捜査線上に男性が浮かんだのである。男性の写真を入手した捜査機関は、被害者に写真面割りを行ったところ、被害者が男性を犯人だと供述したことから、男性を逮捕するに至った。

　公判における主尋問で、被害者は、ⓐ犯人の視認状況について、男にいきなり後ろから羽交い締めにされて胸を揉まれた。その際、後ろを振り向いて犯人の顔を見たと供述した。
　また、ⓑ識別については、警察署で2つの面割り台帳（図表6-1及び6-2。いずれも実際の事件を参考に再現したものである）を示された。被害者は、1つ目では犯人を断定できなかったが、2つ目を見て、被告人が犯人だとはっきり思い出した。特に、体型と髪の毛の量や形が自己の記憶と一致していた、との供述を行った。
　なお、1つ目の面割り台帳は、9枚の写真、いずれも男性が正面を向いて写っているもの（面割り台帳1）、2つ目の台帳は、9人の男性のそれぞれ全身が写っているもの（面割り台帳2）である。
　1つ目の面割り台帳には、とくに誘導性は認められない。
　しかしながら、2つ目の面割り台帳には、以下のような特徴があった。
　被告人の写真以外の8枚のうち、4枚は、実況見分調書添付の写真によくあるように、被写体の人物は指を指しながらカメラを見て写っている。また、うち4枚は、ほぼ真正面からカメラを見て写っている。その他、写真は1枚を除いて、被写体男性の身体の線に合わせて写真が切り取られて貼付されている。そして、9枚の写真のうち、指も指さず、カメラのほうを見ておらず、かつ、身体の線で写真が切り取られていないのは、たった1枚。それが被告人の写真であった。しかも、2種類の面割り写真のうち、1つ目にも2つ目

にも写真が貼付されていたのは、被告人の写真のみであった。

犯人視認状況についての供述の弾劾

　犯人識別供述の構成要素としては、先の(A)、(B)に対応する形で、ⓐ犯人視認状況についての供述＋ⓑ犯人識別手続についての供述が挙げられる。
　したがって、識別供述を弾劾するにあたっては、まず、ⓐの目撃者の視認状況について、弾劾を行わなければならない。端的にいえば、「そんなによく見ては（見えては）いなかった」ということを獲得目標にして、尋問を組み立てる必要がある。
　主尋問において目撃者は、当然視認状況を証言する。そこでは概ね、客観的にも主観的にも、犯人をしっかり見たと答えるであろう。したがって、反対尋問においては、以下の点に留意しながら、目撃者の視認状況を吟味し、認識の不十分さを浮き彫りにしなければならない。

・客観的観察条件（目視状況、目視時間）
・主観的観察条件
・現場の客観的状況
・被害者供述の変遷の有無

　このうち主観的条件について見れば、とくに本件のように突然に見ず知らずの人間から襲われたような場合、被害者は当然に驚愕し、恐怖心を有することになる。そのような状況下で、未知の犯人の特徴を正確に認識し、記憶するのは困難なはずである。
　これら獲得目標を定めたうえで、ここでも、反対尋問はセオリーどおりに行う。ダイヤモンドルールに則していえば、ターゲット（見えたか、見えなかったか）をストレートに問うのではなく、その周辺を聞く。そして、その際には、目撃者の客観的視認状況や主観的な心理状況について、一つ一つ事実を積み重ねて聞く。
　たとえば筆者は、最初の視認状況について以下のような点を確認した。

(1)　事件現場付近にさしかかったのは、午前5時15分少し前くらいでした

ね。
(2)　この日の日の出は、6時7分ということですから、日の出より前ですね。
(3)　周囲の家には、電気はついていませんでしたね。
(4)　現場には、街灯が1つあるだけでしたね。
(5)　その街灯は、あなたが歩いていた方向よりも後ろにありましたね。
(6)　事件現場までさしかかったとき、いきなり後ろから抱きつかれたのですね。
(7)　それまで男性が近づいていることにも気づいていなかったのですね。
(8)　突然のことだったわけですね。
(9)　強姦されると思ったということですね。
(10)　犯人は、後ろからあなたに抱きついたのですね。
(11)　あなたを後ろから羽交い締めにしたのですね。
(12)　あなたの前で、犯人は手を組んでいたのですね。
(13)　あなたの腕は、犯人の腕の内側に入っていたのですね。
(14)　犯人はあなたの背中に身体を密着させていたのですね。
(15)　あなたと犯人は、背丈が同じくらいだったのですね。
(16)　あなたは身をよじって逃げようとしましたね。
(17)　しかし、男性の手は離れませんでしたね。

　(1)から(5)までは、客観的観察条件の確認、そして(6)以降は、主観的観察条件の確認である。とくに、被害者がその当時突然の出来事に動揺していたことを明確にして、そのような状況で冷静に犯人の顔を観察することができなかったことを印象づける。その意味で、ここは細かく事実を積み重ねることが重要である。また、(10)以降で、抱きつかれた状況を細かく聞くことにより、その状態で振り返って犯人の顔を見ることは困難であったことを、事実認定者にアピールする。もちろん、最後に「そんな状態で、あなたは本当に犯人の顔が見えたのですか」とダメは押さないことも重要である。
　次項の犯人識別過程の供述を弾劾する前に、この視認状況の曖昧さをしっかり獲得しておかなければならない。そうでなければ、識別過程についていくら弾劾が功を奏したとしても、「それでもしっかり見たんだ」というところで事実認定がされてしまうおそれがあるからである。

犯人識別過程についての供述の弾劾

次に、ⓑ犯人識別過程である。弾劾のポイントは明確である。それは、前述のとおり「真犯人でない被告人を選んだ識別過程には、必ず誘導が潜んでいる」という視点である。それを浮き彫りにする。

目撃者は、1枚目の台帳では特定しきれず、2枚目で被告人を犯人と断定したと主尋問で明確に述べている。ところが、2枚目の面割り写真は前述のとおり明らかに誘導的である。この面割り台帳自体に内在している誘導の要素を、反対尋問を通じて明らかにするとともに、それによって目撃者の供述も誘導され、誤った識別に至ったことを明らかにしなければならない。

この点、筆者は、ダイヤモンドルールに従って、以下のような獲得目標を立て、尋問を組み立てた。

i 1枚目の写真では特定し切れていないことをピン留めする。
ii 2枚目の写真で被告人を犯人と特定した根拠が曖昧であることを確認する。

そして、

iii 2枚目の写真が誘導的だったことを、事実を積み重ねて聞く。
iv その際に、「的を真ん中から撃つような尋問」はしない（被告人の写真を示して、「この写真を選んだのはなぜか？」というような尋問はしない）。
v その他の写真と、被告人の写真を比較して、面割り写真がいかに被告人の写真に誘導されるような構成となっているかを聞く（周囲を射抜く尋問）。

まず、ii以下の部分についての具体的な尋問は、以下のとおりであった。

弁護人	続いて、もう1つの写真を見せられたのですね？
証人	はい。
弁護人	それは、人の全身が写っている写真でしたね？
証人	はい。

弁護人	あなたは、すぐに1枚を選んだのですね？
証　人	はい、見てすぐに「あ、この人やわ」と思いました。
弁護人	決め手は何でしたか？
証　人	体型もこんな感じで、髪の毛の量や形が事件の時の雰囲気と同じだったから。

　反対尋問でありながら、オープンな質問がなされているが、その理由は後述する。続いて、面割り台帳2を示さずに次のように尋問した。

弁護人	あなたが選んだ写真と、他の写真は、体型がどう違ったのですか？
証　人	どうというか……、私が見た犯人と体型が近かったと……。
弁護人	髪の毛がどう違ったのですか？
証　人	前髪が多いという感じです。
弁護人	髪の毛の形は、どう違ったのですか？
証　人	分けてあるという感じ。

　ここでも筆者はオープンな質問をしている。これは、それまでの目撃者の供述内容から、オープンに聞いても、犯人を特定した根拠が曖昧なものしか言えないということが確実に予測できたからである。そして、オープンに聞いたうえで、その答えを弾劾のターゲットに据えたのである。具体的には、ここで、面割り台帳2を示しながら、引き続き以下のように尋問した。

弁護人	こちらが見せられた写真ですね？
証　人	そうです。
弁護人	これを見て、すぐに8番（被告人の写真）を選んだのですね？
証　人	はい、そうです。
弁護人	では、おうかがいしますが、1番と8番で体型は違いますか？
証　人	明確には違わないですけれど……。
弁護人	2番とはどうですか？
証　人	明確には……。
弁護人	3番とは、4番とは、5番とは、6番とは、7番とは、9番とは？

証　人　　……。
弁護人　　3番と8番とで、髪の毛の量は違いますか？
証　人　　分け方というか……。
弁護人　　どちらも分けていますね。
証　人　　そうですね……。
弁護人　　5番とはどうですか？　9番とは？
（以下、延々と被告人の写真と別の写真が、被害者が特定したポイントにおいて、それほど異ならないことを確認していく）

　さらに、面割り台帳自体に内在する誘導性を明らかにした。

弁護人　　3番の人は指を指していますね？
証　人　　はい（以下、答はすべて「はい」なので省略）。
弁護人　　5番の人も指を指していますね？
弁護人　　7番の人も指を指していますね？
弁護人　　9番の人も指を指していますね？
弁護人　　1番の人は、正面からカメラを見ていますね？
弁護人　　2番もそうですね？
弁護人　　4番もそうですね？
弁護人　　6番もそうですね？
弁護人　　1番の写真には、背景が写り込んでいませんね？
弁護人　　2番もそうですね、3番も、4番も……？

　ここまで聞いて、最後に以下のようなオープンな質問をした。オープンに聞いても、証人の答えは、明らかだったからである。

弁護人　　指も指しておらず、正面も向いておらず、かつ背景も写っていない写真はどれですか？
証　人　　8番です。

　さらに、本件では、面割り台帳1と台帳2で、同じ人が写っているのは被告人の写真だけであった。そこで、以下のようにも確認した。

(面割り台帳1と台帳2をともに示して)
弁護人　台帳2の1番の写真の人は、台帳1にいますか？
弁護人　台帳2の2番の人は、台帳1にいますか？
弁護人　台帳2の5番の人はどうでしょうか？
弁護人　6番の人は？
弁護人　写っていませんね？

　被告人の写真のことではなく、他の人物の写真を一つ一つ確認したのである。このように、あくまで周辺を射貫いていくことにより、本件面割り台帳の誘導性を印象づけたのである。
　このように見てくれば、これらの面割り台帳を示されれば、目撃者でなくても、自然に8番の被告人の写真に誘導され、注目してしまうことは明らかであろう。
　もちろん、本件ほどに面割り台帳の誘導性が強い場合ばかりではないであろう。しかし、目撃者（とくに未知の犯人を目撃したとされる者）が、真犯人ではない被告人を犯人だと特定した背景には、どこかに必ず誘導が潜んでいる。それは、面割り前や面割り中の捜査官の言動（たとえば、「この中に被疑者がいます」と事前に告知されているなど）かもしれない。また、本件のように面割り写真そのものかもしれない。それら誘導のポイントを的確に見抜き、誘導の可能性を、事実を積み重ねていくことにより浮き彫りにすることが、重要である。
　このような尋問を踏まえて、この事件では、裁判所は、次のように述べた。
　まず、ⓐ視認状況についての供述に対して、裁判所は以下のように述べてその信用性を否定した。
　「被害者証言の内容を検討すると、観察の正確性という観点からは、被害者が犯人を観察したときの状況には少なからぬ問題点があり、客観的にも主観的にも観察条件は良好でなかったと認められる（特に、観察時間が短く、被害者が特異な心理状態にあったことは、観察の正確性に大きく影響する事情であると考えられる。）。そして、犯人の顔の特徴については、被害者においてほとんど意味のある観察ができなかった可能性が高いと認められ、既知性もなく、際立った特徴を備えているわけでもない犯人の顔について、他の者と区別できる程

度の観察、記憶ができたかについては、多分に疑問を容れる余地があると言わざるを得ない」。

そして、⑥犯人識別手続についての供述に対しても、以下のように述べてその信用性を否定した。

「写真台紙②の構成には被告人の全身写真が浮き立つ要素があり、これが被害者に対する暗示、誘導として作用した可能性が否定できないこと、被害者証言によれば、写真台紙①を用いた選別では余り自信がなかったというのに、写真台紙②を用いた選別はかなり自信があるというのであるが、後者が全身写真であることを考慮しても、そこまで確信の度合いに差が出るほどの違いがあるとは考えにくいことに照らすと、写真台紙②を用いた面割りには、その写真構成による暗示、誘導が働いた可能性が相当程度あり、写真台紙②の被告人の全身写真を選別したことで、被害者の犯人像に関する原記憶の変容が強固になった可能性が否定できないというべきである」。

結果、裁判所は、「以上の検討結果によれば、被告人が犯人であるという被害者の犯人識別供述は、観察条件、犯人選別過程のいずれにも問題があって、識別供述としての信用性には合理的な疑いが残る」と述べて、被害者の識別供述の信用性を否定し、被告人に無罪を言い渡した（確定）。

犯人識別供述弾劾のための新たなルールを確認しておこう。

- 犯人の視認状況と犯人識別過程を吟味せよ。
- 犯人視認状況を妨げる周辺事実を積み重ねよ。
- 犯人識別過程の誘導がどこにあるかを見極めよ。

1　司法研修所編『犯人識別供述の信用性』（法曹会、1999年）1〜9頁。
2　司法研修所編・前掲注1書60頁。この意味において、犯人識別過程の可視化（録画）は不可欠である。この点を指摘するものとして、法と心理学会・目撃ガイドライン作成委員会編『目撃供述・識別手続に関するガイドライン』（現代人文社、2005年）110頁以下。

（森　直也）

自己矛盾弾劾編 ── 自己矛盾供述弾劾の理論と実践

【第7章】
再び、調書を示す反対尋問について
―― とくに田中伸一判事の
　　　「証人の検察官調書を示す尋問」をめぐって

ある反対尋問

　○○地方裁判所２号法廷
　「私からは、以上です」。
　主尋問を終えた検察官が、席に座る。
　検察側証人は、被告人が赤信号を無視したことを明言した。その証言は完璧に見える。検察官の態度も勝ち誇った感が見え隠れしている。「ベテランのやり手弁護士でも、崩すのは難しいだろうな」。そんなことを思いながら、裁判長は、弁護人席に視線を送った。
　「弁護人、反対尋問をどうぞ」。
　「はい」。
　裁判長の予想に反して、立ち上がったのは、ボス弁の隣に座っていた金ぴかバッジの若手弁護士だった。華奢だが、立ち上がった姿は背筋が伸び、堂々としている。とはいえ、その若さが、どこか頼りなさそうな雰囲気を醸し出していることも否めない。裁判長は、「おいおい。彼は確か登録半年だよな。また塗り壁尋問を聞かされるのか」と、少しうんざりした気分になった。
　そんな裁判長の気分を知ってか知らずか、若手弁護士は、弁護人席を離れて、すっと裁判長の視野に入った。証人と絶妙な間合いをとり、立ち止まった。姿勢は堂々としている。手にメモはない。視線は、しっかりと証人の目を見ている。「修習生時代は、もっとおどおどしている感じだったけど……」。裁判長が、首を傾げかけたのと同時に、彼の反対尋問第一声が発せられた。

弁護人　事故のときにあなたが見た信号は赤だったのですか？
証　人　そうですよ。
弁護人　それは確かめたのですか？
証　人　はい、確かめました。
弁護人　間違いありませんか？
証　人　ええ、間違いありませんよ。

　「なんだ、やっぱり塗り壁か」。裁判長は、思わず舌打ちしそうになった。しかし、できなかった。そこで、尋問の調子が変わったからである。「ところで……」。尋問は矛先を変えた。裁判長の視線は自然に若手弁護士に引き寄せられた。

弁護人　ところで、あなたは事故の直後、目撃者として事情聴取を受けましたね。
証　人　はい……。

　「ん？」裁判長は、違和感を覚え始めた。若手弁護士の小気味よい質問が続く。証人は、事故直後にも警察にいろいろと説明をしていたようだ。主尋問ではそんな話は出ていなかった。

弁護人　あなたは、警察には記憶のままに述べましたね。
証　人　はい。そうですね。
弁護人　調書にはあなたが述べたとおりに書いてもらいましたね。
証　人　はい。
弁護人　あなたは読んで確認しましたね。
証　人　はい。

　さらに、いくつかの質問を重ねた後、若手弁護士は再び、尋問の調子を変えた。いつの間にか、一通の調書の写しを手にしている。そして、さりげなく証人の横に立った。

弁護人　では証人に、証人の平成23年1月10日付け警察官に対する供述

【第7章】再び、調書を示す反対尋問について

　　　　　　　調書の写し、その第３項２行目を示します。私が今からこの部分を読み上げますから、あなたは目で追って確認してください。
証　　人　　……はい。

　促された証人の視線は、弁護人の指先に落ちた。

弁護人　　「気が動転していたので……」。

　若手弁護士は、証人に調書の内容を、ひと言ずつ確認させるように、ゆっくりと読み上げた。

弁護人　　「交差点の信号を確かめる余裕はありませんでした」。

　そして、尋ねた。

弁護人　　私は、書いてあるとおりに読みましたね。
証　　人　　……そうですね……。
弁護人　　終わります。

　残念ながら、これは架空の尋問である。さすがに、ここまで明快に反対尋問が決まることは珍しいであろう。しかし、最近似たような反対尋問が、若手弁護士を中心に各地の法廷で見られるようになった。公判証言と矛盾する捜査段階の供述調書を示して弾劾する反対尋問、いわゆる３Ｃ手法[1]が、わが国の実務でも定着するようになってきたのである。裁判員裁判の実施を踏まえて、日弁連や各単位会が全国各地で開催している公判弁護技術の研修[2]の成果といえる。ダイヤモンドルールでも、３Ｃ手法による弾劾を繰り返し奨励してきた[3]。
　反対尋問は法廷ドラマのクライマックスである。反対尋問技術が活かされれば、そのことは直ちに法廷の活性化につながる。裁判員裁判時代を迎え、喜ぶべき流れである。

NITAメソッドにおける3C手法とCICC手法

　アメリカの法曹たちに法廷技術を教える全米法廷技術研究所（National Institute for Trial Advocacy: NITA）は、反対尋問における自己矛盾供述による弾劾方法を「『3C』のステップを踏め」、と教えている。3Cとは、「Commit（肩入れ）」→「Credit（信用状況の付与）」→「Confront（対面）」の頭文字を指す。自己矛盾を示すためには、必ずこの順序でステップを踏めというのである。

　すなわち、第1段階は、証人に公判証言に肩入れ（Commit）させて公判証言を固めさせる。

　次に第2段階は、公判証言と矛盾する供述が本来信用できる状況で採取されたことを確認する（Credit）。

　第3段階として、証人と自己矛盾供述を対面（Confront）させて、矛盾を確認させる。

　この3段階ステップを、上記の若手弁護士の弾劾例で確認してみよう。

　まず、Commit（肩入れ）である。これは、冒頭の弁護人の「事故のときに」から「間違いありませんか？」までの部分である。この部分は、「事故のときに信号が赤だった」という公判証言に証人自身に肩入れさせ、固めているステップである。ここで、証人は、その公判証言が記憶違いではなく、間違いがないことを念押しされている。

　次にCredit（信用情況の付与）である。これは、次の「ところで」から「あなたは読んで確認しましたね」の部分である。ここでは省略されているが、さらに証人に調書の本文末尾の署名押印部分を示し、「これはあなたが署名押印したものに間違いありませんね」と聞くことも含む。事故当日に証人が採取された警察官調書の内容が、証人が正しいとして供述したとおりに記録されていることを確認する尋問である。この尋問によって、過去の供述の信用情況が付与される。但し、注意が必要なのは、供述内容が正確であるという意味での信用性付与ではない。あくまで証人が供述したとおりの内容が記録されているはずだ、という意味で信用情況があるというにとどまる。事故直後の取調べで採取されたものであること、その取調べ直

後に調書が作成されていること、調書作成にあたり読み聞かせがなされていること、証人自身が内容を確認した上で署名押印していることなどを確認する。このステップを踏めば、もはや証人としては、警察官調書の内容が証人自身の供述どおりに記載されたものであることを否定できない。

最後にConfront（対面）である。「では証人に」から「私は、書いてあるとおりに読みましたね」までの部分である。証人と自己矛盾供述とをConfront（対面）させ、証人自身にその存在を確認させているのである。

この3Cのステップを踏むことにより、証人の供述変遷が明らかになり、証言の信用性が減殺されることになるのである。

この3C手法は、あるべき重要な供述が欠落しているという場合にも応用可能である。この証人の例で言えば、その警察官調書には信号についての記述が全くないにもかかわらず（欠落）、公判において突然「信号が赤だった」と証言し始めたような場合である。この場合には、欠落している供述が、欠落するはずのない重要な（Important）供述であることを示す必要がある。具体的には、Commit（肩入れ）とCredit（信用情況の付与）の間に、信号をめぐるImportant（重要さ）を示す尋問を入れるのである。この事例では、「証人が事故の目撃者として事情を聴取されたこと」「目撃状況をできるだけ詳しく説明するように求められたこと」「事故は信号機のある交差点での出会い頭であったこと」「どちらの信号が赤だったかが重要であったこと」「警察官も信号の色を確認したがっていたこと」などの事情を浮かび上がらせる尋問をするのである。

つまり、この場合のステップはCCCではなく、CICCとなる。また欠落である以上、最後のConfront（対面）の方法も工夫が必要となる。すなわち、当該調書に、信号のことが一切記載されていないことを示すために、「証人に〇月〇日付の供述調書をお渡しします。この調書を全部黙読してください」とした上で、「今渡したあなたの調書にあなたが信号を確認したことが記載されていましたか」と尋ねることになるのである。

自己矛盾供述による弾劾のためには、この3C手法、CICC手法に習熟することが不可欠である。

裁判官の抵抗？

　ただ、この3C手法が一般化するに伴い、ある種の抵抗が見られるようになってきた。抵抗の主は、主に裁判官である。その最たる例が、反対尋問において、弁護人が証人に調書を示そうとするのを押しとどめ、あるいは禁止しようとすることである。

　しかし、その理由ははっきりとしない。実際には、このような裁判官は「とにかく示さないように」と押しとどめたり、「調書は示さず、弁護人で要約して確認してください」などというばかりで、積極的にその理由を示さないことが多いからである。

　おそらく、従前わが国では尋問技術についての研究が少なく、調書を示すことができるか否かについて、理論的な蓄積が乏しかったことがひとつの原因であろう。

　あるいは、刑訴規則199条の11第1項括弧書きが、同項によって示すことができる「書面」から供述録取書を明示的に除外していることも影響しているかもしれない。さらに、刑訴規則199条の3第4項が「誘導尋問をするについては、書面の朗読その他証人の供述に不当な影響を及ぼすおそれのある方法を避けるように注意しなければならない」と、書面の朗読を「不当な影響を及ぼすおそれのある方法」として例示していることが意識されている可能性もある。これらの規定からすれば、刑訴規則は、尋問で供述調書を利用すること自体を禁じているようにも見えるからである。

　ただ、このような裁判官のうち、少なくとも一定の割合は、理論的には確たる理由もなく、漠然と調書を示すことを押しとどめようとしているように思えてならない。

199条の10説——私たちの立場

　このような理論的な混迷状況に光明をもたらしたのは、高野隆弁護士の研究である[4]。高野弁護士は、証人尋問において書面を証人に示す場面として、「証言がモノを助ける」場合と、「モノが証言を助ける」場合の2つがあると指摘する。「書面又は物の成立や同一性その他これに準ずる事項」について定めた刑訴規則199条の10は、前者の「証言がモノを助ける」場合であるの

に対し、「証人の記憶を喚起するための呈示」について定めた199条の11と、「証人の供述を明確にするための利用」について定めた199条の12は、後者の「モノが証言を助ける」場合である。「証言がモノを助ける」場合には、証言がモノによって影響を受ける危険性もないから、裁判長の許可が不要なのに対し、「モノが証言を助ける」場合には、モノによって証言が不当な影響を及ぼすおそれがあるため、証人に示す前提として、裁判長の許可が必要となるのである（199条の11および199条の12は、いずれも「裁判長の許可を受け」ることを要件としている）。

　この区別からすれば、反対尋問において自己矛盾による弾劾のために供述調書を示すことは、前者の「証言がモノを助ける」場合である。すなわち、証人によって供述調書の記載を確認させることによって、そこに「自己矛盾供述」というある種の「モノ」が存在することを明らかにするのである。その証言内容が、供述調書によって歪められるおそれもない。そうである以上、このような書面の呈示は、刑訴規則199条の10が認める「書面又は物の成立や同一性その他これに準ずる事項」についての尋問であって、何ら禁止される理由はない。裁判長の許可も不要である。

　以上のような高野弁護士の説明は、きわめて明解である。ダイヤモンドルールも高野弁護士の理論に全面的に依拠している[5]。近時、裁判官からも、この説明をほぼ全面的に支持する見解が述べられている[6]。

田中論文と199条の11説

　ところが、この199条の10説に対し、正面から異論を唱える論文が発表された。田中伸一判事による「証人の検察官調書を示す尋問」[7]である（以下、「田中論文」という）。田中論文は、反対尋問において、証人に対し、自己矛盾供述が記載された調書を示す必要性がある場合があることは認める。しかし、調書を示すための根拠条文としては、刑訴規則199条の10ではなく、刑訴規則199条の11であるとする。この199条の11説によれば、199条の10説と異なり、調書を示すためには、裁判長の許可を受ける必要が生じることになる。199条の11説の眼目は、当事者が許可なく調書を示すことを許さず、裁判官のコントロール下におくところにあるというべきであろう。

　では、199条の11説の理論的根拠は何か。この点、田中論文の議論は多岐

にわたっており、ここでその一つひとつについて論じる余裕はないが、主要な論拠としては以下の点が挙げられるであろう。すなわち、

① 自己矛盾による弾劾は、過去に自己矛盾供述をしたとの供述を得ること自体に意味があり、自己矛盾供述の有無に関する記憶喚起という側面がある、
② 供述調書に自己矛盾供述の記載があるとしても、供述調書は証人自身が作成したものではなく、証人が取調べの際にそのような供述をしたことを推認させるにすぎない。そのような供述調書を示してその記載のみを問うという尋問方法は、供述調書の記載を証人に押しつけるなどの不当な圧力となる可能性を否定できない、

などとするのである。

　しかし、①についていえば、当事者としてはあくまで自己矛盾供述の存在自体を法廷に顕出しようとしているのであって、記憶喚起を図ろうなどとは考えていない。そもそも、あらゆるモノを示すことは、記憶喚起の側面を有している。たとえば、凶器の包丁を示すことも、証人に包丁について記憶喚起する側面を持つ。田中論文のように、調書を示すことの持つ記憶喚起の側面を強調すれば、モノを示すことすべてが記憶喚起ということになりかねない。199条の10の存在意義を失わせるに等しい。②についても、供述調書に指摘されるような問題点があることは否定しないが、この点も当事者としては当然織り込み済みで尋問しているのである。すなわち、3C手法では、クレジット（過去供述の信用状況付与）のステップを踏むことが不可欠とされるが、呈示する自己矛盾供述の採取経過は、このステップの中で自ずと明らかにされるのである。そのステップを踏んだうえであれば、調書には証人の供述が正確に反映されていることがすでに確認されていることになるから、調書を証人に示すことは、何ら不当な圧力とはならない。

　田中論文には、より根本的な問題がある。「変遷点の供述全体における位置づけや、変遷した理由に合理性があるかどうかこそが重要であり、また、変遷の理由について証人にその説明の機会を与えることも重要である」などとし、「（証人に説明をさせない尋問が）徹底されれば、証人は、本来重要なはずの供述変遷の理由について説明できないまま、検察官調書における自己矛盾供

述の存在を尋ねる尋問を受け続ける可能性もあり、証人にとって不当な圧力となる危険性を否定しがたい」などとしている点である。田中論文がそのように述べる趣旨は必ずしも明確とはいいがたい面もあるが、おそらく「変遷点の供述全体における位置づけや、変遷した理由に合理性があるかどうか」あるいは「説明の機会があるか否か」といった点が、裁判長が許可を与えるか否かの判断基準となりうると考えているのであろう。

　しかし、変遷点の位置づけや合理性などといった点は、まさに証人の信用性判断そのものである。とくに、裁判員裁判においては、裁判長だけの経験則ではなく、裁判員も含めた常識と経験則によって評価され、判断されるべき事項である。この点、田中論文には、「証人自身に自己矛盾供述を朗読させる」という一事を捉えて、「裁判員をして、証言と法廷外供述を混同させ、証言の内部に自己矛盾が存在するかのような誤解を与えかねず、適切ではない」などとの指摘もなされているが、これは裁判員の能力を過小に評価するものであろう。この点も、クレジットのステップが適切に踏まれれば、裁判員に混同など生じない。

　また、説明の機会の有無云々も、調書を示すことの必要性とは別問題である。重要なのは、変遷の事実そのものであり、その変遷を事実認定者がどのように評価するかである。証人に弁解、言い逃れの機会を与えたとしても、議論にわたるのが落ちである。弁解の機会を与えれば、証人が真実を語ると考えているのかもしれないが、不誠実な証人に言い逃れの機会を与えることこそ、不毛な議論を呼び、場合によっては虚言を言いつくろうだけの機会となることを知るべきであろう。そもそも、証人の説明の合理性については、立証責任を負うべき当事者の訴訟活動に委ねられている事項であって、裁判長が安易に介入すべき問題ではない。仮に「不当な圧力」がかかっているのであれば、相手方当事者が適切に異議を述べればよいのである。

　結局、田中論文の論理では、事実認定の根幹であり、裁判員裁判では裁判員らとともに評価すべき証言の信用性判断を裁判長において先取りし、その判断を前提に、当事者による調書の呈示の許可を判断するということになろう。そのような考え方を突き詰めれば、調書の呈示にとどまらず、尋問そのものにまで裁判長が積極的に介入することを正当化することにもなりかねない。しかし、繰り返すが、証人の信用性に関わる事項は、尋問を聞いたうえで、その評価について、裁判員とともに評議して判断すべきなのである。決して、

裁判長が尋問に介入して決すべき事項ではない。田中論文には、きわめて危険な考え方が示されているというほかない。

ちなみに田中論文は、証人が誤った証言をした場合でも、「それが誤解や思い込みなどに基づくもので、その誤解や思い込みなどが存することが明らかになれば、正しい記憶が想起されると合理的に期待される場合もあるのではないか」ともいう。さらには「変遷を理由に、供述全体の信用性を否定されることになれば、問答無用とばかりの不意打ちになるのであり、信用性の判断を誤り、あるいは刑事裁判への信頼を損なうこととなりかねない」とまでいう。しかし、これでは弾劾にさらされる証人を、裁判長が尋問から救い出すことが重要だと言っているのに等しい。仮に裁判長が、裁判員の面前で反対尋問に介入し、証人を救い出そうと躍起になれば、そのことこそが、刑事裁判所への信頼を損なうことにつながるであろう。

まとめに代えて

このようにしてみてくると、反対尋問の際に調書を示すことを裁判長の許可にかからしめようとする199条の11説には根本的な問題があるといわざるをえない。流されるまま、そのような実務が定着するようなことがあってはならない。

そのためには、一人ひとりの弁護人が、刑訴規則199条の10によって調書を示す、というプラクティスを確立していく努力が必要である。そのためには、まずなによりも3C手法の技術を磨き、法廷でよどみなく証人の弾劾を行うことが重要である。調書を示そうとしたときに、もし裁判長が介入してきたというのであれば、毅然と刑訴規則199条の10で示す根拠を述べ、場合によっては的確に異議を述べなければならない。優れた弁護実践こそが、適正なプラクティスを確立するのである。いつものように、ダイヤモンドルールを示しておこう。

- 3Cのステップを習熟せよ。
- 調書は刑訴規則199条の10で示せ。
- 刑訴規則199条の10で示す根拠を習熟せよ。
- 裁判長の不当な介入には的確に異議を述べよ。

1　日本弁護士連合会編『法廷弁護技術〔第2版〕』（日本評論社、2010年）141頁。
2　日弁連裁判員本部法廷技術プロジェクトチーム（座長・髙野隆）は、2008年1月に早稲田大学法科大学院と共催したNITA方式の研修以来、全国各地でNITA方式を取り入れた法廷技術の研修を実施している。当研究会のメンバーが所属する大阪弁護士会をはじめ、各単位会でも同様の研修が活発に実施されている。読者にもぜひ受講をお勧めしたい。
3　たとえば「NITAメソッドにおける3つのC」ダイヤモンドルール研究会ワーキンググループ編著『実践！ 刑事証人尋問技術』（現代人文社、2009年）41頁。
4　髙野隆「証人尋問における書面や物の利用」日本弁護士連合会・前掲注1書171頁。
5　ダイヤモンドルール研究会ワーキンググループ「書面の呈示・読み聞かせは許されるのか？」同・前掲注3書91頁。
6　大島隆明「裁判員裁判における証拠調べのプラクティスに関する二、三の問題」原田國男退官『新しい時代の刑事裁判』（判例タイムズ社、2010年）287頁。もっとも、大島判事は、注釈の中で、このような尋問が「記憶喚起を図る意味も併せて持つ」としたうえで、（調書の記載内容に）「誘導するのではないから、刑訴規則199条の11で禁じている供述調書の提示には当たらないというべきであろう」としており、199条の11説との親和性も示している。
7　田中伸一「証人の検察官調書を示す尋問」判例タイムズ1322号（2010年）30頁。

（秋田真志）

【第8章】法と規則の条文を使いこなせ！
——刑訴法328条および規則199条の10、11、12の解釈、射程

条文規定はどうなっているか、再度よく読んでみる

　本章では、適正な尋問をする前提として、尋問に関する刑事訴訟法328条及び刑事訴訟規則199条の10、11、12の各条文の意義と活用方法を確認してみよう。

【刑事訴訟法第328条】
第321条乃至第324条の規定により証拠とすることができない書面又は供述であつても、公判準備又は公判期日における被告人、証人その他の者の供述の証明力を争うためには、これを証拠とすることができる。

1　そもそもなぜこのような規定が存在するのだろうか（立法趣旨）

　過去から現時点まで、供述が一貫していれば、その供述は信用できると一応は判断され（もっとも、一貫した虚偽供述を行うことが不可能ではないから、供述が一貫していることが直ちにその供述が信用できることに結びつくというわけではないが）、供述が一貫していないということは、それ自体で、その供述が信用できないことを推認させる（供述が変わったことについて合理的な理由があれば別であるが）。
　これは一般の社会常識あるいは論理則といってよいものである。

2　「公判準備又は公判期日における被告人、証人その他の者の供述の証明力を争うためには」

(1)　「供述」とは

　「言語又はそれに代わる動作によって表現される認識・判断の叙述」をいう。この条文においては、「公判準備又は公判期日」における「被告人の供述」と「証人の証言」を意味する。

(2)　「証人の供述の証明力を争う」とは

　これとまったく同じ文言が、規則199条の6に存在する。それによれば、「供述の証明力を争う事項」としては、①証言の信用性に関する事項、および②証人の信用性に関する事項があり、①としては、証人の観察、記憶または表現の正確性等が例示され、②としては、証人の利害関係、偏見、予断等が例示されている。

　328条は、主に①について用いるということである。

　つまり、「公判廷で証言したことと矛盾する供述を過去にしていた」ということは、証人の観察力が怪しいということか、記憶力が怪しいということか、表現力が怪しいということかを意味するからである。

　ただし、②の面もある。

　過去の供述ではあいまいな表現をしていたのに、法廷ではそれが断定的な表現になったとする。その原因としては、①の要素以外に、事件あるいは被告人への利害関係が存在することが過去の供述以後に証人に判明して殊更に被告人に不利益になる方向へ表現を変えることや、あるいは偏見、予断、自己弁護等の影響で、証言が断定的になることなどがあるからである。

3　「第321条乃至324条の規定により証拠とすることができない書面又は供述であっても」

　「伝聞法則によって、（実質証拠としての）証拠能力が与えられない書面又は供述であっても」という意味である。以下3つの解釈上の論点がある。

(1) 自己矛盾供述に限られること（最判平18・11・7刑集60巻9号561頁）

　従前、自己矛盾供述に限られるのか（限定説）、それに限らず、すべての伝聞証拠が許容されるのか（非限定説）については、解釈論上の争いがあった。この点について、最判平18・11・7は、自己矛盾供述に限られることを明確に判示した。次のとおりである。

　「確かに、所論引用の判例（筆者注：福岡高判昭24・11・18高刑判特報1号295頁）は、刑訴法328条が許容する証拠には特に限定がない旨の判断をしたものと解され、これに限定があるとして本件書証は同条で許容する証拠に当たらないとした原判決は、所論引用の判例と相反する判断をしたものというべきである。

　しかしながら、刑訴法328条は、公判準備又は公判期日における被告人、証人その他の者の供述が、別の機会にしたその者の供述と矛盾する場合に、矛盾する供述をしたこと自体の立証を許すことにより、公判準備又は公判期日におけるその者の供述の信用性の減殺を図ることを許容する趣旨のものであり、別の機会に矛盾する供述をしたという事実の立証については、刑訴法が定める厳格な証明を要する趣旨であると解するのが相当である。

　そうすると、刑訴法328条により許容される証拠は、信用性を争う供述をした者のそれと矛盾する内容の供述が、同人の供述書、供述を録取した書面（刑訴法が定める要件を満たすものに限る。）、同人の供述を聞いたとする者の公判期日の供述又はこれらと同視し得る証拠の中に現れている部分に限られるというべきである。

　本件書証は、前記○○の供述を録取した書面であるが、同書面には同人の署名押印がないから上記の供述を録取した書面に当たらず、これと同視し得る事情もないから、刑訴法328条が許容する証拠には当たらないというべきであり、……。

　したがって、刑訴法410条2項により、所論引用の判例を変更し……」。

　このとおり、最高裁は判例変更と明示して、自己矛盾供述に限られると明確に判示した。供述の信用性がなぜ減殺されるのか、という理由に立ち返れば、当然の判断だと思われる。また、「原供述者の署名押印を必要とする」という判断は、実況見分調書の立会人の供述部分について、署名押印がない場合には証拠とならないことを判示している最決平17・9・27刑集59巻7号753頁と通じるものがあるとの印象を受ける。

(2) 供述の証明力を減殺する場合（弾劾証拠）に限るのか、これに限らず、供述の証明力を増強する場合（増強証拠）を含むのか、について

　弾劾証拠に限るというのが通説である。増強証拠を認めると、結局は伝聞法則の潜脱になってしまうからである。

　大阪高判平2・10・9判タ762号266頁も「ある証人の公判証言の証明力を増強するため、その証人が捜査段階においても同旨の供述をしていること、すなわちその証人の供述内容が捜査段階から一貫していることをあきらかにする目的をもって、その立証趣旨が刑事訴訟法328条の『証明力を争う』場合に当たるとして、本来証拠能力を有しないその証人の捜査官に対する供述調書を同条の書面として取り調べることが許されるとすれば、事実上伝聞法則の潜脱を容認するのと等しいのであるから、そのような立証趣旨のもとに、その証人の捜査段階における供述調書を取り調べることは許されないというべきである」として、減殺する場合に限定している。

　また、前掲最判平18・11・7も「刑訴法328条は、……、公判準備又は公判期日におけるその者の供述の信用性の減殺を図ることを許容する趣旨のものであり」と判示しているから、増強証拠を認める趣旨ではないと解釈される。

(3) 弾劾証拠により減殺されたとき、元の供述の証明力を回復するための証拠（回復証拠）を提出することが許されるのか、について

　これを肯定する説が多数説であるが、回復証拠としてであっても、伝聞証拠の利用を認めてしまうと、伝聞証拠が有罪立証の証拠に用いられる結果を生じるとして回復を認めない説もある。

　判例[1]は、回復証拠許容説であるとされる[2]。

4　「これを証拠とすることができる」

　実質証拠として用いること（犯罪事実の認定に使用すること）はできず、あくまでも弾劾証拠である。

　刑訴法328条は、供述の証明力を争うためにのみ証拠とすることができることを認めた規定であるから、本条の証拠を犯罪事実の認定に使用することは許されないとするのが、判例（最判昭28・2・17）[3]・通説である。

「これを証拠とする」方法について

本章の中心課題であり、この部分についてやや紙幅を使うことにする。

1 証人尋問終了後の事後的な書証請求ではなく、過去の矛盾供述を法廷で顕出する作用そのものであること

刑事訴訟法328条はもともと反対尋問で自己矛盾調書を証人に提示することを認めるために制定されたものである[4]。

2 横井大三・元最高裁判事の解説

(1) 横井大三・元最高裁判事は、刑事訴訟法案を起草した担当者である[5]。同元判事が、新法設定直後に出版した解説書で、同元判事（当時は法務省事務官）は328条の解説部分で次のように述べている。

　「証拠能力の制限の趣旨に反しない限度で、当事者の反対尋問をより効果的ならしめる為に設けられた規定である」。「……一例を挙げてその意味を具体的に説明しておこう。ある窃盗事件の被害者が被害始末書を提出した後、公判期日に証人としてその始末書の内容と異なる供述をした場合に、公判廷における供述の証明力を争おうとするならば、反対尋問又は補充尋問をすべきであるが、その際、右の始末書は、第320条によって証拠能力を否定せられ、第321条1項3号に該当しないため証拠とすることはできないが、証人の供述の証明力を争うためには使うことができるのである」[6]。

(2) ここに「反対尋問をより効果的ならしめる」とか「反対尋問又は補充尋問」の「その際」に「使う」と記載されている行為は、自己矛盾供述の内容を証人に法廷で呈示して証人の証言の信用性を弾劾するということである。尋問が終わった後に、独立の書証として請求することを想定しているのであれば、このような説明をすることはないはずである[7]。

【第8章】法と規則の条文を使いこなせ！

3 自己矛盾調書の内容を証人に示しながら朗読して証人の証言の信用性を弾劾するという方法は、刑訴法328条の制定者がまさに想定していた証拠の使用方法であること

　上記2から次のようなことが言えるはずである。自己矛盾供述の存在およびその内容を正確に法廷に顕出する行為は、328条が元々予定していた行為であるということである。

　立証命題が自己矛盾供述の存在自体である場合は、その供述の存在自体は、供述調書を弾劾証拠として請求するだけでも足りるが、その供述の存在を供述者本人に示して確認させることにより、証言の信用性へのインパクトを高めようとする行為であるから、同一性に準じる事項と見てよいはずである（後述4⑵）。自己矛盾供述の存在を証人に認めさせることにより、供述調書自体を弾劾証拠として採用する必要性もなくなり、また、自己矛盾供述を示したときの証人の反応を見ることによって、証人の真摯性、誠実性等を推し量ることもできるのであるから、そのような尋問方法は禁止すべきいわれはまったくない旨を、後述の大島判事も述べておられる[8]。

4 刑事訴訟規則199条の10との関係について

(1) 199条の10についての一般的解説

【刑事訴訟規則第199条の10第1項】
訴訟関係人は、書面又は物に関しその成立、同一性その他これに準ずる事項について証人を尋問する場合において必要があるときは、その書面又は物を示すことができる。

　これらの事項に関し証人を尋問する場合には、書面等を提示しなければ尋問の目的を達することができないのが普通であり、しかも、書面等を提示しても証人の供述に不当な影響を及ぼすおそれはない。このような理由から、書面等の提示は、裁判長の許可等を要せず無条件にこれをなしうるものとされたのである。「その他これに準ずる事項について証人を尋問する」とは、た

とえば凶器の刃こぼれや衣類の汚点について説明を求める必要がある場合に、その刃こぼれや汚点を証人に示して尋問することをいう[9]。

(2)　328条と関わる部分

　「書面の同一性及びこれに準じる事項」として、「これは、あなたがした供述を警察官が書き取った調書ですね。この供述調書には『……』という記載がありますね」（「この包丁はあなたがその時に持っていた包丁ですね。この包丁にはここにこのような刃こぼれがありますね」と同じ意味あい）という方法で自己矛盾供述の存在について、証人を尋問する必要がある（証人がその際どういう態度を取るかにより、証人の真摯性等がよくわかるからである[10]）として、供述調書の当該部分（過去の矛盾供述）を証人に示し、「この証人は主尋問で証言した内容とは異なり、過去においては『……』という供述をしていた」という事実を法廷に正確に顕出する。これが法328条と関わる規則199条の10の用い方である。

5　「欠落」が「自己矛盾」になること

(1)　従前の供述に、重要な事実についての、異なる供述が存在しているとき

　証人（交通事故の目撃者）が、法廷で、重要な事実（信号の色）について「赤色であった」と証言した。ところがこの証人は、過去において、その重要な事実について「青色であった」と供述していたとする。

　この事実からは、証人の「信号は赤だった」という法廷証言は信用できないことになる。なぜなら、「信号が赤だった」という証言は過去の供述と一貫していないからである。なおここで「信号が青色だった」という事実を立証することは反対尋問での立証命題ではない。過去においてこの証人が「信号が青色だった」と供述していたという事実それ自体を法廷に顕出すれば、それで足りるからである（刑訴法328条で過去の供述調書を証拠として用いることができるのは、実質証拠としての用い方ではないから、法328条で証拠となった供述調書に「信号が青色だった」と記載があったとしても、「信号が青色だった」という事実認定に用いることはできない）。

【第8章】法と規則の条文を使いこなせ！

(2) 「供述の欠落」は「自己矛盾」になるか

　同様に、証人が「私が事故直後に信号を見たとき、赤色でした」と証言したとする。ところがこの証人は、過去において、信号の色について供述していなかったとする。「私は信号の色を見ていませんでした」と供述していたなら、単純な自己矛盾供述であるが、信号の色について何も記載がない場合に、証人の「信号は赤だった」という法廷証言が信用できないということができるであろうか？　あるいは、「法廷証言が信用できない」といえるためには、何が必要だろうか？

　反対尋問で次のように聞いてみたとする。「あなたの供述調書には信号の色について何も記載がないのですよ。ですから先ほどの『私が信号を見たとき、赤色でした』という証言は嘘でしょう」と。

　これに対して、証人は次のように答えるであろう。「いいえ。私が信号を見たとき赤色でした。私の記憶に間違いはありません。供述調書に信号の色のことが書いてないのは、刑事さんから信号の色について聞かれなかったから、私も供述していないだけですよ」。

　これでは「欠落」が「自己矛盾」にはならなくなってしまう（この反対尋問は失敗である）。「欠落」が「自己矛盾」になる（言い換えれば、「欠落」を「自己矛盾」にする）ためには、「過去の供述において欠落してしている事実」が「欠落するはずがない事実」であること（を立証すること）が必要である。そうであってはじめて、「欠落」が「自己矛盾」になるのである。

　交通事故であれば、信号の色が何色だったのかについて、警察官は当然目撃者に聞くのが普通である。そして信号の色が何色なのかについて供述調書に記載するであろう。であるから、信号の色について供述調書に何も記載されていないということからは、「証人が信号を見ていなかった」ということが強く推認されるはずである。であるから、次のように聞いておけばよいはずである（なお、前記が強く推認されるのだから、次のような質問は不要であるという考え方もある。しかしいずれにしても、「欠落」が「自己矛盾」であるといえるためには、「欠落」が「自己矛盾である」という関係が、経験則上自明であるか、当該証人によって語られるか、あるいは別の証拠で立証されることは必要である）。

「信号機のある交差点での事故だったのですね」
「あなたの居た場所は交差点から５メートルの位置でしたね」

「あなたはそこで事故を目撃したのですね」
「信号が見通せる位置ですね」
「当日あなたは警察官から、事故の目撃者として事情を聞かれたんですね」
「警察官は、事故の原因として思いあたることがないか、あなたに聞きましたね」
「あなたがどこに居たのか聞かれましたね」
「そしてあなたが何を見たのか、(詳しく)聞かれたのですね」
　(正しくは「詳しく」を基礎づける具体的な事実——たとえば聴取の時間の長さ、他に記載がある事実等から、○○についても聞かれたんですね。○○についても聞かれたんですね。どんな音がしたのかも聞かれたんですね。というようなかたちで——を並べる質問をすべきである。)
「警察官は、あなたの話した内容を、供述調書にしたのですね」
「作成した後で、読んでくれましたね」
「間違いがなかったら署名・押印してくれ、と言われたんですね」
「そしてあなたは、署名・押印したのですね」

　このように聞いておけば、「信号の色についての供述の欠落」は「自己矛盾」になるはずである。このような目撃者に対して警察官は「信号の色について聞かないはずがない」し、「信号の色についての供述があったら、調書に記載しないはずがない」といえるから、である。

6　現職の裁判官も次のように論じている

　現職の東京高裁の裁判長である大島隆明判事も、次のように述べられている[11]。同判事の論稿は、実務的には、法廷で最も説得力を持つと思われるので、これを以下にできるだけ正確に引用させていただいた。

　　弾劾証拠は、証人が以前は公判証言と異なる供述をしていたということを示して公判証言の信用性を低下させればその目的を達することができるので、公判の証人尋問の中で、その証人が証言と異なる供述をしていたという事実が示されれば、改めて弾劾証拠となる供述調書を採用する必要性は薄いのである。むしろ、弾劾証拠の存在も含めて、公判で様々な方法で信用性を弾劾できれば、もはや刑訴法328条に基づく請求は必要ないはず

【第8章】法と規則の条文を使いこなせ！

であり、そのような運用を定着させるのが望ましいであろう (284頁)。

　立証責任を負っていない被告人側にとっては、証人が自己矛盾供述をしていることによる弾劾は意味を持つことが多い (286頁)。

　このような場合に、その供述調書を証人に示し、その供述調書に証人の署名押印のあることを認めさせた上で、供述調書を提示したり読み聞かせたりして自己矛盾供述が記載されていることを確認させれば、直截に目的を達することができる (286頁)。

　弁護人が弾劾目的で供述調書を示したり朗読したりすることは法規上禁止されていないと解される (287頁)。

　立証命題は自己矛盾供述の存在であり、その供述の存在自体は、供述調書を弾劾証拠として請求するだけでも足りるが、その供述の存在を供述者本人に示して確認させることにより、証言の信用性へのインパクトを高めようとする行為であるから、同一性に準じる事項 (例えて言えば、「これはあなたの帽子ですね」と聞くのと同様に「これはあなたのした供述ですね」というかたちで確認を求めているにすぎない) と見てよいのではなかろうか。そしてそのようなかたちで自己矛盾供述が存在することを証人に認めさせることにより、供述調書自体を弾劾証拠として採用する必要性もなくなり、また、自己矛盾供述を示したときの証人の反応を見ることによって、証人の真摯性、誠実性等を推し量ることもできるのであるから、そのような尋問方法は<u>禁止すべきいわれは全くない</u>と思われる (287頁)。(下線は引用者)

規則199条の11の説明

1　一般的な解説

【刑事訴訟規則第199条の11第1項】
訴訟関係人は、証人の記憶が明らかでない事項についてその記憶を喚起するため必要があるときは、裁判長の許可を受けて、書面（供述を録取した書面を除く。）又は物を示して尋問することができる。

　提示が許される条件は、主尋問に関する規則199条の3第3項但書3号と同じである。

2　規則199条の11第1項の括弧書きを理由とする異議の申立て

　当該証人の過去における自己矛盾供述が記載されている供述調書を示して尋問しようとすると、199条の11第1項の括弧書きが、「示すことができる書面」から「供述を録取した書面を除く」と規定していることを根拠に持ち出して、検察官が異議を申し立てたり、裁判長が示すことを禁止しようとすることがあるが、それは規則の趣旨をまったく誤解している訴訟行為である。
　まず、そもそも自己矛盾供述の記載がある供述調書を示す根拠は規則199条の10であって11ではないから、「私は記憶喚起のために示そうとしているのではありません。過去におけるこの証人の自己矛盾供述の存在それ自体を正確にこの法廷に顕出するために示すものであって、根拠規定を述べれば199条の10であり、199条の11はまったく関係がありません」と述べればよい。
　しかし、上記のような異議を申し立てる検事や、提示を禁止しようとする裁判長は、規則199条の10と11を論理的に正確に理解していないのであるから、規則199条の11第1項括弧書きの趣旨を、もう少しかみ砕いて説明する必要が出てくる。

3　199条の11第1項の括弧書きの趣旨

　ここで重要なのは、199条の11第1項の括弧書きで禁じられているのは、内容の真実性を前提とする供述録取書面の使い方だということであり、内容の真実性を前提としない使い方は禁じられていないことに留意しなければならない。
　前掲の規則解説書には、次のように記載されている[12]。
　「示し得る書面の中から、供述を録取した書面は除かれる」。「除外された理由は、その提示が証人に対して不当に影響を及ぼすおそれがあることを考慮したためである」。「特に、捜査機関の作成した供述録取書については、これを示されると、捜査過程において録取された供述内容を既定のものとして受容することなどにより、証人が正確な供述を試みることをあきらめ、容易に書面の内容を承認するようになる危険があることが指摘されている」（筆者の知る限り、2項の「証人の供述に（対する）不当な影響」の文言と整合的に、1項括弧書きの趣旨について、論理的で具体的に説明している解説書はこの書物だけである）。
　つまり、証人が、供述調書の記載内容が正しい（書いてあることが正しい）→その時点で話したことが正しい→その時点で話していたことが自分が真に経験した事実であったのだ、という感覚に陥って、証言をするその時点での自らの記憶を呼び起こして、それを正確に証言するという作業をやめてしまうことを防止するために、供述録取書の提示を禁じているのである。であるから、供述調書の記載内容の真実性を前提としない尋問は、1項括弧書きによって制限されるいわれはないのである。
　したがって、「私はこの供述記載の真実性を前提としていませんので、199条の11第1項の括弧書きが禁じている提示に該当しません」と述べればよい。

4　199条の11第2項の「証人の供述に不当な影響を及ぼす」とは

　前述のとおり、証人が、供述調書の記載内容が正しい（書いてあることが正しい）→その時点で話したことが正しい→その時点で話していたことが自分が真に経験した事実であったのだ、という感覚に陥って、証言をするその時

点での自らの記憶を呼び起こして、それを正確に証言しようという作業をやめてしまうことが、「証人の供述に不当な影響を及ぼす」ということなのである。

であるから、反対尋問において、弾劾のために、供述記載の内容の真実性を前提としない利用方法での使用（「あなたは過去において、警察官に対して『……』と供述していたのですね」という尋問をするために、供述録取書を当該証人に示すこと）は「証人の供述に不当な影響を及ぼすおそれのある方法」（2項）にも該当しないのである。

5　199条の11を正面から使って、過去の自己矛盾供述の内容を法廷に顕出する方法はあるか？

証人自身に「過去、この点について、警察官（検察官に）にどう説明していたのか、教えてください」との質問をぶつけ、「よく覚えていません」という証言を引き出した後に、「では、過去にどんな供述をしていたのかについての記憶を喚起してもらうために、供述調書を示します」として供述調書を提示する方法もありうる。

この際まさに「記憶を喚起するための供述録取書の提示は199条の11第1項括弧書きが禁止しています」という異議の申立てを受ける可能性が大きいが、「私はこの供述記載の内容の真実性を前提としていません。過去にどういう供述をしたのかという事実自体の記憶を喚起してもらうために示すのですから、199条の11第1項括弧書きが禁止する行為ではありません」と応じればよいのである。

その後、「見てくださいね。ここには『……』と書いてありますね」「はい」「あなたは、警察官には『……』と供述していたのではありませんか？」と質問すれば、答が「はい」でも「いいえ」でも構わない。過去の供述が正確に法廷に顕出されればよいからである。

前掲大島論文[13]にも次のように記載されている。

> もっとも、「以前に『ナンバーはわかりませんでした』という供述をしたこと」の記憶喚起を図る意味も併せて持つが、その場合でも「ナンバーはわからなかった」という供述に誘導するのではないから、刑訴規則199条

の11で禁じている供述調書の提示にはあたらないというべきであろう。

とても正しい指摘である。

6　弾劾目的で正確に朗読することも、「証人の供述に不当な影響を及ぼすおそれのある方法」ではないこと

念のためにここで論じておくと、「証人の供述に不当な影響を及ぼすおそれ」という文言は、199条の3第4項にも存在し、そこには「誘導尋問をするについては、書面の朗読その他証人の供述に不当な影響を及ぼすおそれのある方法を避けるように注意しなければならない」と規定されているので、反対尋問で「正確に朗読すること」があたかも「証人の供述に不当な影響を及ぼすおそれのある方法」であるかのような解釈をして、介入してくる裁判官がいるが、間違いである。弾劾目的での朗読は、供述記載の内容の真実性を前提としないからである[14]。

規則199条の12の説明

【刑事訴訟規則第199条の12】
訴訟関係人は、証人の供述を明確にするため必要があるときは、裁判長の許可を受けて、図面、写真、模型、装置等を利用して尋問することができる。
2　前項の場合には、第199条の10第2項の規定を準用する。

刑訴法328条と規則199条の12はまったく関係がない。199条の12は、言葉だけで証言するよりも、補助道具を使いながら証言してもらったほうがわかりやすい場合があるので、「証人の供述を明確にするため必要があるとき」は、図面、写真、模型、装置等を「利用して」尋問することができることを規定している。

ここに「利用して」という文言が使われていることにも留意する必要がある。いわゆる実演型研修の場面では、「示して」という言葉を使う人が多いが、条文は「示して」ではない。「利用して」である。言葉だけで表現するよりも、道具を用いて証言したほうがわかりやすいから、「利用して」なのである。

1 　東京高判昭54・2・7東高時報30巻2号13頁等。
2 　河上和雄ほか編『大コンメンタール刑事訴訟法(7)〔第2版〕』(青林書院、2012年) 768頁。
3 　刑集7巻2号237頁。
4 　高野隆「証人尋問における書面や物の利用」日本弁護士連合会編『法廷弁護技術〔第2版〕』(日本評論社、2009年) 181頁。
5 　高野・前掲注4論文。
6 　『新刑事訴訟法逐条解説(Ⅲ)』(司法警察研究会公安発行所、1949年) 126〜127頁。
7 　高野・前掲注4論文。
8 　大島隆明「裁判員裁判における証拠調べのプラクティスに関する二、三の問題」原田國男退官『新しい時代の刑事裁判』(判例タイムズ社、2010年)。
9 　法曹会編『刑事訴訟規則逐条説明第2編第3章(公判)』(法曹会、1989年) 106頁。
10　大島・前掲注8論文。
11　大島・前掲注8論文。
12　法曹会・前掲注9書107頁。
13　大島・前掲注8論文288頁。
14　なお、199条の3は主尋問についての規定であり、反対尋問についての199条の4には、199条の3第4項のような規定がない。そして、このことには有意な意味があるのである。「(199条の4) 第3項による誘導尋問の制限は、主尋問におけるよりも、はるかにゆるやかでよいと解される。反対尋問における誘導尋問の方法については、前条(199条3)第4項のような規定がないことに留意すべきである」と、最高裁が作成した解説書(『刑事訴訟規則の一部を改正する規則説明書』刑事裁判資料120号(最高裁判所事務総局刑事局、1957年) 24頁にも明快に記載されている。これは、反対尋問においては、弾劾目的だけではなく、内容の真実性を前提とする(つまり実質証拠としての供述へ誘導するための)書面の朗読が禁じられているわけではないことを意味するとの解釈も可能である。ただしこの点は本稿とは関係がないのでここでは深入りしない。この点については髙見秀一「自己矛盾調書の証人への提示・朗読」後藤昭ほか編著『実務体系・現代の刑事弁護(2)』(第一法規、2013年) 345頁を参照していただければ幸いである。

(髙見秀一)

【第9章】検察官の異議を跳ね返せ!
——自己矛盾供述による弾劾をめぐって

問題の所在——3C手法をめぐる現状

　日弁連が実施するいわゆる実演型研修（NITA型研修）で提唱された3Cによる反対尋問手法[1]（以下、「3C手法」という）は多くの法廷で活用されるようになってきた。この3C手法が、供述の信用性を弾劾する有効な手段であることは間違いがない。

　ところが、多くの若手にとって、この3C手法は実務上必ずしも受け入れられているわけではないと感じることが多いようである。3C手法を法廷で実践しようとすると、さまざまな介入に遭い、研修で習ったようにはスムーズに進まないという話を耳にすることも多い。

　たとえば、ある若手弁護士は、証人に対し、「ところであなたは×月×日に警察で取調べを受けたことがあるのではないですか」とクレジット（信用情況の付与）を始めたところ、裁判長から「弁護人、証人が過去にどのような供述をしたかではなく、現在の記憶を聞いてください」などと介入されたという（事例①）。

　また、コンフロント（対面）で行われる調書の呈示をめぐるさまざまな攻防も続いているようである。以下のようなものが典型であろう（事例②）。

弁護人	それでは、証人の××年×月×日付警察官調書写の末尾署名押印部分を示します。
検察官	裁判長、弁護人が供述調書を証人に示すことには異議があります。
裁判長	弁護人ご意見は？

　この署名押印部分についての呈示をスルーしたとしても、その後に異議が

出されることもある（事例③）。

弁護人	この署名押印はあなたのものですね。
証人	そうです。
弁護人	では、同調書の第3項3行目を示します。
検察官	異議があります。弁護人が示そうとしているのは、弁護人が不同意にした調書であって（あるいは「証拠調べ請求されておらず」）、証拠となっていません。そのような調書を示すことには異議があります。
裁判長	弁護人ご意見は？

　さらに、コンフロントを終え、弁護人が次の尋問に移るため証言台を離れた途端に裁判長が、証人に次のような助け船を出してくる場合もある（事例④）。

裁判長	どうも証人の供述調書には、先ほどの証言とは違う内容の記載があるようですが、その理由はわかりますか？

　これらの介入や異議の出方も、それへの弁護人の対応も千差万別であり、法廷のやりとりにはさまざまなバリエーションが生じることになる。多くの弁護人は検察官の異議や裁判長の介入にひるむことなく応酬し、反対尋問の成果を上げているはずである。的確な対応は、異議や介入の不当性を浮き彫りにし、反対尋問をより効果的なものにする場合もある。しかし、聞くところによると、現実は決して甘くないようである。弁護人によっては、検察官の異議や裁判長の介入に立ち往生してしまい、その後の反対尋問が続かなくなってしまう例もあるという。

　応酬がなされるにせよ、なされないにせよ、3C手法をめぐる法廷でのやりとりの多くは不毛である。法廷でこのようなやりとりが繰り返される原因は、3C手法はもとより、自己矛盾供述による弾劾そのものについて、法曹三者に共通の認識が欠けていることがあるように思われる。さらに言えば、3C手法について、裁判官の評判が必ずしも芳しくないことが影響しているとも考えられる。中には、3C手法のなんたるかを理解しようともせず、頭から否

定的にみている裁判官もいるであろう。

　しかし、裁判官・検察官が無理解だなどと非難しても、それだけでは何の意味もない。何より弁護人は、裁判官を含む事実認定者の理解を得てこその立場である。裁判官が無理解であると嘆いてみても、何の役割も果たしたことにはならない。そして、誤解を怖れずに言えば、筆者としては、裁判官が3C手法に懐疑的な態度を示したり、さまざまな介入を試みたりすることには、それなりに理由があると考えている。弁護人としては、今一度、自己矛盾供述による弾劾の原点にまで立ち返って、3C手法を含めた反対尋問のあり方を考える必要があろう。

自己矛盾供述による弾劾の意味と突くべき変遷
──事例①への対処

　それでは自己矛盾供述による弾劾とは何か。
　供述の変遷、すなわち供述が一貫していないことを示すことによって、証人の供述の信用性を減殺することである。そのためには、反対尋問において、当該証人が、過去に公判廷における証言とは異なる供述をしていた事実を明らかにすることが必要となる。高野隆弁護士が立法過程にまで遡って明らかにしたとおり、刑訴法328条は「わが国においても証人の自己矛盾供述を利用して反対尋問が効果的に行われることを期待して設けられたもの」である[2]。さらに高野弁護士が指摘するとおり、同条については、わが国ではその立法者意思から離れて自己矛盾供述が記載された調書を弾劾証拠として取調べ請求する実務運用が多く見られるようになったが、口頭主義、直接主義が重視される裁判員裁判では、そのような実務運用は通用するはずがない。原点への復帰が重要である。供述調書の証拠請求ではなく[3]、反対尋問の中でこそ、過去の自己矛盾供述が明らかにされなければならないのである。
　その意味で、仮にクレジットに対し一律に事例①のような介入をする裁判長がいたとすれば、その介入は自己矛盾供述による反対尋問をまったく理解しないまま防御権を侵害するもので違法というほかない。弁護人としては、たとえば次のような異議を述べるべきであろう。

弁護人　　ただいまの裁判長の訴訟指揮には異議があります。法は、過去の

供述と対比することによって信用性を争うことを当然の前提としています。そのことは、刑訴法328条からも明らかです。捜査段階の供述状況を反対尋問で確認すべきことは当然です。裁判長がこれを制限しようとすることは、反対尋問権を否定するに等しく、刑訴法328条に反し違法であるに留まらず、憲法37条２項に反する違憲の処分と言うほかありません。

　もっとも、事例①のような介入をする裁判長が、自己矛盾供述による弾劾そのものを知らないと決めつけるのは、早計かもしれない。裁判長が、それまでの弁護人の反対尋問から、当該弁護人の3C手法にいらだちを感じていたからこそ、事例①のような介入に至った可能性も否定できないからである。すでに述べたとおり、3C手法に対する裁判官の評判は決して芳しいものではない。その理由としてよく挙げられるのが、そもそも3C手法で一体何をしようとしているのかがわからない、あるいは自己矛盾を明らかにしていることがわかったにしても、尋問者が重箱の隅をつつくような些末な変遷にこだわっていて心証に響かないなどの批判である[4]。筆者は、実はこのような批判を無視できないと考えている。研修や実際の法廷でも、コミット（肩入れ）やクレジットが不十分なもの、逆に延々と過剰に続くもの、コンフロントが長文で棒読みのためコミットとの矛盾が浮き彫りにならない尋問などが頻出する。それでは、一体何をしようとしているのかがわからないと言われても仕方がないであろう。また、重箱の隅をつつくように思える尋問が見受けられることも事実である。実際、研修の元受講生からは、「3C手法を学んだことで、ついつい何か供述変遷がないかにこだわり、少しでも変遷があれば問題かのような意識になった」という反省を聞いたことがある。矛盾を突きさえすれば信用性がぐらつく、というほど単純なものではない。弁護人としては、メリハリのある3C手法に習熟するとともに、本質的な変遷こそを獲得目標とすることを意識すべきである[5]。研修のあり方としても、そのような意識付けを重要な課題とすべきであろう。

　もっとも、些末な変遷か本質的な変遷かは相対的であるうえ、一見些細な変遷が実は本質的であるということも多いので、注意が必要である。
　筆者の経験したある放火事件を例に挙げよう。出火直後に現場にかけつけた際、被告人を目撃したという証人の信用性が問題となった。その証人の供

述は、現場に駆けつけてすぐに部屋に入ったか（公判証言）、消火活動後に部屋に入ったか（捜査段階）、で変遷が認められた。時間としてはせいぜい1分程度の違いであり、些末な変遷にすぎないかのようにも見える。これを単に、部屋に入ったタイミングだけの問題として、自己矛盾を追及しても、事実認定者の関心を引くことはできないであろう。

　しかし、実際には、部屋の構造と証人の位置関係からすれば、部屋に入ったかどうかは、当該証人が本当に被告人の姿を見ることができたかどうかの分水嶺だったのである。すなわち、その変遷は、部屋に入ったタイミングにとどまらず、被告人が実際に見えたかどうかまでに影響を及ぼすものだったのである。目撃証言にとって、その本質にかかわる変遷だったと言える。

　そうである以上、弁護人としては、「部屋に入らない以上、被告人がいたという位置は見えない」「部屋に入ったかどうかの変遷は被告人目撃証言の信用性に直結する」ことを事実認定者に印象づけたうえで、その変遷を浮き彫りにする工夫が必要になるのである。

反対尋問における供述調書の呈示
——事例②③への対処

　事例②、③のように、3C手法では供述調書の呈示をめぐって、検察官が異議を述べたり、裁判長が制限しようとしたりする例が見られる。その対応方法は若手にとって頭を悩ませる問題のようである。この問題に的確に対処するためには、まず調書を呈示する法的根拠について、正確な理解が必要である。

　周知の通り、日弁連の研修は、高野隆弁護士が提唱した刑訴規則199条の10説（以下、「199条の10説」という）に依拠している[6]。すなわち、3C手法のコンフロントにおいて調書を呈示するのは、調書の記載内容を証人に確認させることによって、自己矛盾供述の存在を法廷に顕出するための手順であって、刑訴規則199条の10が認める「証言がモノを助ける場合」に該当する。したがって、同条が定める「書面又は物に関しその成立、同一性その他これに準ずる事項について」の尋問として、「示すことができる」のである。その際には、裁判長の許可（刑訴規則199条の11第1項参照）は不要である。また、示すのは、取調べ済みの証拠である必要はないし（同199条の10第2項）、伝聞例外

により証拠能力が認められるものである必要もない。

　事例②のような異議が出された場合には、弁護人としては、たとえば、以下のように反論すべきことになる。

弁護人　　捜査段階で異なる供述をされていたことを確認していただくために、証人自身の供述調書を示そうとしています。証人自身の確認によって、「自己矛盾供述」という「モノの存在」を法廷に顕出する手続ですから、刑訴規則199条の10第1項に定める「書面又は物に関しその成立、同一性その他これに準ずる事項」に該当し、当然に許されます。検察官の異議には理由はありません。

　また、事例③のように、不同意にした証拠である、あるいは証拠となっていないとの異議には、次のように反論することになろう。

弁護人　　供述調書を示すのは、供述調書の内容の真実性を立証しようとするものではなく、自己矛盾供述の存在を法廷に顕出するものですから、伝聞法則にあたらず、不同意にした証拠でもなんら問題ありません。そのことは刑訴法328条からも明らかです。また、証人によって確認していただいたことが証拠になるのであって、示すものが取調べ済みの証拠である必要もありません。そのことは、刑訴規則199条の10第2項が「前項の書面又は物が証拠調を終わつたものでないときは」と規定していることからも明らかです。

　このように自己矛盾供述の顕出のために供述調書を示すことは、刑訴規則199条の10によって認められるという解釈は、裁判官によっても有力に支持されている[7]。もっとも裁判官の中では、自己矛盾供述の顕出のために、供述調書を示す必要が存することは認めつつ、その根拠を刑訴規則199条の11に求める見解も有力である[8]（以下、「199条の11説」という）。この199条の11説では、供述調書を示すことは、証人の「記憶喚起のための書面の利用のカテゴリーに属する」という。すでに述べたように、供述調書を呈示する目的は、あくまで自己矛盾供述の存在を法廷に顕出することであって、証人の記憶を喚起することではない。そもそも証人の記憶喚起は、喚起された記憶に基く

立証にこそ意味があるのであって、原則として反対尋問の埒外である。また199条の11説は、刑訴規則199条の11第1項が、記憶喚起のために示せる書面から供述録取書を明示的に除外していることとも整合しない。199条の11説の真の狙いは、書面の呈示を裁判長の許可にかからしめることによって、当事者の尋問方法をコントロールすることのようであるが、そのようなコントロールそのものが、事実認定にかかわる尋問の要否を、裁判員らに尋問自体に触れさせる前に、裁判長が先取りすることにほかならず、違法不当というほかない[9]。

　もっとも、いかに違法不当とは言え、法廷での訴訟指揮が裁判長に委ねられており（刑訴法294条）、当事者の尋問を一定程度制限する権限をも認めている以上（刑訴法295条1項）、裁判長が199条の11説に則って供述調書の呈示を制限してきた場合には、弁護人としてはこれに従わざるをえない。ただ、その場合でも199条の11説の趣旨を十分に理解したうえで、尋問を続けることが大切である。すなわち、199条の11説は、あくまで証人が自己矛盾供述の存在を否定する場合には、記憶喚起の名の下に供述調書を示すことは認めるのである。供述調書を示す前提として、記憶が失われていたことを確認する手順が加わることになるが、基本的に3C手法とほぼ同じ尋問が可能である。たとえば、以下のとおりとなろう。

弁護人	それでは、証人の××年×月×日付警察官調書写の末尾署名押印部分を示します。この署名押印はあなたのものですね。
証　人	そうです。
弁護人	では、同調書の第3項3行目を示します。
検察官	異議があります。供述調書を証人に示すことは、刑訴規則199条の11で禁じられているはずです。
裁判長	弁護人、ご意見は？
弁護人	自己矛盾供述の存在を明らかにするために、供述調書を示そうとしています。「自己矛盾供述」という「モノの存在」を法廷に顕出する手続ですから、刑訴規則199条の10第1項に定める「書面又は物に関しその成立、同一性その他これに準ずる事項」に該当し、当然に許されます。検察官の異議には理由はありません。
裁判長	弁護人のご見解は承知しておりますが、当裁判所は、反対尋問に

	おいて調書を示す根拠としては、刑訴規則199条の11が相当であるという見解をとっています。弁護人、どうしても供述調書を示したいのであれば、尋問の中で、記憶喚起の必要性を明らかにしてください。
弁護人	了解しました。それでは証人にお尋ねしますが、あなたは××年×月×日に警察で取調べを受けた際には、「部屋の中に入ったのは、消火活動の後でした」と説明をしていたのではないですか。
証　人	え？　そうなっていますか？
弁護人	記憶にないのですか？
証　人	覚えていません。
弁護人	裁判長、証人の記憶が失われており、記憶喚起のため必要がありますので、証人の××年×月×日付警察官調書写を示すことを許可してください。
裁判長	許可します。
弁護人	同調書の第3項3行目を示します。私が今からこの部分を読み上げますので、あなたは、私が記載のとおりに読み上げているかどうかを確認していてください。……

　ちなみに、記憶を尋ねた時点で、証人が「そのような説明をしていた」と認めたならば、そのこと自体で供述の変遷が明らかになったのであるから、改めて調書を示す必要はないことになる。

　なお、不勉強な裁判長が、理屈ぬきで、あくまで調書を示すことを制限しようとする場合もある。そのような裁判長であっても、自己矛盾供述を法廷に顕出することをあきらめてはならない。弁護人が供述調書の記載内容を朗読するのである。その際には、検察官に供述調書の内容が正確に読み上げられているかどうかの確認を求めることも重要である。厳密に言えば、尋問者が読み上げただけでは、自己矛盾供述の存在を立証したことにはならない。しかし、読み上げた内容を証人が確認すれば、その時点で自己矛盾供述の存在は顕出されたことになるし、仮に証人が確認を拒否しても、検察官から異議が出されなければ、その態度も含めて自己矛盾供述の存在は十分に推認できることになるであろう。たとえば、以下のような尋問となる。

裁判長	弁護人のご見解は承知しておりますが、当裁判所は、反対尋問において調書を示すことを認めておりません。
弁護人	それでは、自己矛盾供述の存在を明らかにするために調書の該当部分を読み上げます。証人の××年×月×日付警察官調書第3項3行目ですから、検察官、私が記載どおりに読み上げているか確認しておいてください。「私が部屋の中に入ったのは、消火活動の後でした。それまでは炎が怖くて、部屋の中に入ることができなかったのです」。あなたは、警察官にはこのように説明していたのではないですか。
証　人	そう説明したように思います。

　一度自己矛盾による弾劾のステップを始めた以上、最後まで自己矛盾供述の顕出をやり遂げることが重要である。

変遷理由との関係──事例④への対処

　厄介なのは、事例④のように、裁判官が自ら変遷理由を尋ねようとすることである。実は、3C手法に対する裁判官の批判は、この点に集中していると言ってもよい。すなわちその批判は、供述の信用性判断としては、変遷していることだけではなく、その変遷が合理的かどうかこそが重要だとする。そのため、「変遷の理由について証人にその説明の機会を与えることも重要」だという[10]。

　確かに、先にも述べたとおり、なんらかの変遷がありさえすれば、直ちに供述の信用性が揺らぐというほど、事実認定は単純なものではない。変遷が合理的かどうかこそが重要だというのはそのとおりであろう。その意味で、裁判官の指摘には、大いに耳を傾けなければならないであろう。

　しかし、そうだからと言って、当該証人に対し、変遷の理由を聞けばよい、あるいは聞くべきだ、ということにはならない。当該証人に変遷理由を尋ねてみたところで、証人はそれこそ必死に弁解を試みようとするだけである。裁判官の考えの根底には、宣誓した証人は真実を語ることを義務づけられており、理由を尋ねれば真相が明らかになるという意識があるのかもしれない。しかし、反対尋問をする立場からすれば、証人が真実を語るはずなど

という発想がそもそも存在しない。むしろ、証人は虚偽供述を維持するためにこそ、必死になって辻褄を合わせ、言い逃れをしようとするのである。そのような証人に、「変遷の理由について説明の機会を与えること」は、言い逃れの機会を与えるだけであって、反対尋問としては失格である。

それでは、裁判官が事例④のような介入をしてきた場合、弁護人としてはどうすべきであろうか。たとえば、以下のように異議を述べることになろう。

弁護人　裁判長、ただいまの補充尋問には異議があります。弁護人は反対尋問において、証人の供述に変遷があることを明らかにしましたが、変遷理由についてはあえて尋ねませんでした。変遷理由を尋ねても弁解をされるだけだからです。証人に虚偽の弁解の機会を与えるだけになる可能性があるのです。裁判長の補充尋問は、弁護人のそのような配慮を無にするもので、弁護人の反対尋問権を侵害するものとも言えます。異議があります。

もっとも、真に問題なのは、補充尋問そのものではなく、このような補充尋問を招いたこと自体とも言える。変遷が不合理かどうかは、証人の弁解のみによって決まるものではない。より重要なのは、供述内容そのものやその重要性、供述状況等の客観的状況も踏まえた変遷状況である。3C手法におけるクレジットも、そのような客観状況をあらかじめ押さえておくことによって、変遷が不合理であることを基礎づけるための作業と言える。そのような観点から、弁護人の反対尋問からすでに変遷の不合理さが明らかであれば、裁判官もあえて変遷の理由を補充して尋ねる必要はないはずである。仮に尋ねるとしても「このような（不合理な）変遷について弁解できることはあるのか」といったニュアンスになるであろう。

その意味では、3C手法をより強力なものとするために、「変遷の不合理さ」をより鮮明にする技術の向上が検討されるべきであろう。

まとめに代えて──反対尋問の課題

3C手法の提唱によって、自己矛盾供述による弾劾手法は一定の確立を見たかのようにも思われた。しかし、本稿の素描から明らかなとおり、3C手法

にも、なお残された問題は多いのである。そもそも反対尋問技術自体がなお発展途上であって、まだまだ改善向上していかなければならない。

　日々の弁護実践とたゆまぬ向上心こそが、これら反対尋問の課題を克服していくことを、個々の弁護人が心すべきであろう。

　今回のルールを確認しておこう。

- 些末な変遷にこだわるな。
- 本質的な変遷を突け。
- 不相当な異議や訴訟指揮には、的確に反論せよ。
- 調書を示す法的根拠に精通せよ。
- 呈示を禁止されたら検察官に確認させつつ、朗読せよ。
- 自己矛盾供述の顕出は最後までやり通せ。

1　3C手法については、日本弁護士連合会編『法廷弁護技術〔第2版〕』(日本評論社、2009年) 140頁以下。「NITAメソッドにおける3つのC」ダイヤモンドルール研究会ワーキンググループ編著『実践！刑事証人尋問技術』(現代人文社、2009年) 41頁。
2　高野隆「証人尋問における書面や物の利用」日本弁護士連合会編・前掲注1書171頁以下。とくに178頁以下と同書181頁の注10を参照。
3　裁判員裁判において、自己矛盾供述の顕出のために供述調書を弾劾証拠として改めて取り調べるべきではないとの認識は、裁判官の中でも共通の認識となりつつあるようである。たとえば、田中伸一「証人の検察官調書を示す尋問」判例タイムズ1322号 (2010年) 30頁。とくに31頁。
4　単に自己矛盾を問題にするだけの反対尋問についての裁判官からの批判として、田中・前掲注3論文38頁注32、井戸俊一「刑事裁判における証人尋問の在り方について」判例時報2203号 (2014年) 3頁以下、とくに5頁。
5　ダイヤモンドルール研究会編著・前掲注1書81頁参照。
6　日本弁護士連合会編・前掲注2書178頁以下のほか、大阪弁護士会刑事弁護委員会ダイヤモンドルール研究会ワーキンググループ「再び、調書を示す反対尋問について」季刊刑事弁護65号 (2011年) 162頁 (本書所収第7章) 参照。
7　大島隆明「裁判員裁判における証拠調べのプラクティスに関する二、三の問題」原田國男退官『新しい時代の刑事裁判』(判例タイムズ社、2010年) 287頁。
8　田中・前掲注3論文。
9　大阪弁護士会刑事弁護委員会ダイヤモンドルール研究会ワーキンググループ・前掲注6論文165頁以下。尋問方法の当否を裁判長が先取りしようとすることは、とくに裁判員裁判の場合、事実認定を裁判員と裁判官両者の判断事項とした裁判員制度の趣旨にも反するというべきである。
10　田中・前掲注3論文38頁。井戸・前掲注4論文5頁が「証人が虚偽の説明をしている疑いがあるのか、あるいは証人が勘違いをしたまま供述している疑いがあるのかを吟味」する必要があるとしているのも、同趣旨であろう。

(秋田真志)

【第10章】
あれ？
それは言ってなかったけど……
──一歩進んだ欠落型自己矛盾の弾劾テクニック

問題の所在

　自己矛盾供述の存在を明らかにして弾劾する反対尋問は、これまでも何回も取り上げてきた。3CもしくはCICC（欠落型）の手法である[1]。
　しかし、3C手法に対する裁判所の評判は決してよくない。裁判官からよく言われる批判のひとつが、仮に自己矛盾の存在を示したとしても、変遷の理由がわからなければ信用性判断ができないというものである[2]。変遷の理由がわからなければ信用性判断ができないと言われれば、その限りでは一理あるようにみえるかもしれない[3]。しかし、反対尋問において、証人に理由を尋ねたところで、弁解を引き出すだけである。人間は、弁解を考えているときに、最も脳が活性化しているという研究もあるようである。弁解を引き出して、もっともらしく辻褄を合わされてしまえば、それこそ反対尋問としては台なしである。他方で、先のような裁判官の批判を忖度すれば、単に変遷を示すだけでは不十分であるともいえそうである。一体どうすればよいのであろうか。

事例設定──ある迷惑防止条例違反事件

　この問題を考えるにあたって、被害者の自己矛盾供述をめぐる信用性判断が大きなポイントとなったある判決事例を取り上げよう（東京高判平25・7・25LEX/DB25505391）。同判決では、幸い被害者供述について詳細な引用と認定がなされており、自己矛盾供述の信用性を考えるにあたって、恰好の教材事例である。もっとも、筆者は、事件記録の原典にまであたったわけではな

い。以下のシミュレーションは、判決からは判然としない部分について、筆者の一定の推測による補充も含まれていることをあらかじめお断りしておきたい。

判決によると、事件はラッシュアワーの午前8時過ぎ、総武線錦糸町駅と両国駅間の満員電車内で発生した。被害者は、満員電車の中で、左臀部付近を触られていることに気づき、自ら犯人とおぼしき人物を捕まえ、浅草橋駅で駅員に突き出した。その人物が被告人だったのである。しかし、被告人は、痴漢行為をしたことはないと犯行を否認した。

被害者と被告人の各供述

被害者の捜査段階の供述は、概ね以下のようなものであった。

1　被害当日の警察官調書

「錦糸町駅を出発して、少し揺れが収まったときに、私のお尻に手の平を下向きに当てて揉まれている感じがして、痴漢だと思いました。私のお尻を触っているものを自分の左手で掴んで振り返りました。すると、背が高くて、眼鏡をかけた色白の男の左手を掴んでいました。その男が今回捕まえた被疑者です」。

2　被害から20日後に録取された検察官調書

「痴漢されていると感じ、相手の手の指を左手で掴みました。私は、左に振り返ると、相手は身長が高く、メガネをかけた色白で、目がぎょろっとした男で、グレーの縦縞のストライプのワイシャツを着ていました。私はその体勢がつらかったので、右肘にかけていたカバンとカーディガンを左手に持ち替えました。私は、今度は右に振り返るとすぐに右手で相手の男の左腕を掴みました。私は、犯人の男の顔を見ると左に振り向いたときの男の顔と同じでした。また男の着ていたワイシャツもグレーで縦縞のストライプでした」。

これに対し、被告人は一貫して次のように供述していた。

「錦糸町駅を発車した後、前方の上方を見て考えごとをしていたところ、突

然、左前に立っていた被害者が、右手で私の左手首を掴みました。掴んだ後、私の方を振り返って、私をにらみつけ、『痴漢です』と言いました。私は動転して、何も言い返すことができませんでした。その後、被害者は、体勢を変えて、私に背を向けましたが、浅草橋駅で降りるまで私の左手首を掴んだままでした」。

このような被害者と被告人の供述を前提に、読者であればどのような反対尋問を準備するであろうか。まずは考えてみてほしい。

反対尋問の準備

反対尋問の準備としては、被害者の捜査段階における供述内容をよく分析し、主尋問の内容を予測することが重要である。おそらく検察官の主尋問では、事件20日後に録取された検察官調書とほぼ同旨の証言がなされる可能性が高いであろう。

ところで、被害者供述に関して誰もが気づくのが、検察官調書と事件当日に録取された警察官調書の食い違いであろう。検察官調書では、警察官調書に比べて非常に詳しくなっている。とくに、検察官調書で出てくる「右肘にかけていたカバンとカーディガンを左手に持ち替えた」話が、警察官調書にはまったく出てこない。3C、CICCテクニックに精通した弁護士であれば、その多くがこの変遷を突くことを考えるであろう。しかし、この自己矛盾供述の弾劾はうまくいくであろうか。

よくある失敗例

では、予想どおりに被害者が、主尋問においてカバンとカーディガンを持ち替えたと証言したと仮定して、反対尋問をシミュレーションしてみよう。

弁護人	先ほど証人は、「右肘にかけていたカバンとカーディガンを左手に持ち替えた」と証言されましたね。
被害者	はい。
弁護人	本当ですか。
被害者	本当です。

弁護人	本当は、カバンを持ち替えたりなどしていないのではないですか。
被害者	いいえ、持ち替えました。
弁護人	持ち替えたうえで、右側に振り返ってもいないのではないですか。
被害者	振り返りました。
弁護人	ところで、証人は、痴漢冤罪という言葉を聞いたことがありますね。
被害者	はい。
弁護人	痴漢を捕まえるときには、痴漢冤罪にならないように、人違いをしないようにすることが大切だと思っていましたね。
被害者	はい、だから人違いはしていません。
弁護人	証人は、事件の当日に、警察官に事情を説明していますね。
被害者	はい。
弁護人	そのときにどうやって犯人を確認したかも説明しましたね。
被害者	説明したと思います。
弁護人	そのとき、警察官は供述調書を作ってくれましたね。
被害者	はい。
弁護人	警察官はその内容を読み聞かせをしたうえで、訂正したり、付け加えたりすることはないか、と尋ねられましたね。
被害者	はい。
弁護人	そのうえで、間違いなければ署名・押印をしてほしい、と言われましたね。
被害者	だったと思います。
弁護人	あなたは、署名・押印しましたね。
被害者	したと思います。
弁護人	証人の事件当日に録取された警察官調書の本文末尾、署名・押印部分を示します。ここにあなたの名前が書かれて押印されていますが、これはあなたが署名し、押印したものではないでしょうか。
被害者	そうです。
弁護人	では、この供述調書をお渡ししますから、手にとって全文を黙読してみてください。

被害者	はい。(黙読する)
弁護人	その調書に「右肘にかけていたカバンとカーディガンを左手に持ち替えた」と書いてあったでしょうか。
被害者	ここには書いてありません。
弁護人	終わります。

　この尋問は、成功したといえるであろうか。確かにこの尋問は、欠落型の自己矛盾を弾劾する手法、いわゆるCICCの手順を踏んでいる。「カバンとカーディガンを持ち替えた」という証言に肩入れ（commit）させ、「痴漢冤罪を生まないように犯人を確認することが大切だ」と重要性（important）を示したうえで、信用情況の付与（credit）、対面（confront）と進めている。対面では、調書全文を黙読させたうえで、証人自身に欠落を認めさせている。そして、自己矛盾があること自体は法廷に顕出されたようにもみえる。

　しかし、これだけでは成功とはいえないであろう。仮にこの自己矛盾供述が明らかになったとしても、そのことが被害者供述の信用性にどのように影響するのか、まったく不明だからである。仮に判決でこの反対尋問が言及されるとしても、「カバンとカーディガンを持ち替えたこと」に変遷があるから、被害者の供述は信用できない、との認定になるとは思えない。

　何が問題だったのであろうか。

改善例──欠落を突くことの意味

　失敗例の問題点を明らかにする前提として、まず改善例を見てみよう。

弁護人	証人は、左手で犯人の手を押さえたと証言されましたね。
被害者	はい。
弁護人	後ろ手で、押さえたことになりますね。
被害者	そうです。
弁護人	押さえるまで犯人らしい人物は見ていませんね。
被害者	はい。
弁護人	体をひねっただけで、後ろに向き直ったわけではありませんね。
被害者	それは違います。

弁護人	手を押さえたのは腰より下の位置ですね。
被害者	そうですね。
弁護人	電車は満員でしたね。
被害者	はい。
弁護人	いわゆるぎゅうぎゅう詰めの状態ではなかったですか。
被害者	そうです。
弁護人	押さえたという犯人の手は見えませんね。
被害者	……見えません。
弁護人	先ほど証人は、「右肘にかけていたカバンとカーディガンを左手に持ち替えた」と証言されましたね。
被害者	はい。
弁護人	その間、証人は犯人の手を離したわけですね。
被害者	……そうです。
弁護人	いったん手を離して、カバンを持ち替えた。
被害者	はい。
弁護人	カーディガンも持ち替えた。
被害者	はい。
弁護人	その間、体は前を向いていましたね。
被害者	はい。
弁護人	ぎゅうぎゅう詰めの状態での動きですね。
被害者	はい。
弁護人	その間、後ろの状況は見えてませんね。
被害者	……はい。

　いかがであろうか。これだけでも被害者の視認状況が実は劣悪だったことが明らかになったのではないだろうか。被害者が犯人を本当に被告人と特定できたのかに疑問が生じたはずである。そうだとすれば、反対尋問としては以上で足り、失敗例のように自己矛盾供述による弾劾をする必要はないのだろうか。そうともいえまい。たとえば以下のような尋問が考えられるであろう。

弁護人	ところで証人は、事件の当日、警察の人に捕まえた状況を説明し

	ていますね。
被害者	はい。
弁護人	初めに手を掴んだとき、犯人の手は見えていなかった、という話をしておられますか。(A)
被害者	していないかもしれません。
弁護人	手を離して、右肘にかけていたカバンとカーディガンを左手に持ち替えたと説明しましたか。
被害者	……したと思いますが。
弁護人	そのときに後ろの状況を見ていなかったことは説明しましたか。(B)
被害者	……覚えていません。
弁護人	警察の人は、証人が説明したことを供述調書にまとめてくれたのではないでしょうか。

(creditの手順は省略)

弁護人	では、この供述調書をお渡ししますから、手にとって全文を黙読してみてください。
被害者	はい。(黙読する)
弁護人	その調書に、あなたが犯人を確認するときに「手を離して向き直り、右肘にかけていたカバンとカーディガンを左手に持ち替えた」ことが書いてあったでしょうか。
被害者	……書いてありません。
弁護人	そのとき後ろの状況を見ていなかったことが書いてあったでしょうか。
被害者	書いてありません。
弁護人	終わります。

　この尋問はどうであろう。失敗例と異なり、「カバンとカーディガンを持ち替えたこと」の欠落が大いに意味を持ってきたのではないだろうか。すなわち、この改善例では、実際の視認状況が劣悪であったことと相まって、初期供述におけるその欠落は、捜査当初における被害者による犯人特定の不十分さ＝誤認逮捕の危険性を浮き彫りにしたといえるであろう。客観矛盾と自己矛盾の合わせ技ともいえる。

　翻って、失敗例の尋問は何が問題だったのであろうか。それは、安易に供

述の変遷に飛びつくだけで、その変遷が持つ意味を十分に考察していなかったことである。この点で重要なのは、弁護側のケースセオリーである。被害者は「持ち替え」を挟んで前後２回にわたって、「犯人」を掴んだと供述している。これに対し被告人は、被害者に左手首を掴まれたことを認めつつも、いきなり被害者に右手で掴まれたと供述している。掴まれた回数は１回である。この被告人供述を前提とすると、仮に被害者が被告人を掴んだとしても、被害者が供述する１回目と２回目の「掴み」が「同一犯人」に対するものとはいえなくなる。「被害者は、持ち替え前後の同一性を確認できていない」、さらには「持ち替え前の犯人特定が不十分であった」という弁護側ケースセオリーが成立しうるのである。

　このケースセオリーを前提とすれば、失敗例のように漫然と「欠落」による自己矛盾を指摘するだけでは足りないことが明らかとなる。①「欠落」部分(持ち替え)より前の現認は不十分であったこと、②「欠落」部分(持ち替え)によってさらに現認が分断されていたこと、③それらの不十分さが初期捜査では吟味されていないことなど（「変遷（欠落）の意味づけ」といえる）を踏まえて尋問の組み立てを工夫することが必要となるからである。改善例における(A)「初めに手を掴んだとき、犯人の手は見えていなかった、という話をしておられますか」、(B)「そのときに後ろの状況を見ていなかったことは説明しましたか」などの問いは、それらの「変遷（欠落）の意味づけ」を尋問の中で明らかにしているのである。

判決事例の展開と判決の信用性判断

　では、実際に当該事件はどのように展開し、裁判所はどのような判断を示したであろうか。

　実は、当該事件では、上記のようなシミュレーションとは異なり、原審裁判官による補充尋問が問題となった。原審裁判官も、当事者尋問における被害者供述では、犯人と被告人の同一性確認が十分ではないと考えたのであろう。次のような補充尋問をした。「その掴んだ指から、ずっと腕が伸びてって肩までつながってるわけなんだけど、あなたが掴んだ人の手というのが、あなたが後ろで振り返った人の手だというのは、何か根拠を持って言えるんですか」「そうすると、犯人の手を掴みながら、ちょっと持ち上げるような形で、

上に引き上げるような形にしたわけですか」「そうすると、自分の犯人の掴んでる手を、あなたは見たわけね、そうすると」「そうすると、手がずっとたどっていった先というか、その手というのが、まさにその後ろにいる人の手だったというわけですか」「その手からずっと肩につながってる状況というのはちゃんと見たんですか」。これらの補充尋問に対し、被害者が概ね「はい」と答えたことを根拠に、一審判決は被害者による犯人の特定は十分だと認定したのである。また、被害当日の警察官調書における「欠落」についても「被害者自身は捜査官に話をしたものの、捜査官側でそれを周辺事情として記載しなかった可能性などもある」として、信用性を否定しなかった。

これに対し控訴審判決は、原審裁判官の補充尋問について「裁判官の質問は、『その掴んだ指から、ずっと腕が伸びてって肩までつながってるわけなんだけど』などと答えを暗示しながら問いを発するいわゆる典型的な誘導尋問の繰り返しであって、被害者は、その尋問に沿って、答えを出しているに過ぎない。このような典型的な誘導尋問によって得られた被害者の供述は、信用性が乏しいといわざるを得ない」と厳しく批判した。確かにこの補充尋問の誘導ぶりは露骨というほかなく、もっともな判断である。

そして控訴審判決は、被害者供述の欠落・変遷について次のように判示した。「原判決は、被害当日の警察官調書中に、問題の欠落部分があることについて、被害者は警察官に対し供述したが、捜査官側で単なる周辺部分と考え記載しなかったなどの理由を挙げて問題視していないが、問題の欠落部分は、痴漢犯人を特定する契機に関する重要な点であり、被害者原審証言は捜査段階から一貫しているとの判断には与し得ない。……、誘導尋問により得られた被害者供述を痴漢犯人が被告人であると特定した理由の中核に据えているばかりか、その影響により看過できない被害者供述の変遷を安易に見過ごし、被害者原審証言の痴漢犯人特定部分にも高い信用性を認めた原判決の判断には、賛同することはできない」。そのうえで控訴審判決は、原審の有罪判決を破棄し、被告人に無罪を言い渡したのである。

このように本件では、被害者供述の欠落矛盾を最重要視して、その信用性が否定されたといえる。ただ、注意しなければならないのは、変遷を明らかにしたから信用性が否定されたというような単純な話ではないことである。本件についていえば、判決は別の箇所で「特に、本件のように、満員電車内での痴漢事件の場合には、痴漢行為を直に現認することが難しく、混雑する中

で、被害者や犯人の体勢、位置関係等が容易に変わり得る可能性があることなどに照らすと、痴漢犯人の特定部分の信用性については、慎重に判断する必要性が高い。その意味では、初動捜査が極めて重要であり、ごく初期の段階から、客観証拠はむろんのこと、被害者供述、被疑者供述を十分に確保し、吟味する必要があるというべきである」とも述べているが、極めて説得的である。「被害者は持ち替え前の犯人特定が不十分であった」というケースセオリーを意識し、かつ、「変遷（欠落）の意味づけ」を踏まえた尋問を組み立ててこそ、欠落矛盾を突く反対尋問も生きてくることに留意しなければならない。

　今回のルールを確認しておこう。

- 自己矛盾を示すだけでは足りないことを知れ。
- 客観矛盾と自己矛盾の合わせ技を使え。
- 自己矛盾供述の弾劾でも、ケースセオリーを意識せよ。
- 変遷（欠落）の意味づけを意識せよ。

1　自己矛盾を突く反対尋問については、ダイヤモンドルール研究会ワーキンググループ編『実践！刑事証人尋問技術』（現代人文社、2009年）41頁以下、季刊刑事弁護81号特集「328条――効果的な反対尋問のために」（2015年）の各論文を参照されたい。
2　このような裁判官からの批判について、秋田真志「自己矛盾供述をめぐる反対尋問とその課題」季刊刑事弁護81号（2015年）41頁以下、高野隆「裁判官は弁護人の下手くそな尋問を止められるか」同45頁以下。
3　高野・前掲注2論文は、裁判官が変遷理由を問題にすることについて、「『なぜ変遷の理由を尋ねないんですか』などとあからさまに弁護人を叱責する裁判官の態度は、単に弾劾尋問に対する無理解を示すだけではなく、自らの個人的な心証を裁判員や他の裁判官に披瀝するものであり、極めて不公正な態度である」と手厳しく批判する。

（秋田真志）

実践編 ― 実際の公判に学ぶ反対尋問事項書の作り方

【第11章】使い勝手のよい反対尋問事項書を作ってみよう（その１）

　反対尋問をする際に使い勝手のよい尋問事項書を作るためには、何を、どう準備したらいいのだろうか。

　これまで、「そもそも反対尋問とは」とか、「『何を』『どう』聞くか」については、たくさんの論稿や研修などで話されているので、本編では、使い勝手のよい反対尋問事項書の作り方について、考えてみることにした。以下、3章にわたって、検討する。

　なお、この私見は、当ワーキンググループ内でも未だ議論を経た結果ではないので、内容の不十分さについては全面的に筆者に責任がある。

具体的事案

　具体的事例に基づいて考えるのがダイヤモンドルール研究会のよいところなので、本編は、筆者が経験した事例をアレンジして考えてみたい。アレンジするもとの具体的事件は、高知地判平25・4・18の恐喝未遂罪についての無罪判決[1]の事案である。ごくごくシンプルに述べると、3名の被告人A・B・Cが共謀してDに対して恐喝未遂をしたとして起訴された事件である（詳細は右記「事案の概要」を参照いただきたい）。筆者はそのうちの被告人BおよびCの弁護を担当した弁護団（もちろん最終的な利害対立の可能性があるので、各弁護人はBかCどちらかの弁護人にしかなっていない）の一員であり、被害者Dと、第2の恐喝現場に同席していたというその妻Hの反対尋問を担当した。

【事案の概要】

1 登場人物（被告人A・B・C、被害者D）

- A：暴力団F会の会長補佐（大物）
- B：E病院院長（Aは患者）
- C：建設会社（中小企業）の代表者。E病院で清掃の仕事等の受注もあり
- D：廃棄物処理業者（Oの実質経営者）。Cから仕事受注もあり
- H：Dの妻（Oの形式的代表者）

2 前提となる事実

D（被害者）は、暴力団構成員ら6名からの借金が約2200万円あった。
Cはもともと Dの取引先。Dから依頼され、Dの債務整理についてBに相談した。
Bは病院の院長で、患者にF会の会長補佐である被告人Aがいた。
Aの働きかけにより、暴力団構成員ら6名は、2012（平成24）年2月7日、料亭「G」で、元金の半額計1100万円を、一括で返済を受ける形での債務整理案に応じた。
その返済原資は、AがDの代わりに立て替えて支払うことになった。

3 2012年2月7日（公訴事実第1）の出来事

［検察官の主張］
被告人A・B・Cは、料亭「G」でDを畏怖させ、被告人Aが肩代わりすることとなった約1100万円の返済金名目で現金を喝取する旨意思を通じ、A・B・Cは、上記約1100万円の交付を要求し、Dから現金約1100万円を喝取しようとした。

［弁護人の主張］
Dは、借金額が半額になるとの話を聞いて安心し、喜んでいた。
被告人Aは、分割で支払えばいいことを話したり、他の者から借りないよ

うに注意したりしたことはあったが、Dを脅迫するような発言はしなかった。

4　2012年2月13日（公訴事実第2）の出来事

［検察官の主張］
　被告人BおよびCは、その債務整理に伴う謝礼金等名下に現金を喝取しようとし、立替金1100万円と謝礼金の合計として4000万円を恐喝しようとした。
［弁護人の主張］
　4000万円は、債務整理の原資1100万円（BがDの替わりにAに返済した）と、それまでにBがDに貸し付けていた金員の合計額である。喝取しようとしたこともない。

当該証人の供述調書（再現実況見分等も）を全部、供述の時系列順に綴り直す

それでは、具体的作業について検討してみよう。

1　まず現場を見に行く

どんな事件でも、まず、事件現場に行っておくのは当然である。供述調書や実況見分調書のイメージとはまったく違った現実がわかることがある。「百聞は一見にしかず」である。

2　供述調書や実況見分調書を作成日付順に綴り直す

当該証人の供述調書や同人が立会人となって作成された実況見分調書を全部揃えて、作成日付の順序に綴り直す。その対象となるのは、検察官請求証拠に限らず、当然のことながら、類型証拠（刑訴法316条の15第1項5号ロ）として開示されたものを含める。立会実況見分調書を含めるのは、実況見分調書の中にも指示説明部分や、被害再現写真が含まれているからである。し

がって、同人の供述を要約した捜査報告書などがあれば、これも含める。

3 付箋をつけながら初めから読んでいく

(1) インデックスのつけ方

　検察官請求証拠や類型証拠は、それぞれにまとめられてインデックスがすでに付されている状態のものをあらためて綴り直すことになることが多いので、インデックスがついている位置が上になったり下になったりするが、それについてはあまり気にしない。

　ただし、インデックスには、「D24/6/9KS」とか「D24/7/16PS」のように、作成日と、検察官調書（以下、「PS」とすることもある）か、警察官調書（以下「KS」または「K'S」とすることもある）かが一目でわかるような記載がされていることが必要である（Dは供述者名）。

(2) 付箋の付け方の工夫①——付箋の色

　反対尋問の準備として供述調書を最初から読んでいく作業に入るが、この時点では、すでにある程度の弁護方針が定まっているはずであるから、その観点に従って記録を読む必要がある。

　そして着目すべき供述部分には付箋をつける。その際に提唱したいのが、付箋の色分けである。たとえば、「被告人にとってよい事実」については青色付箋を、「悪い事実」については赤色付箋を付す。これはある意味ではブレーンストーミングの作業と同じである。

(3) 付箋のつけ方の工夫②——付箋へのメモの書き方

　何についての供述記載がされているのかが、一目でわかるように付箋の右側にメモをする。これは、後から記録を概観する際に、「どこに書いてあったっけ？」と探す作業に時間をとられないための工夫である。また、反対尋問の際に証人が矛盾供述をした際に、その矛盾供述の位置をすぐに探し出すための工夫である（なお、あらかじめ予想できる矛盾供述の供述記載については、具体的に尋問事項書に転写されていることが必要なことは後に述べる）。

　したがって、記録を手に持って上から見たときに一覧できる位置に、メモが記載してある必要がある。

具体的には、A4の供述調書の右側の端からはみ出ている位置に記載する。
　記載例は、たとえば「2/7の入店時刻〇〇：〇〇」「2/7の退店時刻〇〇：〇〇」「2/7のAの言動」等々である。
　このような記載があれば、供述調書を読み進む中で「あれ？　さっきは『〇〇』と書いてなかったっけ？」などと思っても、すぐにその該当部分を見つけることができる。

(4)　付箋のつけ方の工夫③——ホチキス止め
　ここで、筆者がお勧めしたいのが、付箋へのホチキス止めである。「え？」とびっくりされる読者が多いと思うが、これはぜひ試してみてほしい。
　ホチキス止めする目的は2つある。
　1つめは、付箋が外れないようにするためである。皆さんもよく経験されることと思うが、せっかく付箋をつけたのに、移動中にそれが外れてしまっていたり、付箋を押さえて頁を開いてしまって付箋が外れてしまったりして、もともとどこに付箋が付されていたのかがわからなくなってしまうことがある。ことに実際に尋問している際にそのようなことが起こると、大変に焦って、尋問のペースが狂ってしまう。付箋をホチキスで止めてしまえば、このようなアクシデントを防止することができる。
　2つめの理由は、付箋への書き込みを見えなくすることが可能になることである。
　反対尋問の際に供述調書を示す（尋問の際に当該証人の供述調書を示すためのテクニックについてはこれまでに何回も述べられてきているので、ここではあらためて述べない）際に、書き込み（単なるラインマーカーは別）のある供述調書を示そうとすれば、おそらくそれに対しては検察官から異議の申立てがあり、また裁判所からも制止されることになる。そこで提案したいのが、ホチキス止めである。
　付箋がホチキス止めしてあれば、ホチキス止めされている付箋の左側の部分を折り曲げて右端の部分に重ねれば、短い文字列が書かれている付箋の右側部分を見えなくすることができる（図表11-1）。
　そうすれば、「弁護人が示そうとしている供述調書の写しには文字の書き込みがあります」という異議の申立てを防止することができる。
　そしてこのような付箋の使い方ができるようにするためには、ホチキス止

めの位置も工夫が必要である。つまり、付箋の真ん中部分か、真ん中よりも少し右側にホチキスを入れる必要があるわけである（図表11-2）。そうすれば、ホチキス止めの部分で付箋を折り返せば、文字が隠れるし、付箋も外れない。折り曲げた部分を再度戻せば、付箋の文字が読める。

図表11-1

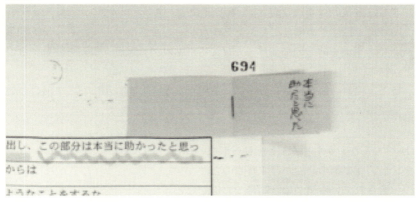

図表11-2

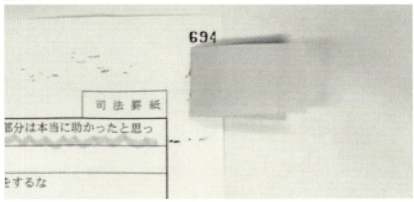

4　検討の観点

　このような作業をしながら、最後まで供述調書を通し読みしてみると、いくつかの「供述の変遷」や「客観的な事実（あるいは信用性の高い証拠から認定で

きる事実)」との矛盾が発見されるはずである。

　それに基づいて、反対尋問のケースセオリーを立てるということになる。これについてはすでに本書別章でも述べられているので、それらを参照されたい[2]。また本論稿はそれと重複する部分が少なからずあると思われる。発想は同じだからである。

　まず、客観的な事実（動かない事実。信用性の高い証拠により認定できる事実）との矛盾を探すために、ごくシンプルな時系列を作成する（次頁の図表11-3参照）。生の事実を時系列で並べるだけでも「あれ？」と思う事実を発見することがある。

　以下、検討の観点を示し、本件に適用したときに明らかになる事柄について箇条書きする。

(1)　「なんかおかしいな」と感じる事実の存在
　　・被害届提出の時期が遅すぎること
　　・脅されている最中の時間帯での電話など

(2)　当然あるべきはずの事実の脱落
　　・恐喝された直後に長電話を２回にわたってどこかにしている（これは通話履歴から動かない事実）のに、そのことについて一切調書に記載がないこと
　　・当時つけていたノートに「脅された」「怖かった」等一切記載がないこと

(3)　あるはずがないはずの事実（恐喝されていたとしたら両立しない事実）の存在
　　・２月７日、脅されている最中のはずの時間帯に、その場から取引先（M重機）に電話している
　　・２月８日（２月７日の翌日）の朝、２月７日の夜に脅されたという人間から再度100万円借りている
　　・２月７日に脅されたというのに、２月13日にもICレコーダを持参していない
　　・２月13日には、車で「G」に向かう際、妻と娘を同乗させている

(4) 矛盾供述（ただし、重要な事実についてのものか、そうでない事実かの振り分けが大切）
- 法廷では、「お礼だけで」と証言したが、PSでは「お礼を含めて」と供述されている
- 用意すべき金額について、法廷では、「6000万円から7000万円」と証言したが、PSでは、「4000万円から5000万円」と供述されていた

このような予想外の証言を法廷で初めてし始めた場合への対処は、当然ながらあらかじめ尋問事項に盛り込んでおくことはできない。ここで付箋への書き込みが役に立つことになる。

図表11-3　時系列表の例

日時		動かない事実	公訴事実	証拠
24.2.7	20:39	D→M重機		
	20:53	タクシー乗車		甲16
	21:00	DがG着	おどしの始まり	甲16
	21:18	D→M重機（25秒）		甲15
	22:00		おどしの終わり	
	22:08	D→1234567（31分）		甲15
	22:40	D→1234567（52分）		甲15
24.2.13	21:00	DH長女G着	おどしの始まり	D PS
	21:30	HがG店内へ		H PS
	22:00		おどしの終わり	
24.2.14	1:35	タクシー呼ぶ		弁20
	1:41	D→H		弁20
	1:45	タクシー呼ぶ		弁20
		D→1234567		甲15
24.2.24			公正証書	
24.6.2		被害届（6.5受理）		開示証拠
24.7.3		逮捕状請求		
24.7.4		A・B・C逮捕		
24.7.24		起訴		

尋問事項書をどうやって作っていくか

1　獲得目標の設定

(1) 大見出しの設定
多くの人が、獲得目標を設定する。たとえば、「Dの証言に信用性がないこ

とを明らかにすること」などである。しかし、この獲得目標には意味がない。なぜなら、「そのために何をしたらいいのか」がまったくわからないからである。このような抽象的な獲得目標を大見出しにしても本当はほとんど無意味である。

(2) 中見出しの設定
・脅迫されていたとしたら両立しない事実を認めさせること
・脅迫されていたなら当然あるはずの事実が抜けていることを認めさせること
などである。この中見出しの設定には意味がある。これは、上記で述べた「検討の観点」と同じものになる。

(3) 小見出しの設定
「2月7日にその場で（脅されているというまさにその最中の時間に、取引先の）M重機に電話していること」を認めさせること。
これが、1つのゴールである。これらの事実がそのまま認定されていけば、その積み重ねが無罪判決につながっていくことになる。
小見出しの設定のためには、求める結論（弁論で書けること、そして、それがそのまま判決に書いてもらえる事実）を明確にすることが必要である。この小見出しを設定する作業で、ケースセオリーがより明確になってくる。
そして、「2月7日にその場でM重機に電話していること」を認めさせるために必要な具体的な質問を、考えていく。そこでやるべきことは、この「2月7日にその場でM重機に電話していること」を認めさせるための具体的事実を、とにかく細かく分けて質問を並べるということである。

2　具体的な質問事項を考える際の観点

以下にいくつか示してみる。
・求める結論に至るための細かい事実を拾い出す
・具体的事実を、とにかく細かく分けて聞く
・1つの質問で1つの事実を聞く
・「はい」と答えざるをえない質問を並べる

・スモール・クエスチョン1つずつを、聞く順序を考えて準備する

3　弾劾の材料（証人が逃げ出したときに首根っこを掴む証拠）を尋問事項書の中に書いておくこと

　弾劾の材料としては、自己矛盾供述の場合もあれば、客観的な証拠（通話履歴など）の場合もある。これらを尋問事項書の中に引用しておけば、尋問事項書を離れて当該証拠を探すという動作が不要になる。実はこれは尋問の際にはとても重要なことである。証人がおかしな証言をした場合に、間髪を入れずにそれを弾劾する（あるいは矛盾供述を法廷でそのまま朗読してその内容を法廷に顕出する）ことができなければ、虚偽の証言をしている証人に余裕を与えてしまうし、聞いている事実認定者（裁判員や裁判官）に、「何のための尋問か」（なぜ弁護人はその質問をしているのか）が理解してもらえないからである。
　現実の尋問の場面では、証拠の束の中からそれらを即座に抽出することは至難の技であり（天才的な記憶力を持っている人は別だが）、事実認定者の冷ややかな視線を背中に感じながら証拠を探す何秒間は、探している者（尋問者）にとってはとても長く感じるし、冷や汗が流れる。そして尋問のペースは途切れ、予定していた質問ができずに撤退してしまうというようなこともありうる。
　であるから、そのように決定的に重要な証拠の具体的部分については、それを抜き出して、出典の場所（「甲〇号証の△頁××行」など）とともに記載しておかなければならない
　そして、尋問事項とは違うものであることが一目でわかるように、書く場所・フォント・太さなどの工夫も必要である。筆者はそのような証拠を書く（写す）場合は、紙の真ん中より右側に、ゴチック体で記載するなどしている。

4　質問の途中で別のところへジャンプすることができるようなものであること

　そのためには、小見出し（「具体的事実」）を「ゴチック太字で真ん中」に書く（できれば、「小見出し」ごとにペーパーを分ける）。
　小見出しは、ゴール（認めさせる間接事実）である。それを瞬時に探せるよう

に、尋問事項とは違うフォントや太さで書いておけば、質問の途中で予定していた順序を変えて質問する場合（こういうことも往々に起きる）も、慌てないで尋問することができる。そして、「自分は今、何を認めさせる尋問をしているのか」が再度認識できるから、質問事項を離れた質問も、自分の頭で瞬時に構成することができる場合もある。

5 弾劾の際の決まり言葉

以下のように、たとえば「3C」[3]のクレジットの部分などを書いておくこともある。

- 警察官はあなたに、「ここに書かれていることに間違いないか聞いてくれ」と言って、供述調書を読んでくれましたね。
- 読んでもらった後、警察官から、「間違いがなかったらサインしてくれ」と言われましたね。
- その後あなたはサインしたんですね。

この質問に対しては、どんな証人でも「はい」と答えざるをえない。ここで「あなたは間違いないことを確認したからサインしたんですね」とやってしまうと、証人によっては「そこまで確認はしていません。サインしてくれと言われたからサインしただけです」と答える場合があり、質問のインパクトは半減してしまう。

6 実例

私がこの事件で作った尋問事項書を下に示す。尋問直前稿の6〜7頁の部分である。これを見ていただいて、私がこれまで述べてきたことのイメージをつかんでいただければ幸いである（なお、実際の尋問事項書には、各質問の間に1行分の行間がある。直前で質問を加えたり、大事な答えを書き込むためのスペースである）。そして、「これはなかなかいいな」と思ってもらえる部分（観点）があれば、それを、読者が今後自分が担当する事件で作る尋問事項書に採用して

もらえばよいと思う。しかし今読み返してみると、10：00開始の尋問の、尋問直前稿（当日の8：39時点バージョンである）であるのに、決して100％稿にはなっていないことがわかる。

　次章は、判決書と対照しながら、この尋問事項書を用いて実際に行った尋問を振り返る作業をしてみたい。その中で、また指摘できる事項も見えてくると思うからである。

D尋問事項書　　　　　　　　　　　　　　　　　2013/01/11　8:39バージョン

第1　獲得目標
　5　恐喝（脅迫）されていたとしたら両立しない事実を認めさせること
- ところで、取引先のことを少し教えてください
- M重機というところは知ってますか
- どういう取引先ですか（2/7頃はどういう話をする間柄なのか？　面白い話が出てくるか？）
- 2月頃は、何か仕事を頼んだりしていたことはありますか？

　　　　　　　　　　① 2/7にその場でM重機に電話していること
- 主尋問では、2/7は夜9時ころ「G」に行ってずっと怖い思いをしたということをおっしゃったんですかね
- 「G」には、E病院の前のLタクシーの待機所からタクシーで行ったんですね。
- 記録によると、午後8時52分に乗車して、9時ちょうどに降車しているようですが、そのようなご記憶ですね。
　　　　（タクシーの記録〔甲16添付乗務記録〕によると20:52に乗車して21:00に到着）
- 証人がおっしゃることだと、いきなり土下座させられて、続いてすぐに脅しが始まったということなんでしょうか。
- で、証人は「皆さんに迷惑をかけて大変申し訳ございません」と謝ったということでしたね。
- あなたは、ヤクザの人が現場にいて、ず〜っと怖かったということなんでしょうか。
- で、怖くて、何も言えなかったと証言されたんでしょうか。
- あなたは、ずっと小さくなって、ただひたすら頭を下げて謝り続けるしかなかったということなんですね。

　　　　　　　　　　　　　　　　　私はただひたすら頭を下げて、すいません、すいませんと言って、B院長、Kさん、Iさんに謝るしかありませんでした
　　　　　　　　　　　　　　　　　　　　　　　　　（6/9KS②p23〜24）

- で、その後、KさんとJさんが先に帰ったんですね。
- それから、B、C、I、Aがカラオケに行ったんですね。
- その後あなたはタクシー呼んでもらって帰ったということでしたね。
- その間、帰るまでに、あなたはGの店の外に出ることはしていませんね。

- ところで、あなたは、21:12:57からMさんに電話していますね。**(甲15、弁21)**
- これは、先ほどの話だと、土下座をさせられて間がない時間ですね。
- ちょうど脅されている真っ最中の時間ですね。
- その間25秒電話しているんですね。
- (冒頭の答えしだいでは、この質問はしない) 何の話をしたのですか。

1 裁判所ウェブサイト掲載判例、LEX/DB25445559。
2 さしあたって、本書第2章「塗り壁をしないために」、第3章「弾劾事実を見極めよ(その1)」、第4章「弾劾事実を見極めよ(その2)」、第5章「弾劾事実から尋問事項を組み立てよう」など。
3 「3C」とは、「Commit(肩入れ)」「Credit(信用情況の付与)」「Confront(対面)」のこと。詳しくはダイヤモンドルール研究会ワーキンググループ編著『実践！ 刑事証人尋問技術』(現代人文社、2009年)41頁参照。

(髙見秀一)

【第12章】使い勝手のよい反対尋問事項書を作ってみよう（その２）

はじめに

　前章では、使い勝手のよい反対尋問事項書を作る作業を考えてみた。そして、実際の事件で作った尋問事項書も見ていただいた。

　本章では、判決書と対照しながら、実際に行った尋問が判決にどのように採用されているか、その尋問をするために作った尋問事項書と判決がどう対応しているか（あるいは対応していないか）を振り返ってみたいと思う。「あっ、これは自分も使ってみようかな」と思っていただける部分があれば、幸いである。

判決の「理由」

　前章から検討材料にしている具体的事件は、高知地判平25・4・18の恐喝未遂罪についての無罪判決[1]の事案である。判決主文は「被告人らはいずれも無罪」である。

　この主文は、同年3月に弁論終結した後の4月の異動で、3名の合議体のうち、裁判長と右陪席裁判官が交代していたため、異動後の構成の新しい裁判長が代読したのであるが、弁護団も、被告人らも、誰もが「あの裁判体だからこそ出してくれた無罪判決だった」と思ったものであった。3名の被告人にとっての最大の幸運は、3名のすばらしい裁判官が構成する合議体に審理してもらえたことであったと思う。

　それはおくとして、判決理由中の「3　当裁判所の判断」が、無罪判決の理由部分である。そこには次のように判示されている。

　「(1)　検察官は、平成24年2月7日及び13日のGにおける経緯について、

主に、被害者とされるDの供述に依拠して、……、いずれもDに対する恐喝未遂がなされたと主張する。これに対して、各弁護人はいずれもD供述の信用性を否定し、無罪を主張する。前記の経緯を全て見聞きしたのはDであるから、本件において有罪、無罪を分けるのは、結局、D供述の信用性に尽きると言ってよい」。

そして、次の項で、「(2)　Dは公判廷において次のように供述した」として、D供述を引用し、次の項で「(3)　結論としては、当裁判所は、このようなD供述を信用することはできない。理由は以下の通りである」と判示している。そしてその理由としてアからカの項目を立てている。次のとおりである。

「ア　第1に、Dが、当時、債務整理を押しつけられたと考えるには無理がある」。
「イ　第2に、被告人BらがDから礼金を恐喝する動機が見当たらない」。
「ウ　第3に、Dの行動には、恐喝されたというには不自然な点が多い」。
「エ　第4に、脅し取られそうになったとされる4000万円の内訳についてのDの説明は、被告人Bによる説明に比べて、説得力がない」。
「オ　第5に、Dの供述内容には不自然な変遷がみられる」。
「カ　以上の各事情からすれば、Dの供述は信用できないというほかない」。

そして、次の項で、次のように判示している。

「4　結論
　以上の通り、検察官立証を支えるD供述を信用できない以上、公訴事実第1の場面において、被告人らが共謀の上、Dから金銭を脅し取ろうとしたとも認められないし、公訴事実第2の場面において、被告人B及び被告人Cが共謀の上、D及びHから金銭を脅し取ろうとしたとも認められない。恐喝未遂罪はいずれも成立しない。
　したがって、本件各公訴事実については犯罪の証明がないことになるから、刑事訴訟法336条により被告人ら3名に対しいずれも無罪の言い渡しをする」。

Dの供述が信用できないとされた根拠についての具体的検討

それでは、Dの供述が信用できないとされた根拠についての具体的検討をしてみよう。判決が、Dの供述を信用できないとする根拠と、それに対応する尋問部分（尋問事項書と尋問調書）を具体的に対比して検討してみる（なお、紙幅の関係から、全部の項目についての対比ができないことをお詫びする）。

1 「実際、Dは、捜査段階では、2200万円の借金が1100万円になったことについて、本当に助かったと思ったとも供述していたものである」（上記(3)アの項目中の判示）について

ここでは、捜査段階の供述を正確に法廷に顕出することに成功している必要がある。果たしてうまくできていたであろうか。

【実際の尋問】

弁護人　じゃあ今度、2月7日の話の中身についてうかがいます。昨日の話だと（著者注：主尋問が延びたため、尋問の1日目は、反対尋問の途中で「明日に続行」となり、この尋問部分は翌日午前の期日に行われている）、借金はこれまでの利息の支払いで、もうゼロになると思っていたのに、元金が1100万円残っていて不満だったというふうにおっしゃったんですよね。

D　　　　はい。

弁護人　本当にそんなふうに思ってたんですか。

D　　　　はい。

弁護人　あなたは、本当は、借金が半分になって助かった、そう思っていたんではないですか。

D　　　　そういう気持ちはないです。

弁護人　昨日もおうかがいしましたけれども、平成23年12月19日のGでの話で、B院長の話を聞いて、利息を止めてもらうだけでも幸運だと思った、そういうことでしたよね。

D　　　　幸運というか、まあ、Aさんはトップの方ですので。

弁護人	検事さんに対しても、この平成23年12月19日の院長の話を聞いて、利息を止めてもらえることになるかもしれないなどという、淡い期待を抱きましたと話しておられますよね。
D	それは、はい。
弁護人	だから、元金がなくなるなんて思ってなかったんじゃないですか。
D	それは、うそもなく、僕は元金はなくなる方向性になると思っていました（以下略）[2]。
弁護人	あなたは、借金を半分にしてもらって助かったと思ったことはないということをおっしゃるわけですね。
D	はい[3]。
弁護人	Dの司法警察員に対する供述調書（平成24年6月9日付）を示します[4]。供述調書の26頁の下から2行目からを示します。私がここに書いてあるとおりに読むか、見ていて確認してください。「しかし、Aさんから、借金を2200万円の半分の1100万円にしてやると言われたことも思い出し、これは、この部分は本当に助かったと思ったのですが、Aさんからは、院長を裏切るようなことをするな等ときつく脅しつけられたので、私は、今後B院長に逆らえなくなったと不安になったものでした」。私は書いてあるとおりに読みましたね。
D	はい。

【対応する尋問事項書】

　今手元で確認してみると、この部分は、ほぼそのままの尋問事項書ができていた。なお、弾劾の材料（示した供述調書の供述部分）については、前章でお伝えしたとおり、尋問事項書の右半分部分に、そのまま引用して記載してある（131頁参照）。また、供述調書の日付の特定と示す部分の頁番号はゴチック体の太文字で記載してある[5]。

2 「Dの公判供述によれば、平成24年2月ころには、警察に相談することも想定して、当時あった出来事をノートに書き付けていたという。また、Dは、平成23年11月にはボイスレコーダーでIやKとの会話を録音するなどしており、警察に提出する有効な証拠を残すことを意識していた。しかしながら、Dは、平成24年2月7日も、同月13日も、Gにボイスレコーダーを持って行っていないし、上記ノートにも「脅迫された」とか「怖い思いをした」という趣旨の記載は一切ない」（上記(3)ウの項目中の判示）について

紙幅の関係で、検討を省略する。

3 「同じくDの公判供述によれば、Dは、同月7日午後9時12分、本件の債務整理とは関係のない取引先に電話をし、その日に支払う約束をしていた金銭を支払えない旨の連絡をしている。前提事実の通り、DがGに到着したのは同日午後9時ちょうどころであるから、それから12分後といえば、脅迫されている最中か、せいぜいその直後、まだGにいる時間である。被告人らに脅され、恐怖の中にいたはずのDが、わざわざGで行われた債務整理とは無関係の取引先に電話をするとは考えがたい」（上記(3)ウの項目中の判示）について

前章で、私が作った尋問事項書をお示しした部分[6]に対応するのがこの判示部分である。前章の尋問事項書（131頁参照）と対比して、以下の実際の尋問を見ていただきたい。

【実際の尋問】

弁護人　それから、少し取引先のことを教えてほしいんですけれども。M重機というところはご存知ですかね。
D　　　はい。
弁護人　どういう取引先でしょうか。

D	M重機さんは、ある造成工事をするときに仕事をいただいたところです。
弁護人	たとえば、去年の1月とか2月頃に仕事をさせてもらったりしましたか。
D	はい、仕事をさせていただきました。
弁護人	どこで、どんな仕事をしてましたか。
D	まず、廃棄物のごみと、場所がイオンの西側なんですけど、そこで、マンションというか、造成があるから、その仕事の、型枠とかの仕事を請け負いました。
弁護人	そうすると、M重機さんから仕事を請け負ってたということですね。
D	はい。
弁護人	工期はいつからいつぐらいだったんですか
D	工期が、ちょっと定かではない、まあ2月から……。
弁護人	2月頃だったということですかね。
D	2月頃から、はい。
弁護人	次に、2月7日のことについて伺います。昨日の御証言ですと、2月7日は9時頃Gに行ったということでしたよね。
D	料亭Gですね。はい。
弁護人	で、ずっと怖い思いをしていたということをおっしゃってたんですね。
D	はい。
弁護人	で、Gには、E病院の前のLタクシーの待機所のタクシーを拾って行ったんですね。
D	はい。
弁護人	タクシーの記録ですと、8時52分に乗って、9時に着いているようですけれども、そういう記憶でいいですか。
D	はい。
弁護人[7]	昨日おっしゃってたことだと、店に入って、いきなり土下座をさせられたということをおっしゃってましたかね。
D	はい。
弁護人	で、すぐに脅しが始まったということなんでしょうか。

D	……。
弁護人	わりとそういうニュアンスと聞いたんですが、それでいいですかね。
D	少しそういう何かの会話はあったとは思いますけど。
弁護人	多少会話はあったけど……。
D	はい。
弁護人	で、証人は、皆さんに迷惑をかけて大変申し訳ございませんと謝っていたということでしたかね。
D	はい。
弁護人	あなたは、やくざの人が現場にいて、ずっと怖かったということなんでしょうか。
D	その中は、正直言って恐怖でした。
弁護人	ピーンと張り詰めたような空気だったということですか。
D	まあ自分としての、受けたのは、本当に、そういう幹部の方たちがおられました。幹部というか、そういう方がたくさん、たくさんというか、今までの経緯の中の、言われた方なんかの経緯がある方がおられましたので、本当に怖かった、またそこで何を言われるか、恐怖でした。
弁護人	で、ずっと小さくなって謝り続けていたということなんでしょうか[8]。
D	謝り続ける……。まあ何にも言えれる状態じゃないということは、やっぱり萎縮というか、そういう状態だったです。

(中略)

弁護人	あなたは、足も悪いし、外に出ることはしていないんですね。帰るまでは。
D	帰るまでは、ちょっと記憶があれですけど。帰るまではしてないと思います。
弁護人	ところで、あなたはこの日、午後9時12分57秒から、M重機さんに電話をしていませんか。
D	電話はしてると思います。
弁護人	店の中から電話したということですね。
D	ちょっとその記憶はないです。外か中かはわかりません。

【第12章】使い勝手のよい反対尋問事項書を作ってみよう（その2）

弁護人	先ほど、私の質問に、その日は外に出ていないとおっしゃいましたよね。
D	……。
弁護人	お答えがないですか[9]。
D	少しその記憶が、ちょっと、若干の時間の誤差が、その中に、料亭Gの中に入る時間の10分というものが、入る前に電話をしたのか、中から電話したのか、少しそのところの記憶は定かではないです。その10分くらいは。
弁護人	あなたは、Gに9時に着いて、すぐお店に入ったという話であったんでしょう[10]。
D	それは、はい。
弁護人	そうすると、21時12分という、店に入って、10分直後ですよね。
D	その言われる、はい。
弁護人	先ほどのお話だと、土下座をさせられて間がない時間ですね。
D	はい。
弁護人	ちょうど脅されてる真っ最中に該当する時間ですね。
D	……そのところは、自分の記憶では、タクシーの、降りる前か、タクシーの中で電話したのか、ちょっと記憶が定かではないです。その方に話を、電話をしてから、話をしてます。
弁護人	じゃあ、私の今の質問を受けて、証言を変更されるんですか[11]。
D	……。
弁護人	お答えがないですね。じゃあ、何をお話しになりましたか。
D	……そのM重機さんには、取引先の方にお金を借りていました。で、その方に、お金をその日か何かに返さないといけなくて、電話が取れないということで、それで僕は電話をした状態です。
弁護人	どういう意味ですか。
D	その日にお金を支払う約束があって。
弁護人	誰がですか。
D	私がです。そのための返済が、返済をしないといけないので、連絡ができないか、取れないかと言った記憶があります。
弁護人	あなたがお金を払わなくてはいけない立場だったということなんですね。

D	その日、はい。
弁護人	だけど、払えないという連絡をしたということなんですね。
D	はい、記憶では、はい。

【尋問事項書との対比】

　途中からは、ほぼ尋問事項書そのままの質問を発していたことがわかる。
　なお、もし、「脅されながらも、途中で電話するような場面もあったのだ」という証言をし始めた場合には、それを直ちに弾劾しなければならないので、尋問事項書の右半分部分に、ゴチック体の太文字で、Dの6/9KSの具体的引用をしていたわけである[12]。

4　「Dは、Gで債務整理が行われた翌日である同月8日には、手形の決済資金が足りないとして被告人Cに相談し、結局、前日にGに集まっていた債権者の一人から100万円を借りている。脅されたはずのDが、その脅された翌日に、自分を脅した相手に対し、資金の融通を相談したというのである。……このようなDの行動は、恐喝された被害者のそれと見るには無理がある」(上記(3)ウの項目中の判示)について

　紙幅の関係で、検討を省略する。

5　「Dは、捜査段階では、被告人Bから、『被告人Aに対するお礼も含めて4000万円から5000万円払わないかん』と言われたと供述していたが、公判廷では、お礼だけで4000万円から5000万円必要だと言われた旨の供述もしている。また捜査段階では、被告人Cからも、お礼の額は4000万円から5000万円だと言われた旨供述していたのに、公判廷においては、被告人Cから6000万円から7000万円ぐらいはお礼として必要だといわれたと供述している。これらの変遷を、記憶の変容や勘違い等によるものであるとして説明するには疑問が残る」(上記(3)ウの項目中の判示)について

このような判示をしてもらうためには、捜査段階の供述を正確に法廷に顕出しなければならない。

【実際の尋問】

弁護人	昨日の証言ですと、2月13日にGでB院長とCさんとあなたが話をした日に、Aさんにお礼をせないかんということを言われたということでしたね。
D	はい。
弁護人	で、Bさんからは、4000万から5000万円はお礼をしなければならないと言われたと証言したんですね。
D	はい。
弁護人	Cさんからは、お礼の額は6000万から7000万ぐらいと言われたと証言されましたね。
D	……Cさん。
弁護人	はい、Cさんからは、お礼の額は6000万から7000万円ぐらいだと言われたと、昨日、証言したでしょう。
D	はい。
弁護人	本当ですか。
D	それは事実です。
弁護人	お金でお礼をするなんていう話はなかったんじゃないですか。
D	……ちょっと意味があれですけど。お礼にお肉を届ける話と一緒に話をされてるんですか。
弁護人	いや、お金でお礼をするという話があったとおっしゃるから、そんな話はないでしょうと聞いてるんです。
D	いや、事実、ありました。
弁護人	金額も間違いないんですか。
D	はい。
弁護人	じゃあ、あなたもそれを聞いて、すごいびっくりされたわけですかね。
D	はい。
弁護人	証人にとってすごく印象に残る話だったということになるわけですね。

D	はい。
弁護人	そうすると、その記憶はずっと一貫しているわけですよね。
D	はい。
弁護人	全部がお礼だということは、昨日初めて言い出したことですよね。
D	……ちょっと意味が。全部がお礼。
弁護人	はい。
D	……。
弁護人	そういう認識はないですか。
D	……私は、昨日の説明では、B院長の方が4000万から5000万、Aさんにお礼をと。で、C社長から、話の相づちというので、いや、6000万から7000万ぐらいはお礼として必要だと、そういう見解の話で言ってます。
弁護人	6000万から7000万円という数字も、昨日初めて言い出したことですよね。
D	昨日、はい。
弁護人	昨日初めて言い出したということはお認めになるんですか。
D	自分の気持ちの中にありましたので、記憶がありますので、それを昨日言いました。
弁護人	その話は、去年、検事から事情を聞かれたときに、おっしゃってないんですか。
D	……まあB院長のほうから4000万から5000万ということでしたので、Cさんの分の6000万、7000万は少し……。
弁護人	あなたは、とても印象に残ることだから忘れないんだということを、今もちょっと言いかけてましたよね。
D	はい。
弁護人	私が、ノートにそんなこと、何も書いてないじゃないかと質問した場面で、そう言っておられましたよね。
D	はい。
弁護人	強く印象に残ることになるんですね。
D	まあ、はい。
弁護人	証人の、検察官に対する供述調書である甲3号証15頁を読み上げ

【第12章】使い勝手のよい反対尋問事項書を作ってみよう（その2）

	ます。7行目です。「更にB院長は、今回の件はAさんがまとめて助けてくれたんだから、Aさんにお礼をせないかん、礼を含めて4000万円は返さないかん、公正証書を作成して、Aさんに渡さといかんなどと言ってきました」と書いてあるんですが[13]、こういうふうに○○検事に説明したんでしょう。
D	はい。
弁護人	お礼を含めてというふうに言ったことになってますよね。
D	……お礼を含めて4000万から5000万。
弁護人	<u>私はここに書いてあることが本当だという前提で質問してるわけじゃないですが、あなたが○○検事にこうおっしゃったということを法廷に出したいので、今聞いています。</u>こういうふうにあなたがおっしゃったから、○○検事がこういう調書を作ったんでしょう。
D	そうです。はい。
弁護人	続いて「続けてCさんも、4000万円から5000万円は必要でしょうねなどと言ってきました」、こういうふうに○○検事に言ったんでしょう。
D	はい。
弁護人	だから、6000万から7000万なんていうことは、一度も言っておられないでしょう。
D	……その中では、はい。
弁護人	あなたの警察官調書によると、6月9日付の、さっきから示している、頁右上の番号が668から始まる調書の30頁の下から7行目です[14]。「更にB院長は、今回の件はAさんが助けてくれたんだから、Aさんにお礼をせないかん、借金も含めて4000万円は必要やろうと私に言ってきたのでした」、こういうふうに警察官には説明したんでしょう。
D	はい。
弁護人	次の話を伺います[15]。さっき示したノートのことなんですけど……（以下省略）。

【尋問事項書との対比】

　この際使っていた尋問事項書を見てみよう。

　次のようになっている（Dの尋問当日朝バージョンの8頁の部分である）。現実のイメージを把握していただくため、当日使用した尋問事項書そのものを写真撮影したものを貼りつけてみる。

図表12-1

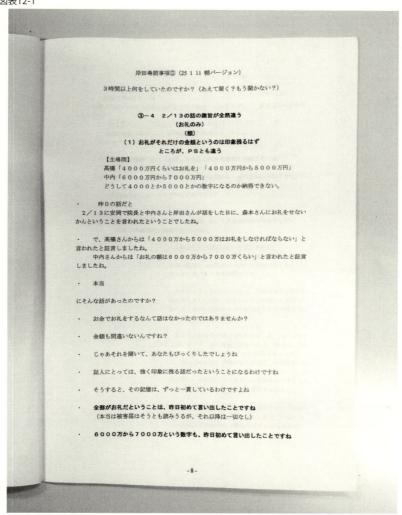

図表12-2

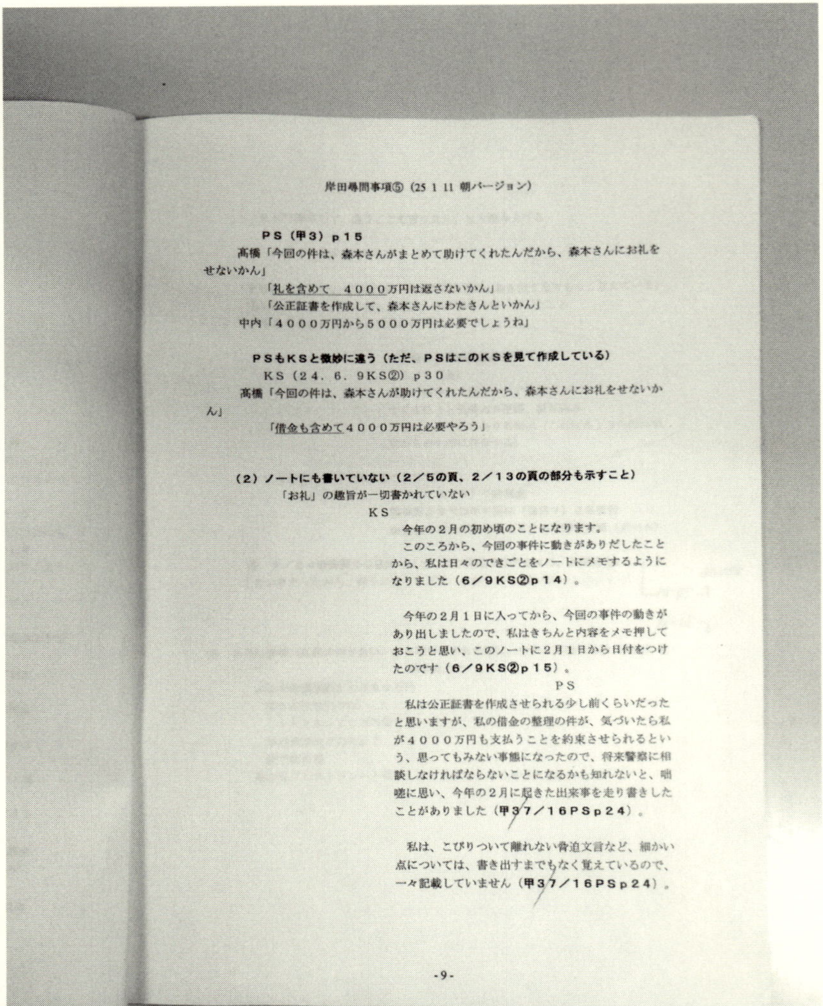

```
            岸田尋問事項㉕ (25.1.11 朝バージョン)

         PS (甲3) p15
  髙橋「今回の件は、森本さんがまとめて助けてくれたんだから、森本さんにお礼を
     せないかん」
     「礼を含めて 4000万円は返さないかん」
     「公正証書を作成して、森本さんにわたさんといかん」
  中内「4000万円から5000万円は必要でしょうね」
  PSもKSと微妙に違う (ただ、PSはこのKSを見て作成している)
         KS (24.6.9KS② p30
  髙橋「今回の件は、森本さんが助けてくれたんだから、森本さんにお礼をせないか
     ん」
      「借金も含めて4000万円は必要やろう」

(2) ノートにも書いていない (2/5の頁、2/13の頁の部分も示すこと)
      「お礼」の趣旨が一切書かれていない
         KS
     今年の2月の初め頃のことになります。
         このころから、今回の事件に動きがありだしたこと
     から、私は日々のできごとをノートにメモするように
     なりました (6/9KS②p14)。

         今年の2月1日に入ってから、今回の事件の動きが
     あり出しましたので、私はきちんと内容をメモ押して
     おこうと思い、このノートに2月1日から日付をつけ
     たのです (6/9KS②p15)。
         PS
     私は公正証書を作成させられる少し前くらいだった
     と思いますが、私の借金の整理の件が、気づいたら私
     が4000万円もを支払うことを約束させられるとい
     う、思ってもみない事態になったので、将来警察に相
     談しなければならないことになるかも知れないと、咄
     嗟に思い、今年の2月に起きた出来事を走り書きした
     ことがありました (甲37/16PSp24)。

     私は、こびりついて離れない脅迫文言など、細かい
     点については、書き出すまでもなく覚えているので、
     一々記載していません (甲37/16PSp24)。
```

6 「なお、平成24年2月13日Gで一部同席したH（Dの妻）は、警察の取調べを受けている段階では、被告人Cの脅迫文言について供述していないのに、検察官の取調べや公判廷においては、被告人Cからも脅迫されたと供述するに至っている。また、そもそもHは、その場で礼金という話を聞いていない」（上記(3)ウの項目中の判示）について

　この判示をしてもらうためには、捜査段階の供述（ことに「供述していないこと」）を正確に法廷に顕出することに成功する必要がある。いわゆるCICC[16]である。実際の法廷でのやりとりは、実はここに準備したものとはかなり違っているが、紙幅の関係でその引用は省略する。本稿は「尋問事項書をどう作るか」についてのものなので、前掲H尋問事項書をご覧いただきたい。

供述調書を示そうとしたときの検察官の異議申立てに対する対応方法について

　この点については、次章で尋問調書を引用しながら説明してみたいと思う。
　さわりを少し述べておくと、この合議体は、DおよびHの尋問の際に検察官が申し立てた異議について、そのほとんどを棄却してくれたのであった。
　筆者がよく用いる決まり言葉は、

① 「示す（読み上げる）目的は、過去における証人の自己矛盾供述の存在それ自体を、この法廷に正確に顕出するためです」
② 「私は、この供述記載の真実性を前提としていません」
③ 「弾劾のためです」

などである。
　①の「存在それ自体」とか「法廷に正確に顕出」などの言葉は、かなり使い勝手がよい（言っていることが正しいという印象が即座に伝わる語感を持っている）言葉ではないかと思っている。

1 裁判所ウェブサイト掲載判例、LEX/DB25445559。
2 実はここで、Dがぐじゃぐじゃと長く証言をし始めたため、証言の趣旨がよくわからなくなってしまった。そのため次の質問でD証言の趣旨をまとめて固める質問をしたわけである。confrontする対象を明確にした（confrontの対象になるようにした）わけである。
3 ここまでがいわゆる3Cの最初のC（commitまたはconfirm）の部分。この次に本来であれば2番目のC（credit）が入るが、この尋問では、いきなり3番目のC（confront）に移っている。その理由は、あらかじめ反対尋問の最初の場面で供述調書の作成の状況方法を聞いて、すべての供述調書の2つ目のC（credit）を終えてしまっているからである。なお、その方法についても次章で説明する予定である。
4 多くの場合、ここで検察官からの異議の申立てがあり、供述調書を示すことについてのやりとりがある。本件では実はその場面はこの尋問部分の前にすでに終わっている。裁判所が「弾劾のために示すこと」については何の問題もないという正しい見解をすでに示してくれていた（勝負がついていた）ため、検察官はこの時点では、もう異議の申立てをあきらめているわけである。
　弾劾のために供述調書を当該証人に示すことができる根拠については、すでに多くの場面で論じられているので、ここではあらためて詳しくは論じない。なお、髙見秀一「自己矛盾調書の証人への提示・朗読」後藤昭ほか編著『実務体系・現代の刑事弁護(2)』（第一法規、2013年）345頁を参照していただければ幸いである。
5 前章「D尋問事項書」参照。
6 同上。
7 実はここで「タクシーを降りて、すぐにGに入ったんですね」という質問をしておかなければならなかった。後の質問に対してDが必死に逃げようとしている場面があるが、この質問があれば、Dが逃げる場面はなかった。もっとも、このDの証言態度を見て、裁判所がDに対する「その場で口からのでまかせを言う証人」という心証をとってくれた可能性もあるが、それは僥倖である。ただし、筆者は現場に行っているので、タクシーを降りてからGの玄関までの距離が4～5メートルしかないことや、Gは「料亭G」と呼べるようなたいそうな店（Dはいかにもその旨の証言をしようとしていたが）ではなく、田舎の古びた居酒屋にすぎないことはわかっていたので、この場面では、あまり焦りはしなかった。現場を見ておくことの大切さの一場面である。
8 このあたりまでの質問は、「塗り壁尋問である」という評価もありうるかもしれない。ただ、筆者が気をつけているのは、語尾である。「本当はそうじゃなかったんじゃないですか？」というニュアンスを出すために「あなたのおっしゃることだと……ということだったんですか？（本当はそうじゃなかったのではないですか？）」「あなたは、……だと証言されるんですか？（本当はそうじゃなかったんじゃないですか？）」という聞き方を心がけるようにしている。
9 証人が答えに窮して黙っているときには、あえてその沈黙を長時間続けさせる場合もあるが、「答えに窮している」ということを証言調書に残すために（あるいは、事実認定者の印象に残すために）比較的早めに「証言がありませんね」という発問をすることもある。ひとつの工夫である。
10 やや強引ではあるが、断定的に誘導したら「はい」と答えた。現場を見に行っており、主尋問時の証言やらたくさんの供述調書からして「店に入る前に電話した、なんてありえないだろ！」と確信したので、断定的に誘導できた面がある。
11 これも印象づけのための発問である。
12 前掲注5「D尋問事項書」。
13 ここは、調書を正確に読み上げる必要がある。「○○という趣旨の記載があるんですが、そのように供述したんですね」ではダメである。反対尋問についての刑訴規則199条の4には、主尋問についての199条の3第4項に相当する規定がないことには意味があるのである。この点については、当時の刑事訴訟規則を制定した最高裁事務総局刑事局「刑事訴訟規則の一部を改正する規則説明書」刑事裁判資料120号（1957年）24頁に「（199条の4）第3項による誘導尋問の制限は、主尋問におけるよりも、はるかに緩やかでよいと解される。反対尋問における誘導尋問の方法に

ついては、前条(199条の3)第4項のような規定がないことに留意すべきである」と明確に記載されている。

14　開示を受けた調書の特定の方法として、このような方法を用いることがある。同一日付で複数の調書が作成されている場合などに用いる。なお、このように具体的に供述記載の場所を明らかにして尋問することが大切である。なぜなら、「検察官が異議を述べない」という事実で「そのような供述記載が現実に存在する」ということが、裁判所にも認識されるからである。尋問終了時間が切迫してきていちいち証人に示して確認させる作業の時間がなくなってきた場合などに用いる方法である。

15　尋問事項の小見出し項目を移る際にはこのような一言を入れることが多い。そうしないと、証言を聞いている立場からすると、それまでの証言と関連する事項であるかのように受け取れるから、尋問の趣旨がわからなくなるからである。

16　重要な事実(importance)が欠落していることを示す尋問方法。いわゆるCの中にIが入る。

(高見秀一)

【第13章】
使い勝手のよい反対尋問事項書を作ってみよう（その３）
──検察官による異議申立てと不相当な証人テストへの対処方法

　前２章に引き続き、同じ事案（高知地判平25・4・18）[1]を使って、供述調書を示そうとしたときの検察官の異議申立てに対する対応方法について、検討してみよう。併せて、検察官による不当な証人テストの内容について反対尋問する方法についても述べてみたい。

供述調書を示そうとしたときの検察官の異議申立てに対する対応方法（続）

1　決まり言葉

　この合議体は、恐喝の被害者であるというDおよびその妻Hの尋問の際に、私が供述調書を示そうとしたとき検察官が申し立てた異議について、そのほとんどを棄却してくれた。
　検察官の異議申立てに対して私がよく用いる決まり言葉は、

① 示す（読み上げる）目的は、過去における証人の自己矛盾供述の存在それ自体を、この法廷に正確に顕出するためです
② 私は、この供述記載の真実性を前提としていません
③ 弾劾のためです

などである。
　①の「存在それ自体」や「法廷に正確に顕出」などの言葉は使い勝手がよい。

検察官の異議申立てに対する意見（刑訴規則33条1項の「訴訟関係人の陳述」）を求められた際の弁護人の陳述が正しいという印象を、語感自体が持っているからである。

2　弾劾のための、示しての尋問（規則199条の10）

(1)　いわゆる3Cの3番目のC（Confront：対面）の直前部分から
　　実際の証言調書から、異議のやりとりを引用してみる。

弁護人	証人の平成24年7月17日付警察官調書の末尾を示します。これはあなたのサインと指印ですね。
D	はい。
弁護人	サインの上に「以上の通り録取して読み聞かせ閲覧させたところ、誤りのないことを申立て末尾に署名押印した」と書いてありますね。
D	はい。
弁護人	この調書の右肩に357と押印がある頁を示します。
検察官	供述調書の本文を示すことには異議があります。
弁護人	この供述調書にこういう記載があるということを本人に確認してもらうために示しています。条文の根拠を言いますと、刑訴規則199条の10、同一性およびそれに準ずる事項について尋問するためです。
検察官	内容を確認するのであれば、読み上げていただければ十分かと思いますが。
裁判長	確認というのはどういうことですか。証人の尋問を弾劾するということですか。
弁護人	そういうことになりますね。
裁判長	弾劾でよろしいですか。
弁護人	はい。
裁判長	異議を棄却します。どうぞ。
弁護人	これから私が読みますから、書いてあるとおりに私が読むか、見ていてくださいね。

【第13章】使い勝手のよい反対尋問事項書を作ってみよう（その3）

D　　　　　はい。
弁護人　　　「実際のところは、既にトラックなどの車両はいろいろなところから借金をして既に購入していたのに、Pさんからお金を貸してもらうために、嘘の話をしているものです」[2]。私は書いてあるとおりに読みましたね。
D　　　　　はい。

(2)　規則199条の11第1項の括弧書きとの関係

　規則199条の11第1項括弧書きには、供述録取書を示して尋問することが明文で禁止されている。そのためこの条文を根拠に検察官が異議を申し立ててくることがある。

　その際には、次のように応じればよい（なお、この事件ではそういう異議申立てはなかった。裁判長が初めに正しい判断を明確に示されたため、検察官は異議を申し立てることをあきらめていた感がある）。

検察官　　　異議があります。199条の11第1項括弧書きでは、供述録取書の呈示は明文で禁止されています。
弁護人　　　私は記憶喚起のために示そうとしているのではありません。過去におけるこの証人の自己矛盾供述の存在それ自体を正確にこの法廷に顕出するために示すものです。検察官の異議申立てには理由がありません。加えて述べますと、この規定で供述録取書を示すことが禁じられているのは、供述記載の真実性を前提とした利用についてです。証人が供述調書の記載内容を正しいものだと受け容れてしまい、現在のご自分の記憶を正確に呼び起こそうとする作用を妨害することになることが「証人の供述に不当な影響を与える」ため、この規定が存在しています。しかし私がこれから示す趣旨は、供述記載の真実性を前提としていませんから、この規定で禁じられるものではありません。なお、同旨のことは東京高裁の大島判事が論文[3]に書かれています。検察官の異議申立てには理由がありません。

(3) 3Cの2番目のCをいつ行うかについての工夫

　実は上記部分(1)には、3Cの2番目のC（Credit：信用情況の付与）がない。それは反対尋問の冒頭に済ませていたからである。このDのように、自己矛盾供述で弾劾していく証人で、その場面が多い場合は、初めに一般論を聞くなかで、2番目のCをやってしまうのがよい。なぜなら、2番目のCの作業は、意外と長くかかってしまうことがあり、供述調書を示すたびにこれをやる作業は、聞いていてあきるし、しつこい印象を与えてしまう。またずるがしこい証人は、過去の供述調書で弾劾されるということに気づいたとたんに、2番目のCに対して警戒して、「そこまで確認していません」等の弁解を始めるからである。

　そこで反対尋問（1日目）の冒頭部分から引用してみる。

弁護人	話は変わりますが、Dさんはこの事件で、警察、それから検察庁で、いろいろ話を聞かれてますよね。
D	はい。
弁護人	そのとき、警察官や検事さんが供述調書というものを作ってくれたこともありますよね。
D	はい。
弁護人	で、あなたはそれにサインをしておられますね。
D	はい。
弁護人	サインをする前に読んでもらって、サインをしてますよね。
D	はい。
弁護人	それからこれは調書を見ればわかるんですが、読んでもらうだけじゃなくて、自分で調書を手にとって確認をさせてもらってからサインをしているものもありますね。
D	はい。
弁護人	あなたは警察官や検察官に、自分の記憶と違うことを話したことはありますか[4]。
D	……ちょっとそのあたりはわかりませんけど。
弁護人	じゃあ、わざと自分の記憶と違うことを話したこともあるということですか。
D	……ちょっと理解ができないもので。

弁護人	あなたは、自分の記憶のとおりに警察官や検察官に話をしたんですよね[5]。
D	はい。
弁護人	で、その話を警察官や検察官は調書にしてくれたんですね。
D	はい。
弁護人	サインをする前に読んでもらいましたよね。
D	はい。
弁護人	自分の手にとって確認させてもらったこともありますね
D	はい。
弁護人	間違いがないかどうか聞いていてくれ、と言って読んでくれたんですね。
D	はい。
弁護人	あなたは間違いがないことを確認してサインをしてますよね[6]。
D	はい。
弁護人	たくさんの供述調書がありますが、そのときそのときの記憶を正直に話して作ってもらったということですね。
D	はい。

⑷ 初めにやってしまうことのメリット

　この尋問を反対尋問の冒頭に近い部分で行っておけば、その後は、3つのCのうちの1つ目のC（Commit：肩入れ）と3つ目のC（Confront：対面）だけを行えばよいことになる。この1つ目のCと3つ目のCを明確に対比することが実はとても重要なので、その意味でも、2つ目のCを初めにやってしまうことは、有益だと思っている。また、尋問の初めに、一般論として質問していると、証人は変に警戒せず、正直に「はい」「はい」と答えてくれることも多い。

3　記憶喚起のための正確な読み上げ

　「過去にどのような供述をしていたのか」についての記憶を喚起するための正確な読み上げは、刑訴規則199条の4が199条の3第4項を準用していないことからしても、何ら問題がない[7]。

実際の尋問から引用する。

弁護人	やくざのKさんが証人の後ろ盾になってくれたということについて、検事さんにそのような表現をしていませんか。
D	……。
弁護人	記憶がありませんか。
D	記憶は定かではないです。
弁護人	「営業妨害があったので、従業員に相談して、やくざであるKさんを紹介してもらいました」。そのように検察官に話していませんか。
D	……。
弁護人	記憶がないですか。
D	……。
弁護人	それでは、記憶喚起のために正確に読み上げます。7月16日付検察官調書の2頁目の下から5行目からを読みますので、検察官、もし私が調書のとおりに読まなかったら異議を言ってください。「私は、このような営業妨害があったことから、当時の従業員に相談し、F会のヤクザであるKを紹介してもらいました。Kさんが後ろ盾についてからは、嫌がらせの電話などはなくなりました」。今検事さんから異議は出ませんでしたよね。
D	はい。
弁護人	私は書いてあるとおりに読んだんですが、このようにあなたがおっしゃっていたんではないでしょうか。
D	今読まれると、言った記憶もあります。

4　証拠になっていないことを理由とする異議申立てに対して

　刑訴規則199条の10～12には、書面や物を証人に示して行う尋問方法が規定されている。弁護人は、この3つの条文を正確に理解して、現実に法廷で臨機応変に使いこなせるよう練習しておくことが必要である。これは練習を重ねることによって、必ず習得することができる技術であるから、必ず習得しておかなければならない[8]。

また、正確な理解は、検察官からの異議申立てに対する間髪入れぬ意見の陳述のためにも必要である。
　検察官の中には、「証拠になっていないものは示せない」という誤解に基づいて、異議を申し立ててくる検事が今でも存在する（10年前くらいまでは、弁護人も同じであるが、そのような検察官のほうがむしろ多数だったともいえる）。そのような異議申立てに対しては、間髪を入れない意見を述べて「異議を棄却」してもらわなければならない。
　弁護人が、論理的に正しい意見を簡潔に述べれば、裁判所もおそらく一目を置いてくれるようになるはずである。
　以下は、実際の尋問からの引用である。

弁護人　　O株式会社は、平成23年11月28日付で442万円の請求書をN建設に出していますね。
D　　　　はい。ちょっとその請求書の控えを見ないといけませんけど、N建設さんに届いていたら間違いないと思います。
弁護人　　同一性を確認するために、弁護人証拠番号43（請求書）を示します。昨日付で取調べ請求しているものです。
裁判長　　請求している証拠ですね。
弁護人　　はい。
裁判長　　検察官、よろしいですね。開示はあるんだね。
検察官　　開示はございますが、私も昨日見たばかりですので。
弁護人　　捜査機関が押収していっているものですので、捜査機関が持っているものです。
検察官　　それと、公判で使うかどうかというのは、また別の問題ですので、やはり示すことに異議があります。
弁護人　　検察官の異議には理由がありません。まず、証拠になっているかどうかということと、示せるかどうかということは別問題です。しかもこれは証人が代表者を務めるO会社が作成した書面です。刑訴規則には、作成のこと、同一性のことについて尋問するために必要があるときには示せるというふうに明確に書いてあります。検察官の異議には理由がありません。
裁判長　　異議を棄却します。

5　「あらかじめ」（規則199条の10第2項、同11第3項、同12第2項）の意味

　上記異議のやりとりの中には、検察官が「昨日開示を受けたばかりだから」という趣旨を述べている部分がある。
　もともとこの書面（請求書）は、検察官から開示を受けた証拠の中に存在するものであるから、検察官が述べていることはそもそもナンセンスなのであるが、実務的には「閲覧の機会を与えられたのが本日では準備ができません」等のやりとりがありうるので、ここで少し論じておく。
　「『あらかじめ』とは、示す前にの意味である」[9]から、尋問の直前（場合によっては主尋問終了後反対尋問開始前）に閲覧する機会を与えることでも足りる（書面の作成者も作成の由来もおよそ判明しないような書面の場合には別論であるが、そのような書面はそもそも示して尋問することに意味もないであろう）。
　示す書面の内容によっては、検察官が反対尋問の意図を察知して、主尋問の時点から証言を修正してくる可能性があるからである。主尋問の前に、事件当日の月齢（新月に近かった）が書かれている暦を検察官に閲覧させていなければならなかったとしたら、リンカーンの有名な「ムーンライト・クエスチョン」は失敗に終わってしまったはずである[10]。

証人テストの内容について尋問する方法

　この事件では、H証人が、主尋問では丸暗記してきた内容をそらんじるように証言していた。尋問する検察官は、おそらくはエクセルで作成した尋問事項書と思われるものを手にして、その尋問事項書に忠実に質問をしていることが見て取れた（証人が答える際、検察官は常に尋問事項書に目を落として、正しく答えているかを確認し、答えが正しくない場合は修正するための質問をしているのが見て取れた）。そのため、反対尋問の冒頭で、証人テストのことを質問した。すると、「えっ、そんなにたくさんの回数と時間かけて準備したのか！」という答えが返ってきた。その質問の仕方（具体的な発問の方法と順序）について、説明してみる。

1　実際の尋問

　以下、実際の尋問からの引用である。

弁護人　今日は、とても怖い思いをしたということを重ねてご証言してくださったわけですが、今回証言をする前に、検察官と何回打合せをされましたか。
H　　　4、5回です。
弁護人　1回あたり何時間くらいしましたか。
H　　　だいたい2時間くらいです。
弁護人　一番初めはいつ頃でしたか。
H　　　7月の半ばぐらいだったと思います[11]。
弁護人　7月の半ば。
H　　　はい。
弁護人　今回証言をすることが決まってからは、いつが最初ですか。
H　　　……12月十何日ぐらいに話ししました。
弁護人　じゃあ、それを入れると、そこから3、4回打合せがあったということですか。
H　　　4、5回はありました。
弁護人　4、5回ですか。
H　　　はい。
弁護人　じゃあ、去年の12月くらいから、4、5回あった。1回あたり2時間ぐらいあったということですか。
H　　　はい。
弁護人　今日証言したことについて、初めから、今日おっしゃったようなことが言えましたですか。
H　　　いや、記憶がなくなってる部分もあり、思い起こしました。
弁護人　どうやって思い起こしましたか。
H　　　そのときの状況を頭の中に思い浮かべました。
弁護人　で、それでも4、5回打合せが必要だったということですか。
H　　　はい。

弁護人	最後に打合せをしたのはいつですか。
H	昨日です。
弁護人	昨日の何時からですか。
H	6時半くらいです。
弁護人	夜の6時半から。何時までされましたか。
H	10時くらいまでしました。

2　注意点——いつでも撤退できるように、1つずつ、細かく分けて

　当然ながら、上記の質問は、いずれも答えがわからない質問である。であるから、反対尋問のダイヤモンドルール（答えがわからない質問はするな）には反する質問である。しかし、証人が証人テストを受けていることは間違いない事実なので、完全に答えがわからない質問というわけではない。

　気をつけたことは、事実を細かく分けて聞く、具体的な事実を聞くということである。また、すぐに撤退できるように慎重に聞く、ということである。すぐに撤退できるようにするためにも、事実を分けて1つずつ質問することが必要である。そうすれば、「これ以上突っ込んでも無意味だ」、「これ以上突っ込むと危険だ」ということにすぐに気づけて、すぐに撤退できるからである。

　「1回あたりだいたい2時間くらい」というのは、答えとしてはある意味では抽象的な答えである。ダイヤモンドルールの基本原則（事実を細かく分けて、1つ1つ聞く）に則れば、

　　「打合せは何回だったか」の質問の後に、
　　「最初の打合せはいつか」
　　「何時に始まったか」
　　「何時に終わったか」
　　「2回目はいつだったか」
　　「何時に始まったか」
　　「何時に終わったか」
　　「3回目はいつか」
　　「何時に始まったか」

「何時に終わったか」

という質問を繰り返すということになるのだが、「そこまで覚えていない」となるはずなので、明らかに記憶が残っているはずの、直近の打合せについて、具体的に「何時に始まったのか」、「何時に終わったのか」と質問をした。

証人が、「打合せの時間はなるべく短いほうがよいはずだ」という意識を持っていたとしても、このように事実を分けて具体的に質問すると、なかなか嘘がつきにくいものである。

H証人は、このような質問を受けることはおそらく予想していなかったのであろう。相当本当に近いことを答えたと感じた。

証言前日の午後6時半から10時まで打合せをして（しかも、それを初めは「1回あたりだいたい2時間くらい」と証言しているわけである）、当日の証言に臨んできたこと、それを含めて証人テストを4～5回行っていること、その事実が出たので十分と考えた。そして、「そんなにたくさんの打合せを重ねてきたんだ」と驚くとともに、「それだけ時間をかけて暗記してきたんだな」とも思った。同じような印象を合議体も抱いたのではないかと思った。

検察官の異議申立てに対する尋問事項書というものがあるのか

本編のタイトルは「使い勝手のよい反対尋問事項書を作ってみよう」である。今回検討してきたことに対応する尋問事項書はあるのか、という観点からは、①いわゆる3Cの2番目のC（Credit：信用情況の付与）の部分については尋問事項書を作っておく、②異議申立てを受けない尋問事項を作っておく、③予想される異議の申立てに対しては陳述する意見の内容をあらかじめ用意しておく、というのが答えである。

1　3Cの2番目のC（Credit）の部分についての尋問事項書

第11章でも述べたが、私は3Cの2番目のC（Credit）の部分については、あらかじめ尋問事項書に質問を並べて、そのとおりに聞くようにしている。なぜなら、その場で考えてやろうとすると、余計な質問が思わず入ってしまっ

たり、聞く順番が前後したりして、流れが悪くなることが多いからである[12]。これはある意味では「呪文」であるから、決まった呪文をその順番どおりに聞くことこそが失敗しないコツである。また、尋問事項書に具体的な質問を書きながら、そして聞く順番を考えることが、シミュレーションにもなる。

2 検察官の異議申立てに対する対応についての尋問事項書

これについては、事前に尋問事項書を用意することはナンセンスかもしれない。まさに臨機応変に対応しなければならないのが異議申立てとそれに対する意見の陳述だからである。しかし、書面や物を呈示する際の言葉遣いについても、あらかじめ尋問事項を作っておけば、検察官の異議申立てを受けないことも可能である（たとえば、供述録取書を示す際に、無防備に「記憶喚起のために示します」とやってしまうと、検察官は、おそらく間髪を入れずに刑訴規則199条の11第1項の括弧書き違反を理由とする異議を申し立ててくるであろう）。規則の条文規定を正確に意識し、今自分が書面や物を呈示する根拠はどの条文に書いてあることなのか、そこには具体的にどういう文言が用いられているのかを明確に意識してあらかじめ尋問事項を作っておけば、検察官からの、いらぬ異議申立てを回避できる。

尋問が終わったら、すぐに、弁論で言えることをまとめる作業をしておくこと

尋問が終わったらそれで終わりではない。尋問直後に、「尋問で獲得したこと」「弁論で述べられること」をまとめる作業を怠ってはならない。「あ〜失敗してしまった〜」と思いながら、疲れ切った頭と身体で、自分の尋問を振り返るのはとてもつらい作業である。しかしこれを怠ると、弁論で何が言えるのか、弁論で何が言えないのかを正確に把握できない（直後にしないと、忘れてしまうからである）。裁判員裁判の場合は特にそうである。証人尋問調書ができあがっていない状態で弁論を構成しなければならないからである。

けれども、「弁論を初めに書け」が実践できていれば、これはさほど時間がかからない作業である（はずなのだ）。また尋問事項書があらかじめきちんと用意できていれば、これもさほど時間がかからない作業である（はずなのだ）。

第11章で指摘した「小見出し」ごとに、「獲得できた」のか「できなかった」のかを確認すればよい（だけ）だからである。

疲れ切った頭でやるのはとてもつらいが、その30分の作業が、後の5時間の作業に相当するものであることを認識して、やっておくべきである（が、かく言う私もなかなかできていないのが正直なところではある）。

最後に

3章にわたって「使い勝手のよい反対尋問事項書」について論じてきた。尋問事項書は、それぞれの弁護士にとって一番使いやすい形であればいいわけであって、「これが原則」というようなものはない。であるから、筆者の論稿の中に、「これは使えそうだ」、「これは便利そうだ」、「これは真似してみよう」というサジェスチョンになるものがもしあるなら、それを使っていただければ幸いである。

さあ、準備はできた。頑張って法廷に行ってこよう！

1 裁判所ウェブサイト掲載判例、LEX/DB2544559。
2 どこまでが供述調書の読み上げなのかが裁判官にわかるように読む。また強調すべき記載については、声を大きくして、ゆっくり読み上げる。また、どこまでが供述調書の記載なのかを明確にするために、供述記載の読み上げが終わったところで、少し間をおく。
3 大島隆明「裁判員裁判における証拠調べのプラクティスに関する二、三の問題」原田國男退官『新しい時代の刑事裁判』（判例タイムズ社、2010年）269頁以下、ことに286～288頁。
4 この質問はまったく不要であった。ややオープンな聞き方をしてしまったために、証人のコントロールを失っていることがよくわかる。そのため次の質問をせざるをえなくなってしまい、流れが悪くなっている。
5 前掲注4の質問と次の質問は不要である。4と次の質問をせず、いきなりこの5の質問でよい。
6 この質問はやや危ない。「確認まではしていません」という答えが来る可能性がないとはいえないからである。正しくは「警察官は、間違いなければサインしてくれ、と言いましたね」、「はい」、「そしてあなたはサインしたんですね」、「はい」である。
7 最高裁の刑事局が作成した、刑事訴訟法規則の説明書にも「（規則199の4）第3項による誘導尋問の制限は、主尋問におけるよりも、はるかにゆるやかでよいと解される。反対尋問における誘導尋問の方法については、前条第4項のような規定がないことに留意すべきである」と明快に記載されている。『刑事訴訟規則の一部を改正する規則の説明』刑事裁判資料120号（最高裁判所事務総局刑事局、1957年）24頁。
8 日弁連や各地の単位会等で実施されている実演型研修へ参加すれば確実に習得できる技術である。
9 前掲注7・29頁。
10 高野隆「証人尋問における書面や物の利用」日本弁護士連合会編『法廷弁護技術〔第2版〕』（日

本評論社、2009年）186頁。
11　捜査段階での被害者としての検事調べのことを証言していると思われる。
12　前注4の質問は、思わずその場の流れでアドリブで入れてしまったのだが、流れを悪くしている。

（髙見秀一）

専門家証人主尋問編
―専門家を尋問する秘訣を知ろう！

【第14章】
先生！　教えてください
——専門家証人の主尋問（その1）

ある昼下がりの法廷

　××××年7月20日午後1時30分、○○地裁の1号法廷では、午後の審理が再開されようとしていた。

　法壇の最も左、裁判員6番の席に座るSにとって、裁判員裁判はおろか、裁判所に入ること自体が初めての経験であった。さすがに初日は、緊張した。しかし、審理2日目となると、少し慣れて余裕も出てきた。

　それにしても暑い。裁判所が節電を率先しているからであろう。午後の法廷は、ことのほか暑い。暑さに昼食直後の倦怠感が加わる。「ふー、集中しにくいなあ」。ふと頭をもたげた気持ちを抑え、Sは、心の中で気合いを入れ直した。「いかん、いかん。被告人の一生に関わる重大な尋問だ」。事件は責任能力の有無が争点である。午後は弁護側に有利な精神鑑定をした精神科の大学教授の尋問だという。被告人の有罪、無罪を決定づける最重要証人である。

　弁護人席から、弁護人が立ち上がる。

弁護人	証人に、あらかじめ用意した略歴を示します。先生のご経歴はこのとおりでよろしいでしょうか。
証　人	はい。
弁護人	では、裁判長、ただいま証人に示した略歴を調書の末尾に添付してください。
裁判長	検察官よろしいですね。
検察官	はい。
弁護人	先生は、被告人の精神鑑定を担当されましたね。
証　人	はい。
弁護人	では、その精神鑑定の経緯についてお尋ねします。先生が、鑑定

証　人	を開始されたのはいつのことですか。
証　人	えーっと、鑑定書に記載されていると思うのですが、鑑定書を見てよろしいですか。
弁護人	裁判長よろしいでしょうか。
裁判長	……検察官よろしいですね。
検察官	異議ありません……。
弁護人	鑑定書を拝見しますと、平成××年5月22日に初めて拘置所で被告人とお会いになり、約5カ月後の10月15日に鑑定を終了したことが記載されていますが、そのとおりでよろしいでしょうか。
証　人	鑑定書にそう書いてあるのなら、そのとおりですね……。

「おい、おい、なんだよ、それ〜」。もたつく弁護人の尋問に、Sは、気持ちが萎えていくのを感じた……。

何が問題だったのか

　いうまでもなく、これは専門家証人の主尋問例である。Sさんの独白をまつまでもなく、この尋問はひどい。しかし、私たちは、この弁護人の尋問を本当に笑うことができるであろうか。

　実際には、わが国の法廷では、このような尋問がよく行われているのではないだろうか[1]。試しに、この弁護人の尋問のいったいどこが問題なのか、と問われたら読者はどのように答えるであろう。さらには、どう改善すればよいのか、と問われたとき、的確な答えを出すことができるであろうか。決して容易ではないはずである。

　実は、この短い尋問の中にも、専門家証人の尋問方法をめぐる重要なポイントが隠されている。そのポイントとは、「ペーパー」である。

　尋問の冒頭、弁護人は、証人の経歴をペーパーの確認で済ませている。他方で、鑑定開始日というペーパー記載のディテールについて、証人にそらで答えさせようとした結果、尋問の混乱を招いている。なぜこのようなことが起こったのか。この弁護人には、専門家証人からいったいどのような証言を得なければならないのか、という根本問題について、明確な目的意識がなかったからである。その結果、口頭で述べるべき経歴をペーパーで済まし、

重要な情報とはいえない鑑定開始の「日付」を口頭で述べさせようとするというちぐはぐな尋問となってしまったのである。

専門家証人とは何か

　では、この弁護人はどうすべきだったのか。

　なにより、先ほども触れたように、専門家証人からどのような証言を得るべきなのかについて、明確な問題意識を持つことである。そのためには、専門家の証言の性格を十分に理解しておくことが不可欠である。

　それでは、専門家の証言とは何か。これは一般の証人と比較することによって、ある程度明らかにすることができる。一般の証人は、事件に関連して経験した「事実」を述べる立場である。これに対し、専門家証人は、事件に関する経験を語る立場ではない。事件に関わる何らかの「データ」を、「専門的な経験則」に当てはめて得られた結果、すなわち「評価（意見）」を述べるのである。たとえば、精神鑑定を行った証人の場合、被告人にあらわれた症状という「データ」を、診断基準という「専門的経験則」に当てはめ、被告人の精神疾患の有無、内容、程度といった「評価（意見）」を述べることになる。

　そうである以上、専門家証人は、まず「専門的経験則」とその根拠を述べる必要がある。とくに、証人がその「専門的経験則」を取得した経緯、すなわち経歴や経験、学位、研究成果などが示す証人の学術的地位こそが、重要な要素となってくるのである。先の尋問例では、略歴がペーパー１枚を示すことで済まされていたが（わが国の法廷では、そのようなことが多い）、これではダメである。証人の専門家としての立場を基礎づける経歴については、具体的に証言してもらう必要がある。

　他方、当てはめの対象となった「データ」も重要である。この点でも、そのデータを取得した経緯は重要な要素となる。たとえば、精神鑑定の場合、証人が直接被告人と問診を行ったのか、どれくらいの回数・時間か、ほかにどのような検査を行ったのか、などが問題になるであろう。しかし、先の尋問例で問題とされた鑑定開始の「日付」などは、多くの場合不要なディテールとなろう。

　以上の点は、最高裁判例からもいえる。周知のとおり、鑑定の評価の指針を示した最判平20・4・25[2]は、「専門家たる精神医学者の意見が鑑定等とし

て証拠となっている場合には、鑑定人の公正さや能力に疑いが生じたり、鑑定の前提条件に問題があったりするなど、これを採用し得ない合理的な事情が認められるのでない限り、裁判所は、その意見を十分に尊重して認定すべきである」とする。ここで最高裁は、鑑定を尊重すべき前提として、「専門家の公正さや能力」と「鑑定の前提条件」を重視している。このうち「公正さや能力」は、先の専門家証人の「地位」に該当するであろう。他方、「鑑定の前提条件」は、「データ」に該当するといえるであろう。私たちは、専門家証人の主尋問にあたって、「公正さや能力」、「鑑定の前提条件」に注意を払わなければならないのである。

改善例

それでは、弁護人の尋問はどのように改善すべきか。ここでは、専門家証人の略歴を尋問する場面の改善例を見てみよう。

弁護人	証人の現在のご職業を教えてください。
証　人	○○大学医学部精神科教授です。
弁護人	大学卒業後、現在に至るまでの略歴を簡単に教えてください。
証　人	昭和54年に○○大学医学部を卒業し、同年に医師免許を取得しました。翌55年に同学部付属病院精神科に入局した後、昭和60年から平成5年まで、△△病院精神科で勤務しました。平成5年から、○○大学に戻り、平成7年に同大学精神科教授となり、現在に至ります。
弁護人	専門領域は、どのようなものでしょうか。
証　人	精神医学全般ですが、とくに精神疾患の診断基準と刑事責任能力との関係について研究を続けており、その分野についての著書を3冊、学術論文を12本書いています。
弁護人	どのような学位をお持ちでしょうか。
証　人	先ほど述べた研究が認められ、医学博士を取得しております。
弁護人	臨床経験はどのくらいありますか。
証　人	精神科医として32年の経験を持っています。
弁護人	精神鑑定の経験は、どの程度お持ちでしょうか。

証　人	これまで、裁判所から44件、検察庁から12件、合計56件の鑑定を依頼され、実施しています。
弁護人	どのような症例の鑑定をしてこられたのでしょうか。
証　人	精神鑑定全般にわたりますが、56件のうち、本件と同様の精神病が疑われる鑑定が15件あります。

　いかがであろうか。このようにすらすらと答えれば、この証人が、鑑定にあたって十分な学識と経験を有していることは明らかとなるであろう。もちろん、このような経歴を長々と続けるべきではない。証人の専門家としての能力を基礎づけるのに必要な限りで、コンパクトに尋問すべきである。そのためには、証人との事前準備が不可欠であることはいうまでもない。

　専門家証人の主尋問の技術は、ほかにもいくつもある。次章から何回かにわたって、その技術を検討していくことにしよう。

　最後に、今回のルールを確認しておこう。

- 専門家証言の目的を意識せよ。
- 専門家証言の性格を知れ。
- 専門家証人は、専門的経験則にデータを当てはめた評価（意見）を述べることを意識せよ。
- 専門家証人の「公正さや能力（地位）」、「鑑定の前提条件（データ）」を重視せよ。

1　近時、裁判員裁判の実施にあたり、精神鑑定内容の口頭報告については、最初に尋問によらず、鑑定人自らが自由に説明するプレゼンテーションを先行させたうえ、補充的に尋問をするという例が増えているようである。このような手法が一般化したことは、わが国において専門家証人に対する主尋問の技術の蓄積がなかったことと無縁でないように思われる。今後この実務が定着するかどうかは不明であるが、専門家証人に対する主尋問の技術は、プレゼンテーション先行方式においても応用可能なものであって、その習得の重要性は何ら否定されるものではない。
2　刑集62巻5号1559頁、判タ1274号84頁。

（秋田真志）

【第15章】
先生! ちょっと待って!
——プレゼン先行方式は本当にわかりやすいのか?
:専門家証人の主尋問(その2)

再び、裁判員法廷

　9月×日午後2時、○○地裁○号法廷。午後1時30分に再開された法廷では、弁護人が請求した精神科の大学教授Bの話が延々と続いている。裁判員Tは、襲ってくる睡魔と闘うことになってしまった。
　「いかん、いかん。被告人の一生に関わる重大な話だ」。
　Tは、気合いを入れ直した。しかし、睡魔は容赦ない。確かに真面目で誠実そうなB教授が、被告人のために熱心に精神鑑定をしたことはよくわかる。ただ、お世辞にも、説明がわかりやすいとは思えない。残念ながら、話し方も単調だ。胃袋がお昼に食べたラーメンの消化に全力を注ぎはじめたことも影響しているのかもしれない。またしても睡魔が襲ってくる。
　ちなみに、午後の法廷は、B教授に対する型どおりの宣誓手続の後、次のような裁判長の言葉から始まった。

裁判長　　最初に、B先生のほうから、一般的にお話をしていただき、その後に当事者や裁判所から質問をさせていただく方式で行います。それでは、よろしくお願いします。

　この裁判長の言葉に、証言台のB教授はうなずいた。

教　授　　はい。では説明させていただきます。

　Tも、この時点では、B教授からどんな話が聞けるのだろうと期待をした。身を乗り出すような思いで、B教授を見つめた。手には、モニターのスライ

ドを操作するリモコンが握られているようだ。法壇からは見えないが、証言台にもモニターが設置されている。だが、Tの期待は早々に裏切られることになった。B教授は、目の前のモニターとその横に広げた鑑定書らしき書面を見つめながら、顔も上げずに淡々と話し始めたのである。

教　授　　まず、本件鑑定における検査所見ですが、被告人と面接をし、それから、身体検査および血液検査をし、身体検査で身長は170.6センチ、体重58.5キログラムで……、あと血圧といろいろ書いてありますが、身体的には私の調べた範囲では、特段の異常も認められず健康と言ってよいと思います。ただ、私は、専門は精神科でありまして、内科ではありませんので、見落としがある可能性は否定できませんが、それは本件の鑑定外事項としてご容赦いただくほかありません。私の専門分野に関わる点としては、CT検査を行ったほか、脳波は正常範囲ですね……、それから知能テストなんですが、全検査で89とでました。これも正常範囲です。全検査というのは、いわゆるIQとかよく言われますけども、いくつかの要素について点数をつけることになりますが、全検査はその総合点を意味することになるわけでありまして……、IQを測る場合に、言語性、言葉をいろいろ聞いて、たとえば、阪神大震災っていうのはいつありましたかとか、いろんな意味を聞いて尋ねる検査とか、いろいろあるのですけれども、そういった言語を主に調べる検査であるのに対して、動作性と申しまして、被験者に積み木を積んでもらうとか、そういった検査をして、これらの平均を取りますと89ということなんですけど、この知能検査は、とにかく正常範囲だということです……というのは、普通85から115、大体100ぐらいが平均というふうに言われておりますので。あと、ロールシャッハテストやバウムテストとかPFスタディ、いろいろ心理テストをやっていますけれども、被告人の場合、このうちロールシャッハテストに特徴的な検査結果が出ています。まず、皆さんもロールシャッハテストという言葉はお聞きになったことがあるのではないかと思いますが、ここで説明をしておきますと……。

この調子で、20分ほど「講義」が続いたであろうか。Tはつぎつぎと襲ってくる睡魔と闘うことになった。たまに目の前のモニターの明るさが変わってはっとする。B教授がスライドを切り替えたのである。Tは、慌ててモニターに目をこらす。しかし、そこには難しい精神医学用語らしいものが並んでいるだけでわけがわからない。それは、次なる闘いの始まりにすぎなかった。
　そういえば、裁判長は、このやり方を「プレゼン先行方式」とか言っていた[1]。「裁判員裁判が始まって、裁判員の皆さんにもわかりやすい法廷にしようと、裁判官たちが話し合って、いろいろな工夫をしました。このプレゼン先行方式もその一つです。これまで専門家の方のお話は、普通の証人と同じように尋問というかたちでお聞きしていたのです。しかし、やはり専門的なお話は、普通の証人の方とは違って、尋問の一問一答でお答えいただくより、その専門家の方に自由にご説明いただいたうえで、補充的に質問をさせていただくほうが、わかりやすいと思います。今回の証人もプレゼン先行方式で行います」。その説明を聞いたときは、「そんなものかな」と漠然と思った程度であった。しかし、少なくとも、この教授でのプレゼン先行方式は、苦痛以外の何ものでもない。考えてみれば、自分は学生時代、一方的に話を聞かされる退屈な講義が嫌で、サボりの常習犯だった。確かに話がおもしろい教授もいた。しかし、そんな教授はどちらかというと少数派だった。残念ながら、今目の前で話しているB教授は、どうみてもその少数派ではない。Tは、B教授で「プレゼン先行方式」を採用した裁判所と、それに同意した弁護人を恨めしく思った。

何が問題か

　一体何が問題だったのであろうか。
　裁判員Tの独白に現れているように、「プレゼン先行方式」に内在する問題点といえるであろう。
　専門家として、その専門分野についての知見、能力に優れていたとしても、その専門家がプレゼンテーション能力に優れているとは限らない。むしろ、専門家としての豊富な知識は、素人に対し、わかりやすく説明することを困

難にしてしまう側面がある。素人には理解できない専門用語をそのまま使って行われるプレゼンテーションがその典型となる。そのようなプレゼンテーションは、そもそも不親切だと言えるが、専門家にとっては、当然の前提となってしまっていることも多く、何が不親切なのかが意識できないことも多いのである。

　それでは、専門家が親切に説明すれば、プレゼンテーションはわかりやすくなるのか。決してそうではない。これは、例としてあげたB教授のプレゼンテーションを見ればわかる。B教授は、被告人の身長、体重や知能検査の数値など、非常に丁寧に説明しようとしている。知能検査の意味についても、「全検査」「言語性」「動作性」等の用語それぞれに、具体的な検査方法も含めて説明している。ところが、そのような丁寧さが仇になって、かえってB教授のプレゼンテーションはわかりにくくなってしまっているのである。専門家の話には、往々にしてこのような特徴が見られる。学問的な正確性を重視して、丁寧に説明しようとする。ところが、聞き手にとって、そのように「丁寧な」説明は、情報過多となり、かえって消化しきれなくなってしまうのである。

　もちろんこのような問題点の指摘に対しては、プレゼン先行方式を推奨する立場からは、プレゼン先行と言っても、事前にカンファレンスを行い、わかりやすく説明してもらうための工夫をするのであるから、そのような問題は回避できるはずだ、との反論がありうるであろう[2]。むしろ、回避できないとすれば事前カンファレンスにおける当事者の努力不足である、と批判の矛先は当事者に向けられることにもなりそうである。実際、事前カンファレンスの工夫によって、一定の回避が可能であることも否定しない。

　しかし、いかにカンファレンスを経るとはいえ、専門家証人のプレゼンテーション能力を見極めることは困難である。また、仮にカンファレンスの中で、証人のプレゼンテーション能力に疑問を感じたとしても、そのことを専門家である証人に対し指摘すること自体困難である。そのような指摘そのものが、専門家のプライドを傷つけ、当事者との信頼関係を損なう危険性がある。仮に指摘できたとしても、証人のプレゼンテーション能力を改善させることは、さらに困難であろう。プレゼンテーションは、その中味だけではなく、話し方のリズムや口調など、いわゆるメリハリが重要である。これらは訓練によって、ある程度習得できるが、少なくとも一朝一夕で獲得できる

ものではない。

　結局、プレゼン先行方式を原則とする限り、証人のプレゼンテーション能力をめぐって、裁判員Ｔが経験した「苦痛」が繰り返されることに疑いの余地はない。もちろん、専門家証人の中に、優れたプレゼンテーションをされる方もおられるであろう。そのような方が、プレゼン先行方式を希望されるのであれば歓迎すべきかもしれない。しかし、そのような事例でもない限り、専門家証人の場合でも、いや、専門家証人であるからこそ、証人尋問を基本とすべきである。

どうすべきなのか

　もっとも、プレゼン先行方式が取られるようになったのは、わが国では専門家証人に対する尋問技術が確立されていなかったことに大きな原因があると思われる。実際、プレゼン先行方式ではなく、交互尋問方式を取ったからと言って、それに見合う技術がなければ、決してわかりやすい尋問にはならない。

　それでは、Ｂ教授に対して主尋問をする場合、弁護人はどうすべきであろう。

　一つの解決策が、尋問の構成である。

　ここで一般の証人における主尋問の構成について考えてみよう。これまでのダイヤモンドルールにおいて、主尋問は、「人物紹介」→「導入」→「舞台設定」→「アクション（動作）」という構成で聞くことを提唱してきた[3]。このような構成の工夫は、専門家証人でも可能である。ただし、前章でも述べたとおり、一般の証人と専門家証人は、そもそも目的が異なる。すなわち、一般の証人は、事件に関連して経験した「事実」を述べる立場である。これに対し、専門家証人は、事件に関する経験を語る立場ではない。事件に関わるなんらかの「データ」を、「専門的な経験則」にあてはめて得られた結果、すなわち「評価（意見）」を述べるのである。そして、専門家証人が述べる「評価」は、「事実」と異なり、それ自体が理解困難な側面を有する。そうである以上、専門家証人の主尋問の構成は、一般の証人の構成と自ずと異なることになる。

　以上を踏まえて、私たちが提唱する専門家証人の尋問の構成は以下のとおりである。

【第15章】先生！　ちょっと待って！

まず第1に、鑑定結果の要約・サマリーである。専門家証人の証言は、そうでなくとも理解しにくい。結論もわからないまま、さまざまな専門用語や難しい理論を聞かされることになれば、その困難さは倍加する。これに対し、あらかじめ結論や鑑定の道筋がわかっていれば、せめてその理解がしやすくなることは明らかである。これは、一般の証人では「導入」に該当すると言えるであろう。専門家証人のわかりやすさを意識して、あえてこの「導入」を冒頭に持ってくるのである。

　第2に、前章で触れたその証人の経歴や経験などである。これらは、専門家としての資格を基礎づけ、事実認定者への信頼を与えることになる。一般の証人では、「人物紹介」に該当する。

　第3が、専門家が鑑定にあたって依拠した専門的経験則とデータである。先に述べたとおり、専門家証人は、自らの持つ専門的経験則に一定のデータを当てはめて、得られる結論を述べることがその目的である。その前提こそが、専門的経験則であり、データということになる。一般の証人でいえば、「舞台設定」に該当する部分とも言えるであろう。専門的経験則もデータも正確なものでなければならないことは当然である。とくにデータを入手した経緯は、反対尋問などで弾劾の対象となりうることを、主尋問者は十分に意識しなければならない。

　第4が、第3で述べたデータを専門的経験則にあてはめ、結論を導く過程である。一般の証人で言えば「アクション（動作）」に該当すると言える。

　このように専門家証人の主尋問は、「サマリー（要約）」→「人物紹介（経歴）」→「専門的経験則とデータ」→「あてはめと結論」という構成で聞くのがわかりやすいであろう。もちろん、このような構成は、プレゼン先行方式を取る場合にも、応用可能である。プレゼン先行方式の場合、専門家証人に対し、プレゼンテーションの組み立てとして提案し、考慮してもらうことが必要である。

改善例

　それでは、B教授の主尋問はどのように改善すべきか。ここでは、冒頭のサマリーを示す部分を見てみよう。

弁護人	証人は、本件でどのようなことをされたのでしょうか。
教　授	Ａさんの精神鑑定を実施しました。
弁護人	鑑定の詳しい手法については、後ほどお尋ねします。まず、その鑑定の結論について簡単に教えてください。
教　授	はい、Ａさんは、本件犯行当時、統合失調症という精神疾患であったと考えられます。ちょうど犯行時に、統合失調症の発症によって、Ａさんには、急激に幻覚妄想状態が現れてきていました。Ａさんにとって、自分の周りの世界自体が激しく変わっていってしまう、という深刻な病的体験に苦しめられていたといえます。
弁護人	Ａさんは深刻な病的体験に苦しめられていたというお話ですが、それがＡさんの犯行にどのような影響を及ぼしたとお考えでしょうか。
教　授	そうですね。Ａさんは、ありありと迫ってくる被害妄想による恐怖感に苦しんでいました。そのような幻覚妄想の影響力は非常に強かったと考えられます。今回の犯行は、Ａさんの元々の人格との間にもきわめて大きな隔たりがあります。私がこれまで多くの患者さんを見てきた経験からみても、犯行当時、Ａさんが、自分の行為が違法であると考える余裕はなかったと思います。また、自分の行為を止める能力があったとは思えません。
弁護人	それでは、そのように先生が判断された経緯について、順にお聞きしていきます。まず、先生のご経歴について確認させていただきます。……

　いかがであろうか。
　このように冒頭に鑑定の結論とその要約が簡潔に示されていれば、後の専門的な話でも安心して聞くことができるのではないだろうか。

　最後に、今回のルールを確認しておこう。

- ・専門家尋問では、構成を意識せよ。
- ・専門家証人の主尋問は、「サマリー（要約）」→「人物紹介（経歴）」→「専門的経験則とデータ」→「あてはめと結論」という構成で聞け。

1 プレゼン先行方式については、司法研修所編『難解な法律概念と裁判員裁判』（法曹会、2009年）45頁で「解説先行型」として紹介されている。
2 司法研修所編・前掲注1書46頁。
3 ダイヤモンドルール研究会ワーキンググループ編著『実践！刑事証人尋問技術』（現代人文社、2009年）195頁。

（秋田真志）

【第16章】
「専門的経験則」と「データ」を示せ!
——専門家証人の主尋問（その3）

そして、再び裁判員法廷

　「大学も出ていない自分に、本当にわかるんだろうか」
　9月×日午後1時30分、○○地裁○号法廷。
　主婦の裁判員Sは、鑑定人尋問という言葉に不安を覚え、昼食もあまりのどを通らなかった。午後は、弁護人請求のB教授の尋問である。
　Sの不安を無視するかのように時間は過ぎ、午後の法廷が再開された。白髪に黒縁のめがね、B教授は温厚そうであるが、その引き締まった表情を見たとき、Sの緊張感はより高まった。
　しかし、Sの不安は、少しずつ和らいでいった。
　手際よい弁護人の尋問から、B教授が鑑定の結果、まず「被告人のAさんは犯行時に、統合失調症の発症によって、深刻な病的体験に苦しめられていたこと、その病的体験に強く支配されてしまった結果であること、Aさんは犯行が悪いことだと考えることができなかったこと、犯行をやめる力もなかったこと」が、簡潔に、そしてわかりやすく述べられた（サマリー）。そして、鑑定人が精神医学の権威であり、本件のような精神鑑定の経験も豊富であることもよくわかった（経歴）。
　「ふーん、自分のまわりの世界が急激に変わってしまうって怖い経験でしょうね。それにしても、B先生の話はわかりやすいわ。これなら、私にも大丈夫かも」
　Sが胸をなで下ろしかけたところで、弁護人のよく通る声が、法廷に響いた。
　「それでは、Aさんの鑑定について具体的に聞いていきます」

「いよいよだわ」
　Ｓは思わず姿勢を正し、少し身を乗り出すようにした。

専門家証人の核心へ

　前章において、専門家証人の主尋問の場合は、「サマリー（要約）」→「人物紹介（経歴）」→「専門的経験則とデータ」→「あてはめと結論」の構成で聞くことを提唱した。そして、前２章では順番は前後したが、このうち、「サマリー（要約）」と「人物紹介（経歴）」の部分についての参考例を示した。
　先の提唱によれば、その次は、「専門的経験則とデータ」→「あてはめと結論」へと続くことになる。いよいよ専門家証人の核心部分である。
　しかし、「専門的経験則とデータ」、「あてはめと結論」と言っただけでは、抽象的である。裁判員Ｓが満足するようなわかりやすい主尋問をするためには、どうすればよいであろうか。

失敗例

　まずよくある失敗例を見よう。次のような尋問をしてしまいがちではないだろうか。

弁護人　　それでは先生の鑑定についてお尋ねしますが、先生がＡさんを統合失調症であると判断された理由はどういったところでしょうか。
Ｂ教授　　そうですね。理由はいくつかありますが、たとえば鑑定の中で心理検査をしています。本鑑定で採用したのは、ロールシャッハ・テスト、バウムテスト、風景構成法といった投影法検査ですが、その心理検査の結果、Ａさんについては「自我境界や自我統制力は一見した以上に脆弱であり、刺激耐性は低く、実際の現実対処能力は著しく弱い」、「慣れ親しんだ自分の枠組みを超えて、外界との接触がきわめて緊迫して迫ってくるような状況においては、現実検討力が著しく破綻し、自我境界を失って、非現実的にインフレートしてしまったり、統制できない内的衝動の高まりを外界

からの脅威や不安感として体験したりする可能性」といったことが指摘されています。このような心理検査の結果は、統合失調症を強く示唆するものと言えます。

　このような尋問が失敗であることに多言は要しないであろう。B教授は一生懸命説明しようとしているが、その結果かえって素人にはわかりにくいものとなってしまっているといえるであろう。
　まず、前章のプレゼン先行方式で指摘したのと同じ問題が含まれている。「統合失調症であると判断された理由はどういったところでしょうか」という質問が「オープン過ぎる」のである。その結果、B教授は、統合失調症と判断した根拠の1つである心理検査だけをまず取り上げ、その1つのポイントについて詳細な説明を始めてしまった。実際には、通説的な理解を前提とする限り、統合失調症であると診断する根拠は1つではない。いくつかの検査や問診等によって得た情報を、いくつかある診断基準にあてはめてはじめて、確定診断に至る。そのような診断方法の全体像がわからない素人に、一部だけを詳しく説明されても何のことかわからなくなってしまう。
　さらに問題点を掘り下げてみよう。実は、「統合失調症であると判断された理由はどういったところでしょうか」という質問の中には、前提としてさまざまな要素が含まれている。「統合失調症とは何か」、「統合失調症の診断基準は何か」、「診断基準にあてはめるデータは何か」、「そのデータはどうやって得られるのか」、「実際に本件ではどうやって得たのか」などである。これらの前提を意識しないままに、漠然とオープンな質問をしてしまったことが、混乱を招いたといえるのである。

改善策

　それでは、どのように改善すべきか。
　尋問者において、以上で述べた「前提」を整理したうえで、尋問の構成を考えることである。その整理の基礎となるのが、ルールとして述べた「専門的経験則」と、その経験則にあてはめるべき「データ」である。とにかく、専門家証人は、その専門的経験則にデータをあてはめて、その結論を報告するのがその役割である。そうである以上、「専門的経験則」と「データ」が混同し

ないように、それぞれ個別に聞いていくことがひとつの解決策になる。
　たとえば、Ｂ教授に対する尋問の場合、以下のような内容が考えられるであろう。
　まず、「専門的経験則」である。

　　「統合失調症はどのような症状がでる病気なのでしょうか」
　　「統合失調症の診断はどのようにするのでしょうか」
　　「統合失調症の診断基準としてはどのようなものがあるのでしょうか」

などの質問が、専門的経験則に関する質問にあたる。ここでも重要なのは、常に聞き手に全体像がわかるように整理しながら、尋問を進めることである。たとえば「統合失調症の症状」と漠然と問えば、妄想や幻聴など多種多様なものが挙げられるが、これを羅列しても、素人は混乱するばかりである。しかし、その症状は、「陽性症状」と「陰性症状」の２つに大別することができる、という知識が与えられれば、聞く側も頭を整理しながら聞きやすくなる。
　次に、「データ」である。Ｂ教授の尋問との関係からいえば、要は鑑定人であるＢ教授がＡさんに関するデータをどのように入手したのかが、重要である。たとえば以下のような尋問になるであろう。

　　「鑑定にあたって、どのような資料を入手されましたか」
　　「どのような検査をされましたか」
　　「誰を問診されましたか」
　　「Ａさん自身に対する問診は何回されましたか」
　　「１回の問診にはどれくらい時間をかけましたか」

　このように、鑑定の前提となるデータが適切かつ正確に採取されていることを説明することが、鑑定の信頼性を高めるために重要であることはいうまでもない。
　ここで注意しなければならないのは、「専門的経験則」についても、「データ」についても、専門的な正確さを求めるあまり、細部にこだわらないことである。素人にわかりやすくするためには、細部を捨て、鑑定の結論を導く

にあたり必要な限度でのみ、証言を求めることが必要である。また、専門的な用語はできるだけ平易な言葉に言い換えるなどの工夫も必要である。

　以上のような個別的な尋問によって、「専門的経験則」、「データ」をそれぞれ浮き彫りにしたうえで、いよいよその「データ」を「専門的経験則」に「あてはめ」、鑑定の「結論」を明らかにすることになる。これを「あてはめ」と「結論」を明確に示すことこそが、専門家証人の「アクション」であって、最重要の要素である。

　B教授の尋問例を見てみよう。

弁護人	Aさんの場合、事件当時どのような状態だったのでしょうか。
B教授	Aさんは、ずたずたに引き裂かれて殺されてしまう、という荒唐無稽な被害妄想の中にいました。
弁護人	なぜそのような状態になったのでしょうか。
B教授	Aさんの症状は、国際的な統合失調症の診断基準にあてはまり、統合失調症を発症したからだと言えます。とくにAさんの場合、事件の直前に統合失調症を発症していることが明らかです。
弁護人	事件の直前に統合失調症を発症したというのは、本件事件にとってどのような意味を持つのでしょうか。
B教授	Aさんにとって、突然生じるようになった妄想によって、まわりの世界がどんどん変わっていく状態です。それは通常の人には簡単に理解できない激しい恐怖だったはずです。ありありと迫ってくる被害妄想による恐怖感と切迫感の中で、本件は衝動的に実行に移されたといって間違いないといえます。

　どうであろうか。
　「専門的経験則」や「データ」が整理して語られていたことによって、「あてはめ」「結論」もわかりやすく、かつ、迫力を持って語られたといえるのではないだろうか。

　最後に、今回のルールを確認しておこう。

　　・「専門的経験則」と「データ」を個別に整理して聞け。

【第16章】「専門的経験則」と「データ」を示せ！

- 尋問の全体像がわかるように工夫せよ。
- 専門的な細部にこだわるな。
- 「あてはめ」と「結論」を明確に示せ。

（秋田真志）

【コラム】
「身に覚え」ってどういう意味？
——要通訳事件の尋問基本テクニック

はじめに——通訳の難しさ

　今回のあなたの依頼者は、外国人である。日本語はまったく話せない。当然要通訳事件である。被告人は、強盗致傷事件を起こしたとして起訴されたが、犯人性を争う全面否認である。
　その被告人質問の冒頭、こんな問いから始める人もいるのではないだろうか。

弁護人　　あなたは、強盗して人に怪我をさせたとして起訴されていますが、身に覚えはありますか。

　実際の法廷でもありがちな質問のようにも思える。仮に被告人が日本語ネイティブであれば、この質問で問題は生じないであろう（主質問であるにもかかわらず誘導尋問になっていることはひとまず措く）[1]。しかし、要通訳事件において、このような質問は、通訳人にとっては迷惑このうえないという[2]。なぜかおわかりになるだろうか。
　この質問の最大の問題は、「身に覚え」である。刑事の否認事件では「身に覚えがない」という表現が常套句のように使われるが、よく考えると、「身」が「覚えたり」「覚えなかったり」するわけではない。非常に訳しにくい表現である。「身に覚えがない」というのは、日本語ネイティブにはごく普通の表現に思えるが、一種のレトリック（修辞）なのである。しかも、実際にはその意味するところは決して明確ではない。強盗致傷の犯人性を否認するような場合に、「身に覚えがない」と言えば、強い否認を意味することが多いであろう。つまり、単に「脳の記憶にない」だけではなく、「体（身）そのものが一切覚えていない」＝「絶対ありえない」というニュアンスである。これに対し、薬物使用の尿反応があり起訴された被告人が「身に覚えがない」と述べた場

合はどうであろうか。その場合だと「思い当たるところはない」という故意否認の意味にも思えてくる。より弱く単に「覚えていない」という弁解にしか聞こえない場合もあろう。このように「身に覚えがない」という日本語は、決して一義的ではない。通訳人はその翻訳に困らざるをえないのである。

　このようなちょっとした一例を見ても、通訳の難しさを感じることができるであろう。しかし残念ながら、多くの弁護士は通訳の難しさを十分に理解することなく、尋問にあたっているように思われる。言うまでもなく、刑事事件の証人尋問において、通訳が正確に行われることは、極めて重要である。誤訳は事実認定や量刑を左右しうるし、被告人の理解や納得にも影響を与えうる。国際社会の到来で、否応なく要通訳事件の弁護を担当する機会が増えているのであるから、弁護人も要通訳事件の尋問テクニックに精通する必要がある。

　そこで本章外コラムとして、要通訳事件の尋問におけるダイヤモンドルールを検討しよう。もっとも、要通訳事件で生起しうる問題はあまりに多い。問題は、使われる言語によっても異なる。それらの問題点を網羅しようとすれば、１冊の本でも間に合わないであろう。あくまで一般的な問題提起とその対策にとどまることは、ご了解願いたい。

何が問題か──日本語のクセや文化を知ろう

　話を「身に覚えがない」に戻そう。先にも述べたとおり、この日本語は実はレトリックであり、多義的といえることが問題であった。そのような多義的な表現は、刑事事件で常套句となっているさまざまな用語の中にも非常に多い。

　たとえば、司法通訳の方が難訳語として挙げられたのは「もてあそぶ」である。わいせつ事件などでよく使われるが、確かにそのニュアンスを説明せよと言われれば難しい。しかも、通訳の方によれば、「もてあそぶ」は目的語が「体」のこともあれば、「気持ち」の場合もあるから厄介だという。実際に体を触ったという意味なのか、単に気持ちを「もてあそんだ」のかではまったく意味が異なってくる。ところが、後にも触れるが、日本人は会話の中で主語や目的語などを省略することが多い。聞き手による補充を期待し、すべてを言い切らないのである。しかし、通訳はそれでは困る。

同じように「面倒を見る」というのも訳しにくいという。確かに「面倒」とは何か、と聞かれると説明は簡単ではない。経済的に援助するという意味もありうるだろうし、精神的な支えになることにとどまるかもしれない。男女の仲になったことを意味することもありうる。
　一体何が問題なのだろうか。私たちは多義的な表現をそうだと意識しないままに使っていることが多いのである。とくにインテリは婉曲表現をついつい使ってしまいがちである。要通訳事件では、そのような表現が通訳泣かせであることをとくに意識しなければならない。
　それ以外にも、要通訳事件では、気をつけるべき表現は多い。もう一度、冒頭に挙げた質問を見てみよう。

弁護人　　あなたは、強盗して人に怪我をさせたとして起訴されていますが、身に覚えはありますか。

　よく見ると、これは1つの質問の中に、複数の内容が含まれた複文である。具体的には、①「強盗したこと」、②「人に怪我をさせたこと」、③「起訴されたこと」という少なくとも3つの事実が提示されたうえで、身に覚えがあるかどうかを尋ねている。厳密に言えば、①②③の事実、いずれについて尋ねたのかは曖昧である。しかも、③の「起訴されたこと」は受け身の形となっているため、行為の主体が隠れてしまっている。法律家であれば、「起訴」という行為をしたのは、検察官であることがすぐにわかる。しかし、法律の素人である被告人に理解できるとは限らない。それ以前に通訳人にとっても、わからないかもしれない。このような受け身形による主体の省略は、誤解を招くかもしれないのである。
　さらに続けて、弁護人が次のような質問をしたとしよう。

弁護人　　あなたは、事件のあった時間に、現場にいなかったのではないですか。

　「現場存在」を否認させようとする質問である。犯人性否認の事件では、ありがちな質問ではないだろうか。しかしこれも通訳泣かせである。「いなかったのではない」という二重否定が用いられているうえ、疑問文となっている

【コラム】「身に覚え」ってどういう意味？

からである。日本語は、述語が文の最後に来るうえ、疑問形か否かも語尾を聞かないとわからない。そうでなくても、一言も聞き漏らさないでおこうと必死になっている通訳人が、文の最後に突然二重否定を突きつけられると、相当混乱するようである。実際、通訳人経験者に、二重否定文の翻訳テストをしてみたところ、ベテランでも誤訳してしまう率が高かったという[3]。

　このように、私たちは知らず知らずのうちに通訳泣かせの表現を用いてしまうことが多い。それは述語が最後に来るなどの日本語そのものの特性が影響している部分もある。しかし、日本語の特性の問題だけとはいえない。表現にはその言語が持つ文化も大きく作用するからである。たとえば、日本人は、一般に断定を好まず、曖昧な物言いをしがちである。そのために、婉曲表現や二重否定を使うことが多い。また、主語などを省略する言い方も多い。「察しの文化」[4]などともいわれるが、聞き手が話し手の意図を察知して理解することが期待されるのである。

　さらに通訳という行為に内在する問題もある。通訳は、自動販売機のようにコインを入れてボタンを押せば商品が出てくる、というような単純なものではない。「直訳」という言葉があるが、「直訳」が誤りの元になる危険性もある。言語における用語とその訳語は決して一対一対応ではないからである。たとえば、英語の"head"という単語を直訳せよと言われれば、多くの日本人は「頭」と答えるであろう。多くの場合、それで問題は生じない。しかし、厳密に言えば、"head"は首より上の部分を指すから、「顔も含む頭部」が正しい訳である。したがって、場合によっては「頭」という直訳は誤解を招くかもしれない。つまり、適正な通訳の背景には、通訳人による文脈の解釈と訳語の選択という高度な作業が不可欠なのである。しかし、他方でそのような解釈や選択作業には常に誤りが混入する危険を伴っている。刑事事件の場合、その誤りが被告人の人生を左右しかねないのであるから、深刻である。

処方箋——要通訳事件ではどのような配慮が必要か

　要通訳事件でのさまざまなリスクについて述べてきたが、それでは弁護人としてはどうすればよいのであろうか。以上に述べてきたことから、いくつかの処方箋を見出すことができるであろう。

　まず、多義的な言葉、とくに婉曲表現を用いない。訳しやすいように、一文

は短くする。無駄な表現はできるだけ避けるべきである。よく質問の前に、あれこれ前置きをする弁護人が見受けられるが、タブーである。短くする一方で、主語や目的語などを省略してはならない。必要かつ十分な言葉で、短く聞くことを心がけるべきである。二重否定は肯定文に置き換える。

そのような基本に則れば、先の被告人質問は次のように言い換えるべきだったことになる（ここでは誘導の当否は別とする）[5]。

・あなたは、人を殴ってお金をとりましたか[6]。
・あなたは、人に怪我をさせましたか。
・あなたは、〇月〇日〇時頃、××にいましたか。

もとの質問にあった「あなたは、強盗して人に怪我をさせたとして起訴されていますが」などというのは無用な前置きである。とにかく「シンプルに」「より短く」と心がけるべきことになる。考えてみれば、これらは要通訳事件に限らない尋問の基本テクニックである。要通訳事件の場合は、この基本をより徹底すべきなのである。

それ以外の配慮——通訳人とコミュニケーションをとろう

それ以外にも、要通訳事件の尋問において、弁護人が配慮すべきことは多い。

最近通訳人から弁護人に対しよく出される要望は、できるだけ事前に接見に同行させてほしいというものである。かつては、法廷通訳人は弁護人の接見通訳を兼ねることが多く、通訳人のこの希望は充足されることが多かった。これに対し、被疑者国選が一般的になってからは、起訴前弁護の際の接見に同行した通訳人とは別の通訳人が法廷通訳人として裁判所によって選任されることが多くなった。その結果、法廷通訳人は、弁護人の接見に同行する機会が減ってしまったのである。

確かに、接見に同行した通訳人がそのまま法廷通訳人となることについては、通訳の中立性や秘密交通権の保障の兼ね合いからも問題が多い。

しかし、筆者は、可能な限り通訳人のこの希望は容れてあげるべきであると考えている。先にも述べたとおり、通訳は自動販売機ではない。言語の背

景には文化がある。またどのような人にも、その言語の使い方、表現にはその人なりのクセがある。あらかじめそのような文化やクセを知ることが、正確な通訳の前提である。

　その他にも、通訳人から事前準備に協力を求められることがある。実際、政府間協議や一流企業の会議通訳を務める最上級の通訳人は、その会議の前に徹底して会議に関連する情報を収集して準備する。彼らにいわせれば、通訳の成功の鍵の80％は事前準備だという。そうである以上、通訳人のためにできるだけ準備の機会を持つべきであろう。弁護人としても、あらかじめ通訳人とコミュニケーションをとることによって、通訳人の性格などを知ることができるほか、当該言語の特徴や通訳の難しさも知る機会となる。尋問において、その言語で訳しやすい表現を使うことにもつながるであろう。

　もちろん、秘密交通権の重要性について十分な理解がないなど、当該通訳人が信頼できないような場合には接見の同行は論外である。しかし、仮にそのような通訳人であれば、裁判所に解任を求めるべきことになる。正確な通訳こそが依頼者の権利を守ることを重視すべきであろう。

　また、通訳人の負担に対する配慮も不可欠である。いかに語学の天才であっても、2つの言語の世界を行き来することによる負担には、すさまじいものがある。一流通訳でも、同時通訳は20分しか続かないという。そうである以上、通訳の負担をできるだけ減らす工夫が必要である。たとえば、反対尋問の3Cテクニック[7]では、コンフロント（対面）の際に調書の一部を読み上げて弾劾することになる。その場合あらかじめ通訳人用にも調書の写しを用意しておき、朗読箇所をマーカーで明らかにしておくことが望ましい。これをその場で通訳人に渡せば、通訳人はメモの負担から解放されたうえ、正確な訳が可能となるであろう。

　なお、とくに反対尋問との関係では、通訳のタイミングも意識する必要がある。たとえば日本人証人を反対尋問で弾劾する場合、弁護人の尋問→通訳→証人の答えという順序になると、証人は通訳の時間に弁解を考える時間的余裕ができてしまうことになる。尋問に対し先に答えさせたうえで、問いと答えをまとめて通訳するという工夫が必要である。あらかじめそのような通訳順序とすべきことを、裁判所、当事者と通訳人との間で確認しておくべきである。

今回のルールをまとめておこう。

- 要通訳事件では多義的な単語を避けよ。
- レトリック、婉曲表現、曖昧表現を避けろ。
- 二重否定を使うな。
- 前置きは削り、短く問え。
- 省略はするな。
- 通訳人の準備に配慮せよ。
- 通訳人の負担に配慮せよ。
- 通訳のタイミングを事前に確認せよ。

1　主尋（質）問では、誘導を避け、オープンな問いを心がけるべきことについて、ダイヤモンドルール研究会ワーキンググループ編著『実践！刑事証人尋問技術——事例から学ぶ尋問のダイヤモンドルール』（現代人文社、2009年）180頁以下参照。本稿では、通訳の問題に焦点を当てるため、誘導の当否については触れない。
2　本稿執筆にあたって、主に大阪で韓国語の司法通訳をされている丁海玉さんに取材をさせていただいた。丁さんからは、通訳事件における多くの問題とともに、貴重なアドバイスをいただいた。この場を借りて、あらためて御礼を申し上げたい。なお、丁海玉『法廷通訳人——裁判所で日本語と韓国語のあいだを行き来する』（港の人、2015年）は、必読の書である。
3　2015年12月8日に日弁連で開催されたシンポジウム「法廷通訳と弁護技術——スキルアップのための研修会」における報告。同旨、水野真木子＝渡辺修『法廷通訳人の倫理——アメリカの倫理規定に学ぶ』（松柏社、2015年）40頁以下。
4　山本七平『空気の研究』（文藝春秋、1977年）。
5　ダイヤモンドルール研究会・前掲注1書参照。
6　「強盗」という表現は、言語によってさまざまであり、注意が必要である。ただし、言い換えで用いた「お金をとる」という表現が適当かどうかは、事件の内容や言語によって変わりうるであろう。事件のキーワードについては、事前に通訳人と表現について打ち合わせておくのが、好ましいといえる。
7　3Cテクニックについては、ダイヤモンドルール研究会・前掲注1書41頁。

（秋田真志）

専門家証人反対尋問編
専門家を尋問する秘訣を知ろう！

【第17章】
先生！　本当ですか？
――専門家証人の反対尋問のコツ（その１）

問題提起――専門家証人の反対尋問にルールはあるか

　反対尋問は難しい。しかも、反対尋問をしなければならない証人が専門家証人だったりすると、なおのこと難しい。しかし、ときとして刑事弁護人はこの困難な課題に取り組まなければならない。最近は、刑事裁判の中で、科学的証拠が重視されることが多く、今後専門家証人の反対尋問をする頻度もさらに増えるであろう。当然のことながら、一口に専門家といっても、その分野は多岐にわたる。刑事事件に関わりそうな主なものをピックアップしただけでも、化学（薬物等）、法医学、精神医学、DNA、指紋、筆跡、足跡、工学（交通事故）などがある。これら多岐にわたりうる専門家証人について、共通の反対尋問のルールなど見出すことができるのであろうか。

　実際の事件をモデルとして、具体的な事例に基づいて検討してみよう。

事例設定

　問題となったのは、ある傷害致死事件である。事件は、ある病院の重症患者ばかり集めた病室で発生した。被害者は、認知症を患い暴れるなどの症状が出ていたため、鎮静剤を投与されたうえ車椅子にシーツ片で結束されていた。その被害者が、突然車椅子ごと燃え始めたのである。炎は、火災報知器に気づいて数分後に駆けつけた守衛の消火活動によって消し止められたが、被害者は全身火傷を負い、数日後に亡くなってしまった。実況見分の結果、車椅子を結束していたシーツ片が出火元であることが判明したが、車椅子の周囲には火の気はなく、何者かが故意に火をつけたとしか考えられない状況であった。

　事件から約半年後、同じ病院の入院患者のAさんが、傷害致死の疑いで逮

捕され、起訴された。Aさんは、火災の直前、飲酒をめぐって病院関係者とトラブルになっていた。しかも、事件直前に用もないはずなのに、Aさんが被害者の病室に入室するのを目撃したとの証人が現れたのである。

　Aさんは全面的に否認した。被害者の病室に入ったこともなければ、被害者に火をつける動機もまったくないという。弁護人は、被害者と同室のBさんに注目した。Bさんは、認知症患者である。出火直後、被害者にやかんの水をかけて消火しようとしていたことが確認されている。認知の問題から、Bさんが何らかの理由で被害者に火をつけた可能性を考えたのである。捜査機関も、Bさんを無視していたわけではない。認知症専門のX医師から次のような見解を得ていた。

　「アルツハイマー型認知症患者の特徴は、古い記憶はよく保たれる一方、新しいことを覚えられないという記憶障害である。そのため中等度ないし高度の患者は、目の前の状況に対して古い記憶に基づく知識で対処する。記憶障害発症後の経験が活かされ、行動パターンが変わるということはほとんどない。

　Bさんのカルテや脳のMRI画像、ケース記録等から見る限り、Bさんはアルツハイマー型認知症であり、中等度ないし高度である。Bさんが、何らかの理由で被害者に火をつけようと判断したとしても、中高度の認知症患者であるBさんには、その思いが持続しないはずである。仮にBさんが火をつけたとすれば、古い記憶に基づく知識で対処したことになるが、Bさんには、記録上タバコ以外の物に火をつけるなどの問題行動は認められていない。もしそのような行動習性があるのなら、今までも同じような行動が繰り返されていたはずである。逆にBさんが、やかんの水で消火活動をしようとしたことについては、火に対してやかんの水で消すという過去の知識に基づいた反射的な行動として合理的に説明できる。

　以上からすれば、Bさんが、被害者に火をつけた可能性は極めて低い」（筆者注：以上のX医師の見解は、実際の事件で示された医師の見解を参考にしているが、専門家証人の反対尋問を考える資料とするため、大幅に省略・要約している。医学的な説明としては厳密ではないことに留意されたい）。

　以上のような専門家の意見に対し、弁護人として、どのような反対尋問をすべきであろうか。

【第17章】先生！　本当ですか？

失敗例

　専門家証人に対する反対尋問の失敗例の典型は、以下のようなものであろう。

弁護人　先生は、認知症患者の方は古い記憶に基づく知識で対処すると説明されましたね。

証　人　すべての認知症患者が常にそうだと説明したわけではありません。当然、認知症患者の症状もさまざまです。もっとも、中高度の認知症の方の場合は、新しいことが覚えられなくなってしまいますから、古い記憶に基づく行動パターンをとることになるのです。

弁護人　わかりました。認知症の方が思わぬものに火をつけて、火事となってしまうという例はよくあるのではないでしょうか。

証　人　思わぬものというのがよくわかりませんが、認知症の方の失火は多くの場合、火をつけてしまったことを忘れてしまうことによって起こります。また、仮に中高度の認知症の方が何かに火をつけたとすれば、それは過去の何らかの記憶に基づく行動によりますから、その人にとっては思わぬものではありません。

弁護人　いや、患者にとっては思わぬものでなかったとしても、まわりの人にとっては、思わぬものに火をつけるということがありうるのではないでしょうか。

証　人　ですから、認知症患者の方は、古い記憶に基づく知識で対処したことになります。仮に患者さんが何かに火をつけたとすれば、過去の行動習性によるものですから、その行動パターンがその人の生活に現れるはずなのです。Bさんには、事件前も事件後もタバコ以外のものに火をつける行動パターンは認められませんよね。この事件のときだけ、車椅子に火をつけるということの合理的な説明がつかないのです。

弁護人　そうですか。でも、Bさんはタバコの火はつけているのですから、少なくとも、火をつけようという判断はしていますよね。たとえば車椅子のシーツ片を焼き切ろうと思って火をつける可能性はあ

証　人　　まず、喫煙のためにタバコに火をつける行動は、人間の記憶のうち手続記憶といわれるものです。認知症の方は、手続記憶が比較的よく保たれるのが特徴です。ですから、タバコに火をつける行為と、車椅子に火をつける行為はまったく別物と考えるべきです。また、シーツ片を焼き切ろうと思った可能性という話ですが、そう思った動機が問題になります。中高等度の認知症の方は、他人に対し無関心ですから、仮にそのような思いを持ったとしても、その思いが持続しないと思われます。ですから、本件でＢさんが火をつけたとは考えられません。

弁護人　　……。

　この反対尋問はどうであろうか。もちろん失敗である。いったい何が問題だったのであろう。すぐにわかるのは、証人の専門領域の中で尋問を組み立ててしまっていることである。その結果、「中高度の認知症患者の場合、新しいことが覚えられなくなり、古い記憶に基づく行動パターンをとることになる」という専門的経験則を追認し、Ｂさんの行動習性に見られないタバコ以外のものに火をつけるという可能性が低いという供述の根幹を固める結果となっている。さらには「手続記憶」「思考の持続時間の短さ」といった専門用語、専門的経験則を引き出し、結果として弁護士として太刀打ちできない状況に追い込まれている。

　このように専門家の反対尋問において、その専門領域で勝負するのは危険である。専門家の知識・経験・経験則は、素人が予想しているよりはるかに広く、深いことが多い。最近では、インターネットで専門的な分野についても解説や情報に触れることが容易になってきているのは事実である。しかし、インターネット等で言語化されている情報（形式知）は、実際の専門知識からすれば、極めて表面的なものにとどまっていることが多い。言語化されないまま経験等で専門家に蓄積されている知識・情報（暗黙知）は奥深いものである。素人の弁護士が反対尋問で安易にその領域に斬り込もうとすれば、返り討ちにあっても当然である。実際、アメリカの法廷技術の教科書には、専門家証人に対し、反対尋問で対抗しようとするな、自らの主張を裏づける専門家を探せと説くものもある[1]。基本はそのとおりであろう。とくに、まず

協力してもらえる専門家を探す努力をすべきことは、弁護人として最低限の責務であろう。

改善例

　それでは、専門家証人に対する反対尋問はどうすべきなのか。改善例を見よう。

弁護人	先生は事件のあった甲乙病院に行かれたことはありますか。
証　人	ありません。
弁護人	先生は、Bさんに会われたことはありますか。
証　人	いえ、ありません。
弁護人	医師が病状を判断するためには、患者と直接会うのが原則ではないでしょうか。
証　人	それはそうです。
弁護人	とくに精神疾患の鑑別は、患者に直接会わなければできないのではないでしょうか。
証　人	厳密にはそうですが、カルテ等を見れば一定の推測はできます。
弁護人	先生のご証言は、中高度の認知症の方は、これまで見られなかったような新たな行動パターンは見られないというご趣旨でしょうか？
証　人	見られない、というわけではないですが、少ないだろう、ということです。
弁護人	先生は、Bさんが事件の前日にオムツを頭に被っていたという事実は把握されているでしょうか。
証　人	カルテに書いてあったように思いますが、はっきりしませんね。
弁護人	Bさんが入院して1カ月後のカルテに初めて、そのような行動の記載が出てきているのはご存じでしょうか。
証　人	明確な記憶はありませんが、そうだったような気がします。
弁護人	事件後、甲乙病院で、患者さんは全員ライターを取り上げられたことをご存じですか。
証　人	それはそうされるでしょうね。

弁護人	それ以降に、Bさんがものに火をつける行動がないのは当然ですね。
証　人	まあ、そうですね。
弁護人	中高度の認知症の方は、思いが持続しないと証言されましたね。
証　人	そうですね。Bさんが車椅子に放火したとなると、何らかの動機が持続しなければなりませんが、そのような動機の持続は難しいと思います。
弁護人	Bさんの消火活動はご存じですね。
証　人	はい。それは火を見たことによる反射的な判断による行為だと説明できます。
弁護人	Bさんは湯沸かし室にやかんを取りに行って消火をしたことをご存じですか。
証　人	いや、その詳細な消火活動は知りません。
弁護人	湯沸かし室は火災現場の303号室から建物の対角の位置にあることをご存じですか。
証　人	知りません。
弁護人	距離として、往復約70メートルあるのをご存じでしたか。
証　人	知りません。
弁護人	Bさんは、303号室から出て湯沸かし室まで行ったことをご存じですか。
証　人	……知りません。
弁護人	湯沸かし室でやかんを手に取り、303号室に戻ったことをご存じですか。
証　人	……そうなんですかね。
弁護人	ご存じですか。
証　人	……知りません。
弁護人	303号室に戻ってから、車椅子に水をかけたということをご存じですか。
証　人	やかんで水をかけた、とは聞いています。
弁護人	Bさんは、やかんを取りに行き、水をかけるまでの間、火を消そうという思いが持続していたのではないですか。
証　人	……持続していたんでしょうね。

いかがであろうか。この反対尋問によって、X医師は、実は、Bさん自身と会ったこともなく、Bさんの具体的な症状についても知らないことが明らかになった。また、現場の状況やBさんのした消火活動についての知識もなかったことが明らかになった。このような基本情報を知らないことを露呈したことによって、X医師の証言の価値は、大きく減殺されたといえる。そして、「Bさんが犯人であれば、他にも火をつける行動が見られるはずだ」、「中高度の認知症であれば思いが持続しないはずだ」という証言の根幹部分も大きく揺らいだのではないだろうか。

　この尋問は、先の失敗例とどこが違うのだろうか。改善例では、X医師の専門領域では勝負しようとしていない。その代わり、具体的な事実を指摘することのみで証人の弾劾に成功しているのである。ここで、専門家証人の主尋問のダイヤモンドルールを思い出してほしい[2]。専門家証人の主尋問では、「専門家証人は、専門的経験則にデータをあてはめた評価（意見）を述べることを意識せよ」、「専門家証人の……『鑑定の前提条件（データ）』を重視せよ」というルールを挙げた。ここでのポイントは「専門的経験則」と、それに当てはめる「データ」である。主尋問のポイントがこれらの点にある以上、主尋問を弾劾する反対尋問においても、「専門的経験則」と「データ」がそのポイントになりうる。しかし、先にも述べたとおり、一介の弁護士が、専門家に対し、その専門領域で対抗するのは危険である。そうである以上、弁護人の狙い目は、必然的に経験則より「データ」となる。実際、どんなに科学的に揺らぎのない専門的経験則があるとしても、それに当てはめるデータが誤っていれば、そこからくる評価も誤らざるをえない。弁護人としては、専門家証人が基礎としたデータに問題がないかを徹底的に吟味すべきなのである。

　これをX医師についても考えてみよう。X医師は、認知症については高度に専門的な経験則を有していたであろうが、その専門的経験則を当てはめるべきBさんに関する事実、さらには本件出火について、きわめて不完全なデータしか持ち合わせていなかった。具体的には、Bさんの日常の行動パターンについて知らないし、「新たな行動」（たとえば頭にオムツを被る）についての情報も持っていなかった。Bさんの消火行動についても、その現場についての情報を持たなかった。さらに事後的なライターの使用禁止（以後は火をつける行動パターンが観察されるはずがない）も知らなかった。これでは正確な評価ができるはずがない。弁護人は、そのようなデータの不適切さを突いた

のである。ちなみに、弁護人も触れているとおり、精神医学の世界では、何らかの診断を下すためには、患者との直接面接が必須とされている。

　ちなみにモデルになった事件では、Aさんは無罪となった。無罪の理由はAさんにアリバイを認めたことであったため、判決ではBさんが火をつけた可能性やX医師の証言の信用性について触れられることはなかった。しかし、その判断の背景には、火をつけた人物が別にいる可能性が考慮されたことは間違いないであろう。

　専門家証人の反対尋問についてのルールをまとめておこう。

- ・協力してくれる専門家を探せ。
- ・専門的経験則で対抗しようとするな。
- ・専門家があてはめたデータを吟味せよ。
- ・データの不十分さを突け。

1　Devid J. F. Gross, Charles F. Webber, "The Power Trial Method", p.162-163, NITA(2003).
2　本書第14章。

（秋田真志）

【第18章】
先生、調べましたっけ？
欠落を突け！
──専門家証人の反対尋問のコツ（その２）

前章に引き続き、専門家証人に対する反対尋問を考えてみよう。前章と別事件であるが、同様に認知症の診断をめぐる専門家証人の尋問例である。

事案の概要

事案は、ある横領事件である。

Aさん（56歳）は、隣家に引っ越してきたB子さん（80歳）と親しくなった。B子さんは、同居していた長男と折り合いが悪くなり、一人暮らしを始めたのである。その後、AさんはB子さんの面倒を日常的に見るようになった。長男に不信感を抱いていたB子さんは、親切なAさんを信頼し、預金通帳や銀行印を預けた。ところが、Aさんは自分の会社経営の資金繰りに行き詰まってしまった。困ったAさんは、B子さんの承諾の下、その口座から1000万円を引き出し、運転資金に使った。

1000万円の引き出しから約4カ月後、それまでB子さんの面倒を見たことがなかった次男がB子さんを引き取ることになり、C医師の診察を受けさせた。その1カ月後（引き出しより約5カ月後）、C医師は、B子さんを中程度の認知症であり、その症状は数年前から出ていたはずだと診断した。この診断を受けて次男は、B子さんの保佐を申し立てた。その申立の過程で、Aさんによる1000万円の引き出しを知った次男は、それが無断引き出しだったとして、Aさんを刑事告訴したのである。

検察官は、この告訴を受けて、Aさんを横領罪で起訴した。公訴事実の概要は、「被告人は、B子所有の預金口座の通帳及び届出印を管理・占有し、同女のため同預金を預かり保管していたものであるが、B子が老年期認知症の

ためその事理弁識能力が著しく不十分であることを知ったことから、ほしいままに同女の口座から現金1000万円を出金し、もって、これを横領した」というものである。

　起訴の決め手となったのは、C医師の診断である。これに対しAさんは、1000万円の引き出しにあたって、B子さんの承諾を得ていたとして、無罪を主張した。このため、引き出し時のB子さんの事理弁識能力が最大の争点となったのである。

C医師の供述

　C医師の検察官に対する供述は、以下のようなものであった。

　私が初めてB子さんを診たとき、次男の方が連れてこられました。次男さんの話では、B子さんは、長男夫婦と離れて一人暮らしをしていたのですが、次男さんが引き取ることになったということでした。B子さんの様子を診ますと、歩くときの歩幅が異常に小さく、とくに左下に強い筋強剛が見られました。また、振戦、つまり、細かい震えも出ていました。顔には表情はなく、仮面様顔貌を呈していました。こうした症状は、パーキンソン症候群の典型的な症状でした。
　頭部CTを撮りました。すると、側脳室、つまり脳の中の左右にある空間が通常時よりも拡大しており、皮質と基底核の萎縮が認められ、左側頭葉に小さな脳梗塞巣が見られました。これらの脳梗塞は、小規模なものですぐに倒れるようなものではありませんでしたが、簡単に言うとB子さんの脳の血管は、あちらこちらで流れが悪くなっていたのです。私は、CTの結果から、B子さんにパーキンソン症候群とともに認知症の疑いがあると思い、カルテに「脳血管性認知症の疑い」と記載しました。抗パーキンソン剤を処方しました。その後、B子さんは1週間おきに通院されましたが、パーキンソン病の症状は明らかに改善していきました。
　B子さんが、約1カ月後に来院されたときには、一緒に来院した次男さんが、最近B子さんが大小便を失禁するようになって、家の中でトイレの位置を間違えると話してきました。こうした症状は、認知症に見られる見当識障害のひとつで、時間や場所など、自分が置かれている立場がわから

なくなったり、人を区別することが困難になる症状です。認知症として中程度と言えます。この症状を受けて、私はカルテに傷病名として、はっきり「脳血管性認知症」と記載しました。

　私が診察するまでは、頭部CT以外には顕著な認知症の症状は見られませんでしたが、このころに初めてB子さんが認知症になったということではありません。慣れないところで生活を始めれば、最初は緊張して気をつけていますから、トイレを間違えたりすることはありませんし、まわりの人も気を遣って、「おばあちゃん、トイレは？」などと声をかけたりしているので、認知症の症状が見られないのです。それが、引っ越してからしばらく経って緊張が解け、認知症の症状がわかりやすく出てくるようになったのだと考えられます。また、家族も同居して様子を見ているので、そうした変化にすぐに気づいたのでしょう。

　ですから、B子さんの認知症の症状は次男方に引っ越す前から出ていたものと思われます。B子さんの脳のCTに顕著な萎縮が見られることからしても、こうした萎縮は数カ月程度でできるものではないので、数年以上前からジワジワと悪化していたものと判断できます。もちろん、脳の萎縮が即認知症の症状につながるわけではないので絶対とは言えませんが、日常生活に見られる失禁などの認知症の症状と併せ考えると、数年以上前からB子さんに認知症の症状が見られていたはずです。認知症の症状は、日々一緒に生活していたり、毎日のように見ていればすぐにわかりますから、Aという人が、B子さんの面倒を見ていたという以上、遅くとも私の診察より1年前頃には、認知症であったことは当然わかっていたと思います。Aさんが、私の診察より5カ月前にB子さんの口座を引き出したとすれば、認知症とわかってしたとしか考えられません。

　このC医師の供述どおりとすれば、AさんはB子さんの認知症にかこつけて1000万円を出金したと見られても仕方がないであろう。C医師が、この供述調書どおりに主尋問で証言した場合に、どのような反対尋問をすべきであろうか。

反対尋問例──実践例

本章では、いきなり実践例を見てみよう。

1　前提事項の尋問──認知症の基礎

弁護人　素人なもんですから、ちょっと基本的なものから教えていただきたいと思います。まず認知症というのは、一般的には、一度獲得された機能が、後天的な脳の障害によって全般的・慢性的に低下した状態であると。

Ｃ医師　はい、それでいいと思います。

弁護人　要するに、生まれつき知能が発達してない知的障害を除外し、健忘のような一時的な記憶障害を除外し、せん妄をはじめ意識障害を除外した一連の症候群であるという理解でよいでしょうか。

Ｃ医師　記憶認知の障害は、認知症の中に入れる場合もあると思いますが、概ねそのとおりでしょう。

弁護人　認知症の中核的な症状としては記憶障害、見当識障害があるという理解でよろしいですか。

Ｃ医師　それは基盤にございますね。ただ、脳のある限られた場所に障害があったときに認知障害がそこだけで出てくることもあります。したがって、障害が即認知症との説明はできません。

弁護人　記憶障害に関しては、短期記憶の障害が出やすいのでは。

Ｃ医師　はい。記憶には、学問的には長期記憶と短期記憶がございまして、一般的に認知症で社会生活をしている方は、昔の記憶は非常によく残っています。小さいときのこととか、小さいときに行った場所とか、昔の話とかをよく覚えている、それであの人はぼけてないと言うことがよくありますが、短期記憶が失われやすいんですね。短期記憶が悪くなることは、認知症の目安になります。

弁護人　具体的に認知症を診断する場合ですが、通常まず患者さん本人の問診をしますね。

Ｃ医師　はい。

弁護人　その際、記憶に関して、今日は何月何日なのかとか、あるいは今

	何時なのか、付いてきた人が誰なのかをわかっているかどうかといった問診をしますね。
C医師	はい、いたします。
弁護人	問診をしたうえで、たとえば知能検査もするんではないですか。
C医師	一般的にはいたします。しかし、臨床上、患者さんが多いとつい省く場合もあります。
弁護人	知能検査として、長谷川式簡易知能評価スケールが一般によく使用されますね。
C医師	はい。
弁護人	先生も、長谷川式簡易知能評価スケールを使用されますか。
C医師	したりしなかったりします。臨床の場で、きちんと説得的なデータとして診断を出す必要が迫られたときは、まず長谷川式をやります。臨床の場でそのような診断が求められてないときは、省いてしまうことが多いのです。
弁護人	長谷川式と同じような検査方法として、国立精研式認知症スクリーニングテスト、脳研式、さらに行動評価による老人知能の臨床的判定基準もありますね。
C医師	はい、ございます。
弁護人	認知症の診断に関しては、評価尺度の違う検査方法を複数用いて判断すべきという記載が『臨床認知症学』という本にあったんですが、その理解でよろしいでしょうか。
C医師	はい、正式にはそれが必要だと思います。
弁護人	そのほかにも、生化学的検査、脳波の検査、CT検査などもやって判断することになるんですね。
C医師	はい、補助診断という形で行います。
弁護人	要するに、認知症の判断に関しては、一面的な見方だけじゃなくて、多面的な方面から見て診断するのではないでしょうか。
C医師	一般的にはそうですが、特殊な認知症もございまして、経験的にちょっと引っかかるぞと、たとえば質問に対して見当違いの返事をするとか、注意の集中がなかったりとかも、臨床診断の中ではカルテには記載しませんけれども、やはり注意します。

おわかりのとおり、前提事項を確認する場面である。あれ？と思われた読者も多いのではなかろうか。本書では、まず失敗例を示すことが多かった。しかし、この尋問に問題はあるだろうか。

　結論から言えば、見事な滑り出しである。「素人なもんですから、ちょっと基本的なものから教えていただきたいと思います」などと謙遜した言い方から始まっているが、C医師は、弁護人の的確な尋問にほとんど言いなりになっている。

　種を明かせば、この尋問者は科学的な分野について熱心に研究することで有名な関西のO弁護士である。スプリング8を使った成分鑑定が話題となった某著名事件では、弁護団の中で、専門家証人の尋問を担当し、徹底的に難解な科学鑑定を分析した。

　本件の反対尋問においても、O弁護士は、認知症について徹底的に調べ上げたうえで、反対尋問に臨んでいることが明らかである。前章、専門家証人と「専門的経験則で対抗するな」というルールを示したが、だからといって専門的経験則について調べもせずに反対尋問に臨んでいいわけではない。専門家証人に対し反対尋問をするうえで勉強は不可欠である。まず見習うべき姿勢である。

　ところで、注意深く見れば、O弁護士の尋問に対し、C医師が聞かれもしないのに「臨床の場では」を連発しつつ、「省いてしまうことが多い」、「カルテには記載しませんけども」などと留保を述べていることがわかるであろう。C医師は、O弁護士から言質を取られないように予防線を張っているのである。その理由は、引き続く尋問で明らかとなる。続きを見よう。

2　データの不備・欠落を突く

弁護人	B子さんの診断経過についてお聞きしたいんですけど、○年○月○日、初診ですね。
C医師	はい。
弁護人	このときは高血圧とパーキンソン病を前提に診察に来られたということでしょうか。
C医師	はい。家族の方が前の病院の紹介状を持参されまして、ターゲットが認知症ではございませんでした。

弁護人	その際にＢ子さんの問診はなさいましたか。
Ｃ医師	ええ。問診票および看護師による家族、ご本人からの予診のうえ、私自身が診察してご本人の様子を診ました。そしてCTを撮ったといういきさつです。
弁護人	問診の際に、記憶障害とかに関しては何か気づくことありましたか。
Ｃ医師	カルテを見ていいですか。……（カルテを見ながら）いわゆるパーキンソン症候群といわれる錐体外路症状が目について、左右非対称性の筋強剛なんかが見られますし、まずはパーキンソン症状は前医院の診断に間違いないであろうということが一つございまして、血圧が少し高いということと、変動しやすいということがございまして、あと、その日にできてきたCTの結果から前頭葉の萎縮が見られるもんですから、そのへんの後日調査をしなくてはならないと考えました。
弁護人	私の質問は、問診してＢ子さんの記憶に関して何か障害があったでしょうかということです。
Ｃ医師	……あまり目立たなかったように記憶してます。
弁護人	記憶について、カルテに全然記載はないですね。
Ｃ医師	（うなずく）
弁護人	見当識障害についてはいかがですか。
Ｃ医師	書いてありませんね、カルテにはね。あまりそこまで突っ込んで見てなかったと思います。
弁護人	目立つ所見というのはなかったという理解でよろしいですか。
Ｃ医師	大まかには、はい、そう思っております。
弁護人	主尋問で前頭葉に障害があると、善悪やモラルの判断とか、人を疑う疑わないなど社会生活上の機能について障害が生じるとおっしゃいましたよね。
Ｃ医師	（うなずく）
弁護人	Ｂ子さんに対し、それに関連した問診をした記憶はありますか。
Ｃ医師	器質的な所見と血圧の所見だけでございますね。
弁護人	その日以後に、カルテにＢ子さんと問答した結果について記載されている部分はありますか。

C医師	とくに疑いの所見だけで追究はしていなかったように記憶してます。
弁護人	問診で、見当識とか記憶がどうだったのかに関しては、カルテに書かれていないですね。
C医師	……書いていません。ただ、カルテに記載がないから症状がないというのとはちょっと違うと思います。
弁護人	カルテを見ますと、B子さんが認知症であるということをうかがわせるような所見は、要するにCT像のほかには、家族が言ったせん妄があるとか、あるいは失禁していることはわかりますが、ほかにありますか。
C医師	あとは情緒不安定な状態ですね。ささいなことでものすごく騒ぐとか。とくに夜間に多く、体が震えるほどまで不安になるとかですね。それから不安があると即血圧が上がったりするとかですね。
弁護人	そのうち、大小便の失禁などが多くなったということは、家族からお聞きになったんですか。
C医師	はい。
弁護人	トイレの位置なんかはわからないようになってるんだと、それも家族からお聞きになってるんですね。
C医師	はい。
弁護人	B子さん本人に聞かれたんでしょうか。
C医師	B子さん本人については、説明、検査しておりません。
弁護人	B子さんに、時間、場所、人などについてはわかるかどうか、そういう見当識は確かであるかどうかなどの問診はしてないんですね。
C医師	しておりません。

　いかがであろうか。O弁護士は、C医師が、記憶についても見当識についても、B子さんから十分な問診をしていないことを明らかにしている。このような尋問が可能になったのは、カルテにその旨の記載がないことを的確に見抜いた結果である。これは、前章で明らかにした「データの不十分さをつけ」というルールそのものである。専門家証人に対し、専門的経験則そのも

ので勝負を挑むのは、危険である。しかし、当てはめの前提となるデータの不備を突くことは、専門領域とは別に可能である。O弁護士は、見事にその実践をしているのである。

O弁護士による同様の攻めは、さらに続く。

弁護人　初診のとき、長谷川式簡易知能評価スケールの検査はしましたか。
C医師　しておりません。
弁護人　行動評価による老人知能臨床的判定基準による検査もしていませんね。
C医師　しておりません。
弁護人　要するに、認知症診断にあたり知能検査はなさっていませんね。
C医師　しておりません。確かに臨床検査で説得力があるのは、長谷川式であるとか脳研式だとかいうのがございますね。しかし、なんといっても、十分臨床の中で対応していくと、検査をしなくとも、認知症という症状は疑われるものが如実に出ることはよくあります。たくさんの患者さんを診ている中では、検査をはしょってしまうこともあります。もちろん第三者に診断書を書くとかですね、そういう段階ではおそらくしたと思いますが、長谷川式よりは私どもが臨床経験で見たほうがよっぽど精密度が高いんです。そういう自負がありますので、しなかったからといって問題があるわけではないと思っています。
弁護人　認知症だと診断されましたら、今後のケアの問題とか、家族がどういうふうに対処していかなければならないとかということを考えるうえからも、どの程度なのか、それはきちんと診断しないといけないですよね。
C医師　そうですね、それはおっしゃるとおりだと思います。
弁護人　家族に対して、こういうことに注意しなさいとか、そういう指示は何かなされましたか。
C医師　この家族は、息子さん夫婦も実は私の外来にも通っていますので、当然B子さんをうちに置いて息子さんとか奥さんがこちらに来るということがありうるわけですね。だからそういう形のコン

	タクトをとっておりますので、そのへんは、大変言い方はまずいかもしれないけれども、曖昧なコンタクトと言われたらそれは仕方ないと思いますけれども。
弁護人	家族に対して、Ｂ子さんは認知症だからこういうことに気をつけなさいという指示は記憶にないわけですね。
Ｃ医師	……そうですね。

　いかがであろうか。Ｏ弁護士は、問診にとどまらず、知能検査においても、Ｃ医師が十分にデータを収集していないことを浮き彫りにしたのである。Ｃ医師が予防線を張っていたのは、Ｏ弁護士の鋭い尋問を前に、カルテに記載がないことを突かれることを予想したからである。Ｃ医師は、知能検査をしなかった理由やカルテに記載がなかったことについて、いろいろ弁解を試みているが、その診断の正確性に疑問が生じたことは明らかであろう。それでもＯ弁護士は、Ｃ医師の弁解に対し、追及の手を緩めなかった。認知症と診断したはずであるにもかかわらず、家族にその旨の指導をしていないことを突いたのである。これは証人の証言を前提とすれば当然存在するはずの帰結が欠落していることを示すテクニックである。帰結矛盾であり、かつ、欠落矛盾である*。専門家証人に対する反対尋問では、欠落矛盾を突くことが有効なことが多い。次章でも述べることになるが、専門家証人は、自らの仮説に対する積極データは重視しがちな反面、自らの仮説に合わない消極データは収集を怠ったり、見落としたりしがちだからである。専門家に見落としや欠落がないかを徹底的に確認する姿勢が不可欠なのである。この点でもＯ弁護士の反対尋問は見事である。

　さらに、Ｏ弁護士の反対尋問は続く。その内容は、本件の意外な結末とともに、次章以下で見ることにしよう。

　今回のルールを確認しておこう。

- 専門領域でも勉強してから尋問に臨め。
- データの不備を突け。
- 専門家証人は見落としや欠落を探せ。

* 　反対尋問においては、「前提矛盾」「帰結矛盾」「欠落矛盾」などの「論理矛盾」をついて弾劾すべきことについて、本書第4章。

(秋田真志)

【第19章】
先生、なるほど！……
でも、ということは……？
専門性を逆手にとった
スーパーテクニック
──専門家証人の反対尋問のコツ（その３）

　前章では、O弁護士の尋問事例を通じて、専門家証人の反対尋問では、尋問者が専門的経験則に精通すべきこと、また専門家が見落としがちな別の仮説について、欠落を突くことが有効な場合が多いことを指摘した。同じ事例について、引き続きO弁護人の反対尋問を見てみよう。

弁護人の反対尋問（続き）

弁護人　今回先生はB子さんを脳血管性認知症と診断されていますが、これは脳血管障害が原因となって認知症を生じるということでいいですね。

証　人　はい。

弁護人　CT像では左側頭葉の小さな脳梗塞巣があるという理解でよろしいでしょうか。

証　人　はい。

弁護人　いろんな脳血管障害がありますが、脳血管性認知症の大部分は多発梗塞性認知症ではないでしょうか。

証　人　ええ、各所に梗塞が起きてきて、起きた梗塞がもとで認知症症状を呈するという形でいいと思います。

弁護人　その原因としての脳血管障害は、脳血栓が多いのではないですか。

証　人	動脈硬化、脳血栓が多いと思います。
弁護人	脳血管の梗塞は認知症と診断されない健康な中高年にも、無症候性のものがあるんですね。
証　人	ございます。
弁護人	画像検査で小さな梗塞が認められても、それだけで脳血管性認知症とは診断できないですね。
証　人	正しくはそうですね。
弁護人	B子さんに見られた小さな脳梗塞巣というのは、脳梗塞、脳血栓とか脳裏栓、脳内出血とか、そういうものに基づくと言えるかどうか、それはわかりますか。
証　人	わかりません。
弁護人	認知症を呈する疾患は、アルツハイマーとか脳血管性認知症以外にもいろんな病気があって、それらを除外して初めて認知症だという診断を下されるのですね。
証　人	はい。
弁護人	B子さんは、パーキンソン病との診断がありますが、パーキンソン病でも認知症様の症状を呈することもありますよね。
証　人	ございます。B子さんは、パーキンソン病じゃなくて、パーキンソン症候群と理解しております。パーキンソン症候群というのは、主に脳血管の障害によって出てきたり、薬剤性によって出てきたりします。B子さんは血圧が高かったり、動脈硬化があったりで、それも認知症の診断の裏づけになっております。
弁護人	パーキンソン症候群以外にも薬剤によっても、副作用として認知症と見間違うような症状を呈することはありますか。
証　人	あります。
弁護人	たとえば、向精神薬、抗不安薬、抗うつ薬、催眠剤とか、それから抗パーキンソン病薬について、精神神経症状が起こったり、悪化したりすることがありますね。
証　人	ございます。
弁護人	とくに抗パーキンソン薬として抗コリン製剤、これについては、とくに副作用として認知症様の症状が出るということは言われてますね。

証　人	はい、それはそうですね。
弁護人	B子さんにはいろんな薬を処方されてますけれども、まずニトロダームTTSを処方されてますね。
証　人	はい。
弁護人	このニトロダームTTSの副作用として尿失禁がありませんか。
証　人	投薬は当直医がしたんですが、血圧のコントロール、循環障害に対する安定性その他を求めておそらく投与したんだろうと思います。
弁護人	尿失禁の副作用はありませんか。
証　人	サイドエフェクトっていうか、この薬剤のいわゆる副作用については、ちょっと私は記憶にございません。
弁護人	治療薬マニュアルによりますと、ニトロダームTTSは尿失禁の副作用があるという記載があるんですが。
証　人	この薬剤の説明書きというのは、非常に何かあると訴訟の対象になったりなんかすることがございますので、些細なものが1例でも2例でもありますと、即情報として流すんですね。ですから記載に載ります。だけど必ずしもすべてに出るようなものじゃないと思いますね、おそらく。
弁護人	B子さんに処方されたアダラート、これは頻尿の副作用があると治療薬マニュアルに書いてあるんですけれども、ご存知ですか。
証　人	……アダラートの副作用については、私はそこは理解しておりません。
弁護人	やはり処方されたレンドルミンには、せん妄、尿失禁の副作用が治療薬マニュアルに記載されてるんですが、それはご存知ですか。
証　人	レンドルミンの副作用として、せん妄状態になるということは知っております。
弁護人	処方のセルシンにも失禁の副作用があると記載されてるんですが、それはご存知ですか。
証　人	承知してます。
弁護人	B子さんに処方された抗コリン剤のアーテンには、せん妄とか、見当識障害などの副作用がありますね。

証　人　　はい、あります。

O弁護人の反対尋問テクニック——アナザー仮説の指摘

　いかがであろうか。O弁護人の尋問により、C医師はまず、脳梗塞だけでは認知症と言えないことを認めさせられている。さらに、B子さんの認知症様の症状について、認知症以外の原因による可能性も認めざるをえない状況に追い込まれている。パーキンソン症候群や処方された薬の副作用である。そのことによって、B子さんが認知症だというC医師の診断は、大いに揺らいでいると言えるであろう。

　ここでO弁護人が使っているテクニックは、多くの専門家証人において応用可能である。そのテクニックとは何か。アナザー仮説の指摘である。科学的な検証は、多くの場合、あらかじめ一定の仮説を立て、データがその仮説を支持するか、支持しないかを確認することによって行われる（帰納的証明）。その際に科学者が陥りやすい罠が、自らの仮説に拘泥するあまり、他の仮説への検証を怠ってしまうことである。

　C医師の場合も同じ罠にはまっていると言える。確かに診察の時点で、B子さんには認知症を示す症状が数多く存在した。脳梗塞や失禁である。しかし、脳梗塞は直ちに認知症に結びつかないし、失禁の原因は決して認知症だけではない。O弁護人が着目したとおり、パーキンソン症候群や薬の副作用も十分にその原因となりうる。この点、O弁護人の反対尋問によって、C医師の検討が不十分だったことが示された。とくに、副作用をめぐるC医師の答えはしどろもどろになっており、その検討の不十分さが浮き彫りになったと言えるであろう。

　専門家証人に限らず、相手方の主張を突き崩すためには、相手方が想定していない別の仮説を設定することが有効な反論となりうる。翻ってみれば、刑事裁判の事実認定において常に持ち出される「合理的な疑い」とは、検察官主張に対する「アナザー仮説」にほかならない。事実を争う弁護人の役割は、この「アナザー仮説」を事実認定者に受け入れさせることに尽きると言っても過言ではない。専門家証人に対する反対尋問でも同じである。弁護人としては、とにかく証人が想定していないアナザー仮説が残されていないか、徹底的に検討することが不可欠である。

O弁護人の反対尋問戦略——弾劾セオリー

　ところで、この反対尋問におけるO弁護人のC医師の反対尋問における「弾劾セオリー」は何だったのか。この点は、O弁護人が作成した弁論要旨から、該当箇所を引用することで確認してみよう（本稿の趣旨に必要な限りで、筆者の責任において適宜要約している）。

　本件当時、B子の事理弁識能力に欠けるところはなかった。
　検察官は、C医師の診断所見に照らし、本件犯行期間中は、既に脳血管性認知症を発症していたと推認しうると主張する。
　しかし、C医師の脳血管性認知症との診断は信用できない。C医師は、CT像の検査や、次男からの、B子が夜間にせん妄や失禁があるとの報告、および情緒不安定な状態を見てB子を安易に認知症と診断したものでしかない（C証言調書○頁）。「認知症の診断は、簡易知能検査の結果に加え、病歴、成育歴、生活歴、頭部画像診断、脳波検査といったさまざまな角度からの評価を行って初めて認知症の診断が確定される」（黒田重利『アルツハイマー型認知症の臨床』〔新興医学出版社、1998年〕、小川紀雄『内科医のための臨床痴呆学〔第2版〕』〔医学書院、1998年〕参照）が、C医師は、改訂長谷川式簡易知能評価スケールや、国立精研式認知症スクリーニングテスト、行動観察による評価法などの簡易な知能テストなども行っていない（同調書○頁）。
　また、初診時からB子の記憶障害に関してあまり目立ったところはないというのであり、見当識障害に関してもあまり突っ込んでみていなかった。カルテには見当識や記憶の状態についてまったく書かれてもいないし、実際問診もしていない（同調書○頁）。C医師は、「脳血管性認知症が疑われる場合に対する薬剤の処方はしていないし、その処置についてもカルテに記載していない」（同調書○頁）。さらに「認知症と診断した場合には、今後のケアの問題や家族の対処の問題があるから認知症の程度をきちんと診断しなければいけないが、その程度についての診断はしていない」（同調書○頁）、「家族に対してもB子のケアについてきちんと指示はしていない」（同調書○頁）と、自分の診断結果と矛盾する証言をもしているのである。
　脳血管障害の存在の診断についても、画像検査で脳に小さな梗塞が認められても、それだけで脳血管性認知症とは認められないということを承認

しながら、前頭葉に障害がある場合に認められる社会生活上の機能障害の点についての問診もせず、健常な中高年にも見られる無症候性脳梗塞と違うかどうかの検討もしていない（同調書〇頁）。

さらに、それ以外の病因が除外できるかどうかの検討もしていない。C医師は、ニトロダム TTS 等についての尿失禁の副作用の知識はなく、また、脳循環代謝改善薬をたくさん投与すると副作用として認知症みたいな症状が出ることの知識もない。それらのほか、アーテンがせん妄や見当識障害の副作用があることを考慮して、夜間せん妄や失禁が薬の副作用であるかどうかの確認も、同医師はしていない（同調書〇頁）。同様に、パーキンソン病の場合でも認知症様の症状が出る場合があるにもかかわらず、B子が果たして脳血管性認知症であるかどうかについてきちんとした鑑別をしていないのである（同調書〇頁）。

この弁論要旨を読めば、O弁護人の反対尋問の弾劾セオリーがよくわかるであろう。一言で言えば、「C医師の診断は誤っている。B子さんは、認知症ではない」ということである。弁論要旨と併せて、O弁護人の弾劾は、十分に成功しているように見える。

事件の顛末

それでは、この事件の判決はどうだったのか。結論から言えば、横領の成立を認めず、Aさんは無罪となった。しかし、その理由は、O弁護人が想定したものとはおよそ違うものだったのである。判決（本稿の趣旨に沿って、筆者の責任において一部変更している）を見てみよう。まず、C医師の診断についての判断である。

C診断は、B子の病状を臨床的に診断するという性格が強く、B子について認知症の症状を呈しているとの診断は、2箇月近くの期間に複数回にわたりB子に対する問診を重ねた結果、問診中に情緒不安定な挙動や短期記憶障害等の所見が表れ、初診時の頭部CT検査において脳萎縮が疑われたことや、次男による失禁等の申告を基礎としてなされたもので、認知症症状の発現を確認したという意味では、十分に合理的な根拠をもってなさ

れているものということができる。

　この点、弁護人は、到底その診断結果は信用できないと主張する。しかし、各種の知能検査等は、経験ある医師の十分な問診や観察等でも代替可能な検査といえる。失見当や短期記憶障害がなかったとしている点も、Ｃ医師は、Ｂ子が徐々に適応が不能になってきて短期記憶等も障害されていたと思う旨述べているのであって、この点の批判も直ちに妥当するものではない。してみると、その余の弁護人の主張を考慮しても、上記のように、臨床医師の判断として認知症症状の発現を確認したという限度では、Ｃ診断はこれを信用できるというべきである。Ｃ診断によれば、その診断当時には、Ｂ子には金銭貸与等の処分行為の意味を理解する能力が失われていたと認定するのが相当である。

このように、判決は弁護人の主張を排斥して、Ｃ医師の診断を信用できるとした。他方で、判決は次のように述べたのである。

　検察官は、Ｃ診断等を根拠に、Ｂ子は本件犯行期間中既に脳血管性認知症を発症しており、経済的活動能力を喪失しており、被告人もそのことを認識していたものと推認できると主張する。確かに、被告人はＢ子とは長く接してきたものであり、その精神状態を相当正確に把握することが可能であったとみるべきである。そうだとすると、被告人について、認知症により経済的活動能力を失っていたとの認識を直ちに肯定してもよいかのように思える。しかし、被告人がこの時期にＢ子の経済的活動能力がそれまでと比べて一段と衰えた事実を認識していたことをうかがわせるような特徴的な出来事は見当たらない。日常接している人物の衰えにはかえって気付きにくい可能性も存すること、またＣ医師も指摘するように、経済的な面での判断力等はともかく日常生活上の支障は目立ったものでなかったことに徴すると、この時点以降直ちにＢ子の能力喪失を被告人が認識するに至ったと認定するのはやはり困難というべきである。してみると、被告人の認識に具体的な影響を及ぼす外部的事象があって初めてＢ子の能力の減退についての認識を認定できるものといわざるをえない。被告人は、Ｂ子に財産を処分するについてその意味を理解するに足るだけの能力が残されていないとの認識を有していたとは認めるに足りない。

したがって、B子がその経済的活動能力を失っていたことが認められるものの、B子が経済的活動能力を失っていたことについて、その認識を証明するに足る証拠は存しないというほかなく、当裁判所は、被告人に対する本件公訴事実については、B子の実質的な承諾がなかったとまでは認定できないので、犯罪の証明がないものとして、刑事訴訟法336条により被告人に対して無罪の言渡しをする。

　つまり判決は、被告人は専門家であるC医師と異なり、B子の能力喪失についての認識がないとして、無罪としたのである。
　O弁護人の反対尋問や弁論からみて、この判断には疑問も残るところではあるが、そこには専門家証人に対する裁判所の姿勢が現れているように思える。裁判所としては、専門家の判断を根底から覆す認定はしにくいのである。他方で、その判断について専門性が高い以上、素人である被告人が同様の判断をできなかったとしても無理はない。その意味で、被告人の認識を否定することは、いわば専門家の意見を尊重しつつ、結果の妥当性を図るという意味で、巧みな認定であったとも言えるのではないだろうか。
　もっとも、このような認定を導いたのは、O弁護人が徹底した準備に基づき、専門的にC医師の証言に迫ったからであろう。反対尋問において、その専門性の高さが浮かび上がる反面として、素人である被告人の認識が否定されたのである。その意味では、O弁護人の反対尋問は、スーパーテクを駆使したものとも言えるであろう。また、弁護人としては、裁判所は専門家の判断を正面からは否定しにくいという事実を十分に肝に銘じておく必要があろう。

　今回のルールを確認しておこう。

- ・専門家が想定していないアナザー仮説を探せ。
- ・専門性の高さを活かせないかを検証せよ。
- ・裁判所は専門家の判断を尊重することに留意せよ。

（秋田真志）

【第20章】
先生、それはちょっと……あれっと思う専門家証言への反対尋問
──専門家証人の反対尋問のコツ（その４）

　これまで３章にわたって専門家証人に対する反対尋問について検討してきた。そして、それらの中では、専門家のもつ専門的経験則に十分配慮すべきことを強調してきた[1]。しかし、専門家の説明でも、思わず眉に唾をつけたくなるような供述に出くわすことはある。そのような事例での反対尋問についても考えてみよう。

事件の概要

　事件は、自動車運転過失致傷罪である。舗装されていない駐車場にできた水たまりに小学校２年生のＢ君が落ちているのが発見されたことから事件は始まった。Ｂ君が水たまりに落ちる直前、被告人のＡさんが、その駐車場から車を発進させていた。Ｂ君が怪我をしていたことから、Ａさんが車を発進させた際、駐車場の水たまり近くで遊んでいたＢ君に気づかず、車両でＢ君を轢いたと疑われたのである。
　もっともＢ君の怪我は、下腹部と腰背部にそれぞれ何本かの平行に走る軽微な創傷が認められるだけであった（図表20-1）。Ｂ君が搬送された病院のＳ医師も、Ｂ君の創傷を擦過創と診断しただけであった。

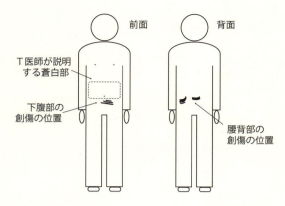

図表20-1

しかし、ここでは割愛するが、いくつかの事情から警察はAさんの車両がB君を「轢過した」と決めつけ、在宅取調べでAさんに自白を強要したのである。Aさんは、B君を轢いた感触などなかったことなどから当初懸命に否認したが、取調官の剣幕におそれをなし「発進させた後、車両が何かに乗り上げた感覚があった」という調書に署名してしまう。そして、検察官も警察の見立てを疑うことなく、Aさんを起訴したのである。

Aさんは、起訴後に選任された弁護人に対し、捜査段階の「自白」は虚偽であってB君を轢いた覚えはない、と訴えた。Aさんの訴えを聞いた弁護人も「轢過」とされているにもかかわらず、B君の負傷が極めて軽微であることに疑問を持った。また公訴事実では「轢過」とはされているものの、具体的に車両がどのような態様で、どのように轢過したのかはまったくといっていいほど特定されていなかった。このため弁護人は、公訴事実を争うとともに「轢過」の態様について検察官に釈明を求めたのである。

事故態様が争われることを想定していなかった検察官は、慌てて補充捜査を開始した。

Ｂ君の負傷は伸展創か──Ｔ医師の主尋問証言

その補充捜査の結果、検察側証人として出廷することになったのが、法医学が専門のＴ医師である。Ｔ医師は、Ｂ君にできた下腹部の擦過創様の創傷は、車両が腹部等を轢過した際にできる「伸展創」であって、Ａさんの車両が

B君の腹部を轢過したことは間違いない、と説明したのである[2]。「伸展創」とは何か。B君の下腹部の創傷は、どうして伸展創といえるのか。まずは主尋問におけるT医師自身の説明を見てみよう。

検察官	腹部の傷は具体的に言うとどのようなものでしたか。
T医師	B君の腹部左側には、蒼白部が見られてB君の右側には比較的赤っぽいものが見られ、へその下のほうには特徴ある細かい裂創が見られました。
検察官	その細かい裂創というのは何というのでしょうか。
T医師	われわれの間では伸展創と呼びます。
検察官	伸展創とは、どのようなものなんですか。
T医師	はい。鈍器、鈍体で強圧された際に、少し離れたところに皮膚割線に沿って生じるものです。皮膚割線というものは目では見えないのですが、人間の体はちぎれやすい方向と、ちぎれにくい方向がしわのようになっております。その皮膚割線に沿って、細かい浅い裂創が集まってできます。これが伸展創です。
検察官	B君の創傷ですが、その伸展創との関係ではどのようなことが言えますか。
T医師	はい。今も言いましたように伸展創は少し離れたところに強圧された部分があります。B君にとってへその周囲に伸展外力が加わるような力が、相当かかったことによってできたということです。

このT医師の説明だけでは少しわかりにくいので、補足しよう。「伸展創」とは自動車事故などで体の一部が強く圧迫されたことによって、皮膚が強く伸展し、いわば引き裂かれることによって生じる裂創の一種である。仮に伸展創ができたのであれば、T医師が述べるとおり、伸展創の近くに伸展の原因となった圧迫部分があったはずである。しかし、「事故」から約2時間後に撮られたB君の写真を見る限り、B君の下腹部の近くには圧迫されたと思われる痕跡は判別できない。しかし、その点を問われたT医師は、次のように説明した。

検察官	強圧された部分というのはどうなるのでしょうか。
Ｔ医師	豆知識ですが、強い圧力が加わった場合に、その直下にある血管が押しつぶされて、その押しつぶされたことによって、血液は周りに分散されます。その結果、強圧された部分は蒼白になります。たとえば皆様が手をぎゅっと押して離すと白い蒼白の部分が見えます。しかし血管をつぶしたわけではないので、また再び肌色に戻ります。
検察官	甲〇号証のＢ君の写真を示します。今ご説明いただいた点は、この写真で言うとどうなるのでしょうか。
Ｔ医師	はい。へそを中心にその上の部分が蒼白部となります。

　Ｔ医師は「蒼白部」なるものを持ち出すが、写真では通常の肌色にしか見えない。検察官も疑問に感じていたようである。Ｔ医師に次のように尋ねた。

検察官	先生はこういった写真をご覧になるときに、どのように色の検討をされるんですか。
Ｔ医師	私の著作にもありますが、肌色を中心にそこに対して白っぽいか白っぽくないか、また皮下出血の場合は肌色に対して赤っぽいか赤っぽくないかいうような水準でもって観覧します。写真の写りによって若干違うときもありますが、全般的に見ても、ここは蒼白であると判断しました。

　このＴ医師証言の問題点は、ひとまず措こう。さらにＴ医師は、Ｂ君の腰部にあった擦過創様の傷について、以下のように証言した。

検察官	腰については、どのような傷が認められましたか。
Ｔ医師	大きく分けて、このＢ君にとって、左側が濃く、右側が左側よりも薄いという２つの傷に分けることができました。
検察官	その傷の濃さからは、どんなことが言えるのですか。
Ｔ医師	Ｂ君にとって、この左の部分は右の部分よりも圧力が強かったということがわかります。

このようにT医師は、B君の下腹部の創傷と腰部の創傷の分析を前提としたうえで、轢過について次のように述べる。

検察官　　ところで、裁判ではB君が車のタイヤで轢過されたかどうかが争点となっています。このB君がタイヤで轢過された可能性について先生はどのようにお考えですか。
T医師　　轢過されたと推認します。
検察官　　それはどうしてですか。
T医師　　B君の左側から車が乗り上げていくときに相当な力が加わりますが、下りていくときには転がり摩擦でスムーズに下りて行きます。背中部分にはそれに整合するようにB君の左側に強い圧力が加わったと思われる濃い部分があり、右側には下りていって転がり摩擦で相殺されて圧力が小さかったことによる薄い部分があります。このように伸展創があり蒼白部があり、B君が上を向いているときにB君の左からほぼ右方向にタイヤが通過していったと推認します。
検察官　　供述明確化のために証人作成の図（図表2）を示します。こちらでご説明ください。
T医師　　はい。この①のようにB君の左側から車が接着していきます。その際にタイヤの回転は矢印のほうに回転しますので、このB君はローラーに引っ張られるように、地面に向かって力が加わっていきます。①から②はB君の左側に強い圧力がかかっていることを示します。そして、③が、B君にとって一番中心部分に車が乗り上げた頂点を示しており、その後④のように車は下りて行きます。転がり摩擦が加わりますので、スムーズに下りていく結果、B君の負傷は軽くて済むことを示しています。
検察官　　今お話いただいたような流れと今回のB君の傷は整合するのですか。
T医師　　整合します。

図表20-2

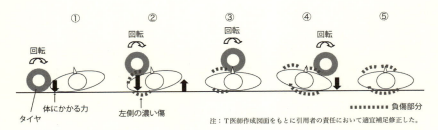

注：T医師作成図面をもとに引用者の責任において適宜補足修正した。

T医師証言に対する疑問

　以上のようなT医師の説明は納得できるものであろうか。すでに触れたが、筆者にはとても説得力があるとは思えない。読者にもいろいろな疑問が浮かんだのではないだろうか。

　たとえば、伸展創の原因として腹部を強く轢かれたというのに、その痕跡が蒼白部だけだというのは本当だろうか？　もっと重傷とならないだろうか？　そもそも擦過創と診断されたものが本当に伸展創なのだろうか？　左側の傷が濃いから左側からタイヤに轢かれたと言うが、それだけでそのような断定ができるだろうか？　なぜ腰部に線状の創傷ができたのだろうか？

　そもそも図表20-2に描かれた事故態様は一つの仮説にすぎないではないか？　それ以外にも次々と疑問が浮かんできそうである。

　とはいっても、これらの疑問を、反対尋問として構成することはそう簡単ではない。仮にこれらの疑問を直接T医師にぶつけても、水掛け論になるだけであろう。下手をすればはぐらかされるだけで終わりになりかねない。どうすべきであろうか。

反対尋問例

　では、実際の反対尋問がどのようなものだったかを見てみよう。

弁護人　　B君の写真を初めてご覧になったのは、いつのことなんでしょうか。

T医師　　正確には覚えておりませんが、たしか今から３カ月前だったと思

います。
弁護人　そのときご覧になった写真の大きさはどの程度のものだったんでしょうか。
Ｔ医師　いわゆるスナップ写真という大きさの写真のカラーコピーでした。
弁護人　スナップ写真大の写真をさらにカラーコピーしたものをご覧になって、その時点で伸展創であるという判断をされたという理解でよろしいでしょうか。
Ｔ医師　はい、それで結構です。
弁護人　写真の現物をその時点で見ておられなかったということですね。
Ｔ医師　カラーコピーしか私は見ておりません。
弁護人　事故の態様については検察官からお聞きですか。
Ｔ医師　私が写真を見て伸展創であると述べた後に聞きました。
弁護人　事故車両は知っておられますか。
Ｔ医師　プリウスだと聞きました。
弁護人　車体の地上高などを確認したということはありますか。
Ｔ医師　私は車好きなので大体どれぐらいかということがわかっておりましたので、その程度だなというのは頭に入っておりましたので、詳しく何ミリとかいうのは聞いておりません。
弁護人　車重は確認されましたか。
Ｔ医師　車重ですか。このプリウスの同系のものを家族が乗っておりますので、はっきりとはわかっておりませんが、1トンちょっとというのはたしか覚えております。
弁護人　現場に行かれましたか。
Ｔ医師　現場には行っておりません。
弁護人　今回の鑑定で、B君の写真を見たことと、事故の概要を聞いた以外に先生がしておられることがあったら教えてください。
Ｔ医師　……それ以外のこと。ありません。
弁護人　今回の鑑定で実験はされたのでしょうか。
Ｔ医師　していません。
弁護人　たとえば、タイヤと接触したときにどういうふうに皮膚が動くか、そういうことを実験して確認をしてみたことはありますか。

T医師	ありません。
弁護人	車両に轢過されたら、どれぐらいの圧力がかかるのかを実験で確認したことはありますか。
T医師	私の30年以上の経験から推認しておりますので、ありません。

　どうであろうか。T医師の意見は、傷の写真のカラーコピーを見ただけで、車両も現場も知らず、実験の裏づけもないことが明らかとなった。この部分だけでもT医師の意見の信用性はかなり減殺されたといえるであろう。さらに続きを見よう。

弁護人	ところで、伸展創は裂創の一種ということで正しいですか。
T医師	正しいです。
弁護人	皮膚が強い力で引っ張られることによって皮膚が裂けてしまうのですね。
T医師	はい、少し離れたところの外力というのを付け加えてください。
弁護人	法医学書にはランガー割線という言葉が出てきますけど、それに沿って裂けるということでよろしいでしょうか。
T医師	はい。ランガー割線というのは先生ぐらいしか知らないと思いましたので省きました。
弁護人	皮膚の表面で見られるような線のことではなくて、表皮の下にある真皮部分にある膠原繊維のところにある割線のことを指すという理解でよろしいんでしょうか。
T医師	すばらしいです。
弁護人	先生のお話では、へその下の部分にあるのは伸展創であるということでしたね。
T医師	はい。押しつぶされるように圧迫されたということです。
弁護人	つまり、このB君の左腹部は押しつぶされるように圧迫されて皮膚が引っ張られたという理解ですね。
T医師	はい。
弁護人	先ほど検察官が示された写真にはオリジナルのデータがあって、そのデータから直接拡大印刷した写真がありますので、それを示して尋問をします。この印刷は、検察官には事前に確認していた

	だいています。
裁判長	検察官、問題ないですね。
検察官	はい。
弁護人	先生もまず写真の色調は、撮影条件や印刷のやり方によって、変わりうるというのは、よろしいでしょうか。
T医師	変わります。RGBがありますから、必ず違います。（写真のへそ回りを指さしながら）これ先生、蒼白部が見えませんか、見えますよ、ほら。
弁護人	私に見えませんが、それはおきましょう。この写真でいうB君の左側からタイヤ乗ったというのですね。そこに押しつぶされたような形跡はありますか。
T医師	押しつぶされた形跡ということは、僕が言うてるのは……。
弁護人	押しつぶされた痕跡がありますか。
T医師	痕跡というものではなくて、われわれはたとえば悪条件の中で物を見ていくわけですから、押しつぶされた跡が完全にはっきりわかるようなもんであるならば、僕はこの場に出てくる必要はないと思いますけども。
弁護人	タイヤが圧力を加えたという痕跡はその写真上見えますか。
T医師	痕跡などは見えるわけがない。私の心眼では見えますよ、ここだろうなあと、大体ここだろうとわかります。あ、裁判長、シンガンと言いましたのは、「心の眼」で心眼です。神の眼ではありません。念のため。
弁護人	スナップ大のカラーコピーでご覧になって、伸展創とわかったということでしたね。
T医師	はい。
弁護人	オリジナルデータを拡大して、ご覧になったことはないですね。
T医師	ないですね。
弁護人	オリジナルデータを拡大したものを用意しています（図表20-3）。検察官には開示済みです。これを示して尋問します。これをご覧ください。先生が伸展創と言われたものを拡大してみたんですが、わかりますよね。
T医師	わかりますよ。

【第20章】先生、それはちょっと……　あれっと思う専門家証言への反対尋問

図表20-3

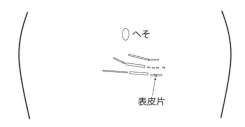

弁護人　線状に見えた創傷が、拡大すると実は断続的に点状になっているものが、つながって見えていただけだとわかりますね。そう見えませんか。

T医師　……この伸展……。

弁護人　まず、そう見えるかどうかだけ教えてください。

T医師　それは一部だけ見えます。これは伸展創に擦過痕が加わっているんです。

弁護人　私の質問は、この創傷を拡大すると点状になっていますね。

T医師　いや、点状じゃないですね、点状というのはわれわれにとったら全然点状というのと意味が違う。

弁護人　一番下に写っている創傷をご覧ください。その創傷の部分には剥脱した表皮片が、かんなくずのように付着していますね。

T医師　ついていますね。

弁護人　裂創と挫創に区別をする方法が法医学の本に出ていますね。

T医師　……あのですね。

弁護人　まず、こちらの質問の答えを教えていただけますか。

T医師　すみません。

弁護人　裂創と挫創との区別は、表皮片が付着しているかどうかによって鑑別することができるとされているのではないでしょうか。

T医師　……先生の言っている意味がわからない。

弁護人　裂創と挫創との区別は、表皮片が付着しているかどうかによって鑑別することができる、これは正しいか、正しくないかどちらなんですか。

T医師　それは答えられない。なぜかというと、いろんなパターンがある

んですよ、実際には。真実は小説より奇なりでね。先生の言うてることはめちゃくちゃわかんねんけど、今回のは混ざってるんですよ。
弁護人　これは伸展創じゃないということなんですか。
Ｔ医師　違います、伸展創の上に表皮剥脱部が残ってるんですよ。
弁護人　次のことを聞きます。
Ｔ医師　しゃべらせてほしい。
弁護人　同じ写真の体の右側の部分をご覧ください。〈以下、略〉

反対尋問の秘密とその背景

　ご覧のとおり、Ｔ医師は明らかに動揺し、その証言はしどろもどろになっている。問われもしないのに先回りして弁解しようとしていることが、その動揺を表しているといえるであろう。その原因は、いうまでもなく弁護人が開示を受けていた写真のオリジナルデータを突きつけたことである。写真のオリジナルデータを見れば「蒼白部」も圧迫の痕跡も認められなかったのである。そもそも「蒼白部」かどうかといった色調を判断するうえで、オリジナルデータではなく、カラーコピーを使用して鑑別すること自体が間違っている。しかも、仮に圧迫された部分が一時的に蒼白になったとしても、生体である以上圧迫が除かれれば、蒼白部は消失する。その写真は事故２時間後に撮影されたものであった。Ｔ医師の説明を前提としても蒼白部が残っているはずがないのである。
　さらに決定的だったのは、創傷の拡大写真である。Ｂ君の創傷は、小さい写真では線状に見えるが、拡大してみると、断続した点状の創傷が連なって線のように見えていただけなのである。しかも、剥脱した表皮片が付着していた。伸展創など組織の内側から裂ける裂創の場合は表皮片が剥脱することはなく、表皮片が付着することもない。つまり、Ｂ君の創傷は、内側から裂けた裂創ではなく、鈍体が表面を擦過したことによって表皮剥脱が生じた挫創だったのである（擦過創も挫創の一種である）。
　しかし、Ｔ医師はあくまで自らの誤りを認めることはできない。その結果、「心眼」、「真実は小説より奇なり」、「伸展創と表皮剥脱部が混ざっている」などと不合理な言い逃れを重ねることになったのである。

ここで使われている第1のテクニックは、これまでダイヤモンドルールとして述べてきたとおりである。専門家の証言を弾劾する場合には、データの不備を突くことが有効である[3]。
　本件では、もう1つ付け加えるべきであろう。裂創と挫創の鑑別方法という法医学の専門的経験則を駆使していることである。この専門的経験則（裂創には表皮片は付着しない）を活用することによって、証人の結論(本件創傷は「伸展創」＝裂創である)と矛盾する証拠の存在（剥脱した表皮片の付着）を突きつけることができたのである。
　なぜ、このような反対尋問が可能になったのか。「ランガー割線」をめぐる尋問部分からおわかりだと思うが、伸展創をめぐり他の法医学者の協力が得られたからである。弁護人が相談したY医師は、創傷の写真を拡大して検討した結果、表皮剥脱に伴う表皮片を確認し、言下に伸展創であることを否定した。ちなみにT医師に対する反対尋問の冒頭、弁護人は「B君の写真を初めてご覧になったのは、いつのことなんでしょうか」、「ご覧になった写真の大きさはどの程度のものだったんでしょうか」などとオープンな質問をしている。本来、反対尋問ではこのようなオープンな質問はタブーとされる。しかし、Y医師の検証方法を目の当たりにした弁護人は、「Y医師と違ってT医師は創傷部を拡大したうえでその詳細を検討していないはずだ」と推測したのである。その推測が正しければ、オープンに聞いても問題はないはずである。結果として、この推測が的中したのである。なお、後にY医師は弁護側証人として出廷し、B君の創傷が伸展創であることを明確に否定し、タイヤの轢過があったとは考えられないと証言した。
　従前、専門家証人の反対尋問の際には、「専門的経験則で対抗しようとするな」というルールを提唱してきた[4]。その基本は正しい。しかし、どのようなルールにも例外はある。時として専門家も、その専門的経験則に反した不合理な判断をすることもある。そのような場合には、専門的経験則を駆使して、反対尋問を構成することが有効となりうるのである。その前提として、専門家の協力も含めて徹底的な事前検討が不可欠であることはいうまでもない。

裁判所の認定

　それでは、T医師とY医師の証言について、裁判所はどのような判断をし

たのか。判決の該当部分を見てみよう。

　両証人とも、自身の専門的知見に基づき、写真から判断しうることをそれぞれ供述しており、それらの判断は大いに尊重すべきものであるが、両証言を前提とすると、専門家の間で自動車の轢過によって被害者の傷害が発生したかどうかについて見解が分れるのであるから、被害者の傷害状況をもって自動車による轢過を裏付けるものというには合理的な疑いの余地があるというほかない。加えて、T証人は、被害者の腹部に伸展創が認められるとしているところ、その根拠として、伸展創の上部に蒼白部が見られることを挙げる。しかしながら、写真をつぶさに見ても、そのような蒼白部が見られるか疑問がある上、Y証人によっても、蒼白部は見られないというのである。同証人によれば、生体が強い圧迫を受けた場合、一時的に蒼白部が生じることはあり得るが、血管の損傷がなければ、その後も蒼白部が残るということは考えにくいし、被害者の写真からは血管の損傷を窺わせる所見もないというのであるが、同証人の知見は一般常識にかなうものとして首肯しうるものである。また、事故直後に診断したS医師は、擦過創を負ったと診断しており、裂創が見られるとはしておらず、Y証人の見解と整合している。こうしてみると、T証人の供述をY証人の供述とを対比した場合、Y証人の判断の方がより説得力があると思われる。

　T証言の信用性に疑問を呈し、Y証言に軍配を上げたのである。そして、轢過には合理的な疑いが残るとして、Aさんに無罪を言い渡した[5]。
　尋問から見ればあまりに当然の結論にも見えるが、T証言の信用性についてはなお慎重な言い回しであることに留意すべきであろう。裁判所としては一見不合理に見える内容であっても、専門家証言の信用性を直ちに否定することは躊躇するものである。逆に言えば、一見不合理に見える内容であっても、専門家供述は信用されがちなのである。やはり、同じ専門家の協力を求めることが不可欠といえる。

　今回の事例から浮かび上がるルールを確認しておこう。

・専門家でも、専門的経験則に反する不合理な鑑定をすることがあるこ

とを忘れるな。
- 不合理な専門家の判断には、専門的経験則で対抗することも躊躇うな。
- 専門的経験則で対抗する場合には、他の専門家の協力を得て、徹底的に準備せよ。

1　この点につき、本書17章「先生！本当ですか？――専門家証人の反対尋問のコツ（その1）」、19章「先生、なるほど！……でも、ということは……？―専門家証人の反対尋問のコツ（その3）専門性を逆手にとったスーパーテクニック」参照。
2　紙幅の問題と、反対尋問のテクニックに焦点を合わせる都合上、証言内容等は大幅に整理したうえで割愛せざるをえない。ここで引用した内容も、筆者の責任において趣旨を損なわないよう留意したうえで、モデルになった事案の尋問例を整理している。このため医学的には厳密なものではないことに留意されたい。その意味で、本稿にはモデルとなっている事件はあるものの、あくまでフィクションである。創傷をめぐる法医学的な検討は、本稿とは別に行われたい。
3　前掲注1。
4　前掲注1。
5　この無罪判決には検察官が控訴した。高裁は腰部の負傷から、Aさんの車両がB君に衝突したことは明らかだとして、無罪判決を破棄して罰金刑としたが、やはりT証言の信用性を否定し、検察官の主張する轢過の事実は認めなかった。轢過が否定されたことが、量刑が罰金刑にとどまった最重要のポイントであった。

（秋田真志）

【第21章】専門家証人に対する主尋問の準備と実践
——総まとめ!(1)

　専門家証人とは、専門的な学識経験を有する者で、その学識経験に基づき法則やそれを適用・利用することによって認識しえた具体的事実や意見について供述する証人である[1]。この専門家証人の知見は、通常、鑑定として裁判に提供される。鑑定人による鑑定の場合（刑訴法165条。なお証拠保全としての鑑定の場合は刑訴法179条）と、鑑定受託者による鑑定の場合（刑訴法223条）がある。多くの場合、鑑定書が作成されるであろうが、鑑定書も伝聞法則の適用を受ける（刑訴法321条4項）。法廷で専門家証人の尋問によってその内容を明らかにするのが大原則である。

　他方で、専門家証人に対する尋問は、主尋問にせよ、反対尋問にせよ、様々な難点がある。本編の総まとめとして、専門家証人に対する尋問の方法をまとめておこう。

専門家証人尋問請求
——当事者鑑定あるいは鑑定請求の検討

　弁護人は、検察側専門家証人に対し、後述のとおり反対尋問によって効果的な弾劾を目指さなければならない。しかし、弁護人がいかに弾劾に成功しても、裁判所がそのことのみで、専門家の意見・判断と異なる判断を示すことはめったにないことであるということは残念ながら否定しがたい。科学的な意見・判断が事案の帰趨を決する事件では、弁護人としてはさらに鑑定請求に基づくか、当事者鑑定によるか、いずれにせよ当該専門領域についての積極的な主張、立証が必要となる。

　当事者主義訴訟構造の観点から、本来的には当事者鑑定によるべきであろ

う[2]。しかし、現在の法制度の下では、当事者鑑定は、裁判所の選任による鑑定に比べて困難が伴う。第1に費用の点である。当然、専門家証人による鑑定を行う時には、費用は弁護側が負担しなければならない。専門的な鑑定の費用は、いかなる鑑定や実験をするのかによって当然異なるが、いずれにせよ弁護側が負担しなければならず、限界がある。この費用には、当該専門家自身に対する報酬の他、施設や実験道具の使用料等が含まれる。第2に、対象となる物や人の利用／使用について限界がある。捜査機関に押収された物等を弁護側専門家による鑑定のために利用、使用することはほぼ不可能である。人についても、例えば、被告人の精神状態を判断する場合でも被告人が身体拘束されていれば、精神科医は、接見室でアクリル板越しに、かつ、拘置所職員等の立ち会いの下で、しかも、時間を制限された中で面談等しなければならない。このような場合には、執行停止（刑訴法295条）を求めることをも考慮すべきである。また、証拠保全（刑訴法179条、刑訴規則137条、138条）をも検討すべきであろう。

　このような困難な情況の下での鑑定作業であることから、収集される基本資料やデータが裁判所による鑑定や捜査機関による嘱託鑑定に比べて不十分とならざるを得ない結果となる。しかし、積極的な証拠開示によって生データやその他の実験ノート、メモ等の基本的な資料の開示を受け、当該データ等に基づく嘱託鑑定の再評価や、嘱託鑑定に対する、いわゆるセカンドオピニオン的な鑑定等は可能であり、これらについても検討すべきである。

　とはいえ、以上のように当事者鑑定には限界があることから、勢い裁判所に鑑定を求め、その採用を目指すことにならざるをえない場合が多いと思われる。その際には、弁護側協力専門家の意見をも参考に、鑑定事項について弁護側からの意見を十分反映させるべきである。また、必要な資料を提供しなければならない。さらに、鑑定人についても、様々な人脈やルートを使って、適切な鑑定人を推薦するよう心がける必要がある。裁判所の呈示する鑑定事項、資料等を安易に受け入れるべきではない。鑑定人についても同様である。

　さらに、裁判所が鑑定を採用したときは、当該鑑定人に対して機会を捉えて接触し、鑑定の際に行っている実験や検査のこと、専門的知見について教示してもらうべきである。鑑定人はいやしくも裁判所に選任されて公平中立な立場にあるから、鑑定作業等に支障のない限り、面談等に応じてくれるは

ずである[3]。このような鑑定人との接触、面談を通じて尋問の手がかりを得ることもできる。

主尋問の組み立てと工夫

1　主尋問のための事前準備の重要性

　専門家証人による立証の場合も、基本は一般の証人の場合と変わらず、自らのケースセオリーに則り、当該専門家の専門的知識が、事実認定者が証拠を理解したり争点について判断するのに役立つものでなければならない。
　そのためには、当該専門領域に関する学習を踏まえ、かつ、当該証人と主尋問事項のみならず、想定される反対尋問についてディスカッションしておくことが望ましい。とりわけ、反対尋問対策との関係で、当該専門家証人の本来的な専門領域と証言予定事項との関連性、収集した資料やデータ、その他についての不十分な点や、証言の射程距離は必ず確認しておくべきである[4]。
　専門用語を分かりやすくいい直すこと、具体例と類似のことがらを当該専門家証人とともに検討しておく必要がある[5]。ヴィジュアルエイドの活用等をもきちんと検討しておかなければならない。とりわけ科学的証拠の場合にはヴィジュアルエイドは不可欠であるから、何をどのタイミングで使うかについても細かく検討しておくべきである。
　さらに、専門家証人は自らの見解を長々と話し、ともすれば、争点と関係ない事項についても詳細に単調に話すこともあるということは念頭に置いておくべきであろう。一問一答形式による証人のコントロールも概して困難である。しかし、専門家証人といえどもコントロールすることを考えなければならない。そのためには、事前のリハーサルを行うことが必要であると思われる。そして、事前のリハーサルによって、証人の証言の傾向、脱線の危険性等を把握し、専門家証人に法廷での証言は、大学等での講義とは全く違うのだということをきちんと認識してもらわなければならない。そのためには実際リハーサルをやることに勝るものはない。その上で、法廷における尋問はどのようなものかを説明し、尋問者と証人が二人三脚で取り組まないといけないことを理解してもらうのである。

【第21章】専門家証人に対する主尋問の準備と実践

また、尋問の仕方についてもいわゆるプレゼン方式にするのか、通常の証人尋問と同様に問答方式にすべきかをも検討しておくべきである。プレゼン方式では尋問者が証言をコントロールすることが極めて困難であること等の理由から、専門家証人に対する主尋問も問答方式で行うべきであるとの見解が有力に主張されている[6]。

　しかし、一方、専門家証人の中には問答方式、とりわけ一問一答方式に不慣れで、いかに注意しても逸脱して、延々と証言する者もいる。専門家証人に対して、非専門家である弁護人が当該専門事項に関する証言をコントロールすることは困難を伴う。コントロールを強めると、当該専門家との信頼関係を損なう危険性も生じるように思われる。それ故、立証事項や当該証人の特性や証言経験、および当該証人の証言のしやすさや事実認定者に対する分かりやすさ等を考慮して、尋問の仕方を考えるべきであろう。一定の事項に関してはプレゼン方式、ある事項に関しては問答方式といった混合的な形態をも視野に入れて柔軟に対処していくこともありうるかもしれない[7]。

2　主尋問の構成

　主尋問の構成は、一般的には、自己紹介、導入、舞台設定、動作という構成が妥当であるとされる[8]。専門家に対する主尋問も基本的には一般の証人の場合と同様、自らのケースセオリーに則って当該専門家の専門知識に基づき、事実認定者が証拠を理解するのを助け、または争点となっている事実を判断するのを助けるものでなければならない[9]。それ故、かかる事項に関する証言をいかにすれば裁判員に分かりやすく理解してもらえるのか、検討する必要がある。

　そのためには、①証人の紹介と予告（専門家証人の証言の主題の呈示）、②資格（当該主題を証言するのに証人がその問題に関する専門家であり、証言の資格があること）、③意見とその基礎（当該問題に関する証人の意見の結論とその基礎となった説得的根拠）、④説明と裏付け（意見について裏付ける原理、結論に至る推論過程、データの信頼性、仮定等）、⑤結論（最も重要な結論の繰り返しによる締め括り）という構成が適切であると思われる[10]。以下では、スティーヴン・ルベット（菅原郁夫ほか訳）『現代アメリカ法廷技法』（慈学社、2009年）の「第8章　専門家証人」および、高野隆「専門家に対する主尋問」季刊刑事弁護84号（2015年）の記述

を参考に述べていくことにしたい。

(1) 証人の紹介と予告
　まず、証人に専門分野を自己紹介してもらい、事件との関わりを説明してもらう。簡単に専門分野を紹介してもらい、証言の主題を呈示してもらうことになる。事実認定者に証人が何を証言するのかその核心部分を話してもらい、その後に続く専門的な説明が続くことを予告しておくのである。

(2) 資格
　証人が専門家として証言する資格を有することを示すために、その知識、技能、経験、訓練または専門教育を受けていることを明らかにしなければならない。学歴、経歴、経験、あるいは著作や鑑定経験等をも証言してもらい、当該事件に関する専門的な事項について証言する資格を有することを示すことになる。資格に関して特に問題のない場合、上記に関する事項や証人の紹介に関する簡単なペーパーを用意して、簡略に行うことも考慮してよいと考える。ただし、証人が当該事件の争点に関して特に専門的観点からの業績を有していたり、関連論文を執筆していたりする場合にはその点は、特に強調して証言してもらうべきである[11]。また、弁護側専門家証人は、検察側専門家証人が有しない適格性があることが明らかになる場合、その分野の適格性を強調するような尋問をして、検察側証人との差異を示さなければならない。

(3) 意見とその基礎
　意見とその説明が、専門家証人の証言の核心的な部分であり、事実認定者に対して十分に理解してもらわないといけない部分である。この場合、説明よりも先に、まず、意見を述べてもらうべきである。なぜなら、事実認定者は意見を知りたがっているからである。専門家の結論が明確に述べられると、それに続く説明的な証言についても道筋を示すことができるからである。しかも、往々にして専門家の説明は、複雑なことが多く、専門用語ひとつでもその理解に躓くと、その後の説明は理解不能に陥る可能性もあるからである。そうなってしまうと、肝心な専門家の意見を事実認定者に理解してもらえないことになってしまう。
　ゴールをまず示した上で、引き続き意見の基礎になっている説得論拠、資

料について述べてもらうべきである[12]。どのような資料を使って、どのような経緯で結論に至ったかを簡単に述べてもらわなければならない。

(4) 説明と裏付け

　専門家証人には意見の内容を証言した後で、その根拠となった資料データ等、および意見に至った原理、仮説、実験の内容等を分かりやすく説明してもらうことになる。

　最高裁は、精神鑑定に関し「専門家たる精神医学者の意見が鑑定等として証拠となっている場合には、鑑定人の公正さや能力に疑いが生じたり、鑑定の前提条件に問題があったりするなど、これを採用し得ない合理的な事情が認められるのでない限り、その意見を十分に尊重して認定すべきものというべきである」（最二判平20・4・25刑集62巻5号1559頁）と判示していることに照らせば、鑑定の前提条件に問題があったりするような場合にはその鑑定結果を採用し得ない合理的な事情が認められることになる。その前提条件のひとつは資料、基礎データ等である。この資料等に関する専門的見地からの妥当性、適正性等を証言してもらうことになる。また、自身が行った実験、計算方法、仮説等を説明してもらわなければならない。

　続いて、そのような資料等に基づいて自身の結論に至る原理、理論等を説明してもらい、当該資料等をもとに、そのような原理、理論等がなぜ、専門家自身の意見、結論を裏付けるのか、どのように裏付けるのかを説明してもらうことになる。

　このような資料等を根拠に、理論的な背景をもとに意見に至る論証過程の証言は、専門家証言の核心部分である。ただし、専門的であるが故に、事実認定者が理解困難に陥る危険性も十分にあることは留意しなければならない。事実認定者にとっての分かりやすさという観点から、争点に必要なデータ等を選択厳選し、また、ヴィジュアルエイドを使ったり、あるいは比喩や喩え話を使った証言の工夫をする必要がある。

　さらに、当事者鑑定の場合、資料が不十分だったり被告人からの聴き取り等について制約があったりすることがあるが、そのような制約的な条件と意見の関係、射程をも証言してもらわなければならない。専門家に対して、前提としての資料等と理論からいえることの限界を超えて意見を求めるべきではない。前提たる資料等や一定の条件の下で専門家として証言できる限界や

射程があれば素直にその旨証言してもらうべきである[13]。
　また、同じ争点についての対立する他の専門家の意見があったり、検察側専門家証人の証言があれば、資料等の面、理論等の面、および意見に至る論証過程の面について反論の証言をしてもらう必要もある。このような証言をしてもらうことによって、当該専門的観点に関する争点が明確となり、事実認定者が検討すべき論点がはっきりすることになる。しかも、客観的な資料等や理論、およびその理論の当てはめといったいわば客観的な側面における反論であるから、反対専門家の人格攻撃や党派的な対応とみられることを避けることもできるのである。

(5) 結論
　最後に、専門家証人の証言を整理して、重要な結論を力強く簡潔に繰り返す形で締めくくり、事実認定者に印象づけて終えるべきである。

3　主尋問の手法に関するいくつかの留意点

　専門家の証言は複雑で長大になりがちである。素人には得てして非常に分かりにくい。また、専門家証人はコントロールが困難である。しかし、弁護人は事実認定者に分かりやすく専門的な見識を伝え、証人をコントロールすることを考えなければならない。そのために前述した一般的な留意点を踏まえて、主尋問で特に留意すべきと思われるいくつかの点について簡単に述べておきたい。

(1) 結論が先、説明は後
　専門家証人はともすれば、結論に至る背景、根拠を述べた後で結論を論じる傾向がある。特に大学教授等は講義での語りの順序で説明しようとする。そのことによって結論に至る思考法を学生等に感得してもらうことをも意図しているのではないかと思われる。しかし、法廷は大学等の講義ではない。限られた時間の中で、専門家証人には弁護側のケースセオリーに則った専門的な見地からの意見、説明をしてもらう場である。事実認定者は、複雑で長々とした説明にはなかなかついて行けない。また、まず結論を知りたいと考えている。まず、説明のゴールを示すことで事実認定者の注意力をひきつけ、

その後に意見の説明をしてもらうべきである。法廷での証言になれていない専門家証人については前もって、「結論が先、説明は後」ということをきちんと説明しておかなければならない。説明だけでは足りず、事前に尋問リハーサル的なことをすることによって、法廷での証言というものをイメージしてもらうことも必要である。

(2)　証言の語りの長さを適切なものにすること
　専門家の知見、意見を事実認定者に理解してもらうために、証言の語りの長さを適切にコントロールすることを考えなければならない。例えば、証言の論理の切れ間に中断を入れる質問をすることが考えられる。見出し的な質問を挿入したりしてもよい。また、重要な事項に関する意見を説明した場合にはループクエスチョン（直前の証人の答えの一部を次の尋問の中に取り込むという方法）を利用することも有用であろう。その他、語りの量を抑えるために、ナンバリングをいう方法もある。そのためには、諸要因や考慮事項をいくつかの概念としてまとめるということを考慮しておく必要がある。ナンバリングについては、尋問者が例えば「根拠はいくつありますか」と質問する、あるいは、証人に「根拠は〇点あります」と答えてもらうなどのために尋問を工夫するなどの仕方がある。
　このような証言の語りの長さを適切にするためにも事前の準備が必要であるし、前述のとおり事前にリハーサル的なことをやるべきである。

(3)　両義的・多義的な言説や条件等に注意した尋問を検討すること
　主尋問の場合でも、専門家証人の両義的・多義的な言説、確率論的表現については検討しておくべきである。自らのケースセオリーに則り、「Aという可能性がある」「Aと考えても矛盾しない」等について、後述の反対尋問の項で述べるような意味合いのいずれなのか、さらに詳しく説明を求めるべきか否か、さらに説明を求める場合には、どのような説明をすれば分かりやすくなるかも検討しておく必要がある。
　また、専門家証人の説明が、一定の条件を前提とした説明である場合、その条件下における証言の妥当性の限界や射程範囲を意識しておく必要がある。その条件等について詳しく主尋問で聞くべきか否かの検討もしなければならない。

さらに、このような両義的・多義的な言説あるいは確率論的な表現は、得てして曖昧で結論が弱いとの印象を与える危険性がある。それを避けるためには、専門家として確実にいえることを確定し、その確実に意見を述べることができるような尋問を工夫する必要がある。
　スティーヴン・ルベット『現代アメリカ法廷技法』(慈学社、2009年) 206～207頁において、弱い言葉遣いの例として、「答：私のこの時点での最も確実な予想は、レストランチェーンがおよそ320万ドルをかせいだはずであるということです」を挙げている。すなわち、「この時点で」と限定的な表現をし、検証の余地があり得ることを示している。これに対し、より強い表現として「答：私は、失われた利益を320万ドルと計算しました」あるいは、「答：私の見積もりはレストランチェーンが320万ドルをかせいだはずであることを示しています」と、置き換えられるとしている。すなわち、ここでは限定的表現、あるいは、婉曲的な言い方が避けられ端的に結論を述べている。とすれば、後者の答を引き出す尋問の表現を考えなければならない。例えば、「問：先生は、失われた利益をいくらと計算しましたか」あるいは「問：先生の見積もりはいくらになりましたか」等となろうか。いずれにしても、事前に証人と打ち合わせして、その言葉の使い方等について検討し、質問の際の言葉の使い方等を検討しておかなければならない。また、あくまでも確率論的な表現にとどまらざるをえない場合、そのまま証言してもらいケースセオリーに則った上でその意味合いを証言してもらうことになろう。
　そして、両義的・多義的な言説や確率論的表現について主尋問ではあっさりと済まし、敢えて反対尋問の際に詳しく回答してもらい、証言を際立たせるという戦略も考慮しておくべきであろう。

(4)　例外的な誘導尋問の効果的活用
　主尋問については原則としてオープンクエスチョンを用いるべきである。しかし、専門家証人の場合には例外的に誘導尋問を効果的に使用することも必要である。専門家証人の場合、争点と関係ない事項について長く単調に話すことがある。弁護人は、争点、問題の核心にスムーズに導いていかなければならない。そのために、当該専門分野について確実なことがら、見解であればその部分について、また、争点に関する予備的なことがら等については誘導尋問を用いるのである。さらに、争点と争点をつなぐような場面でも誘

導尋問を活用することが考えられよう。

　争点に関してはオープンクエスチョンによらなければならないが、上述したナンバリングの手法等をも駆使して、わかりやすくきちんと聞いていくことである。

(5)　ヴィジュアルエイドの使用

　ヴィジュアルエイドの利用は、反対尋問以上に主尋問で重要である。主尋問の目的は自らのケースセオリーを事実認定者に理解してもらう、立証する場であるからである。専門家の証言を分かりやすくするためには図形、グラフ、模型等のヴィジュアルエイドの活用は不可欠である。このヴィジュアルエイドはどのようなものをどのタイミングで、どのように使用するかを考慮しておかなければならない。また、前述のとおり専門家証人が作成したスライド等についても弁護人自身が事前にチェックした上で、自らのケースセオリーを理解してもらうためにどのようなスライドにしてもらうのか等について、専門家証人と十分に意見交換しなければならない。

小括

　専門家証人は、当該専門分野に関して、訴訟関係者の誰よりも学識、知見、経験を有している。特に、①基礎となっている科学的原理に関する事項、②用いられる方法（技法）が、その原理によく適ったものであるかどうか、③その技法で用いられた機器類が正しく作動していたかどうか、④その検査にあたって正しい手続がとられたかどうかということや、⑤実験等における実務的な事項等については、素人である弁護人がどれほど学習しても自ずから限界があることは否めないだろう。しかし、弁護人としては、自ら学習し、専門家に協力してもらいケースセオリーに基づき立証しなければならないのである。

　また、公判廷における一問一答式の一方向的尋問形式は科学的知見の正確性に対して不適当である旨表明している科学者もいることを踏まえ[14]、法廷における尋問のやり方等についても裁判所、検察官と協議し分かりやすい尋問をしていくことも考慮すべきだろう。

1 山室惠編著『刑事尋問技術〔改訂版〕』(ぎょうせい、2006年)174頁参照。
2 趙誠峰「鑑定から専門家証言へ」後藤昭＝高野隆＝岡慎一編著『実務体系・現代の刑事弁護(2)刑事弁護の現代的課題』(第一法規、2013年)375頁は、裁判員裁判時代においては弁護側による専門家証言による立証を目指すべきだと論じる。その理由は、当事者主義訴訟構造の他、裁判所への鑑定請求の問題点は、立証活動を弁護人がコントロールできず、しかも、どのような鑑定が法廷に顕出されるか分からないことにあるとする。
3 和歌山カレー毒物混入事件の鑑定人であった谷口一雄元大阪電気通信大学工学部教授は、2013年8月26日龍谷大学において開催されたシンポジウムにおいて「裁判所から選任された鑑定人は、勉強会をいくらやっても構わないんですよね。私の記憶では十数回、検察側の方は勉強会に参加しました。もちろん裁判所の方も参加しました。しかし、弁護団側からは1回も要請はありませんでした」と発言し、事前に検察官および裁判官と勉強会を開いたことを明言している(杜祖健＝河合潤＝小田幸児ほか「講演〔公開シンポジウム〕刑事裁判と科学鑑定──和歌山カレー事件における科学鑑定の意味」龍谷法学46巻4号〔2014年〕443～444頁)。しかし、筆者ら弁護人には勉強会開催の件は知らされなかった。
4 高野隆「専門家に対する主尋問」季刊刑事弁護84号(2015年)28頁は、証言を聞く人は素人であるとしても、尋問する弁護人は専門家にならなければならず、そのためには、本文で述べたように関連する文献を網羅的に読み、証人自身執筆の文献については全部目を通しておくべきだと述べる。
5 スティーヴン・ルベット(菅原郁夫＝小田敬美＝岡田悦典訳)『現代アメリカ法廷技法──弁論・尋問の分析と実践』(慈学社、2009年)203頁は、「複雑な考えの多くは、具体例、類似例や比喩を用いることで理解できるようにすることができる。専門家証人には、そのような比喩的描写を通じて自分の証言を明確化することが奨励されるべきである」とし、このような説明方法を用いることは準備の間にすべきであるとする。
6 高野・前掲注4論文28～29頁。
7 とはいっても、専門家証人が質問に対して、予定を越えあるいは脱線して長々と証言することに対しては、常に警戒しておくべきである。ルベット・前掲注5書201～202頁は、専門家証人の自由な物語方式による証言、専門家に長い途切れのない証言を認めることは、陪審員の注意散漫を招くとし、そのために、弁護人は専門家の証言の論理の切れ間で中断質問を入れることによって初頭効果を再現し、それによって、絶えず専門家の証言の強調を繰り返すことの意義を論じている。
8 高野隆「主尋問」日本弁護士連合会編『法廷弁護技術〔第2版〕』(日本評論社、2009年)105頁以下参照。
9 ルベット・前掲注5書190頁は「専門家証人は、事実認定者が受け入れることができるような理由を、そして望むらくは、専門家の視点を自分自身の視点とするような理由を与える首尾一貫した説明を示さなければならない」とする。
10 高野・前掲注4論文29頁以下参照。また、ルベット・前掲注5書191～199頁もほぼ同じ構成を紹介している。
11 ルベット・前掲注5書193頁は、証人の説得力ある資格については、専門家証人の履歴書等を示す方がよいことがよくあるが、履歴書は弁護士が証人の最も注目させたい才能を強調する機会を奪うことになるから、証人の資格に関する尋問の完全な代替物として用いられることはない、とする。
12 高野・前掲注4論文30～31頁は、意見の前に意見の基礎を明らかにする尋問をしなければ、いきなり意見を述べさせても、意見が宙に浮いている印象を与えると言う。一方ルベット・前掲注5書195～196頁はまず「意見第一」であり、一旦意見の陳述がされたら、直ちにその基礎となっている説得論拠を述べなくてはならない、とする。確かに、一般的には証言の基礎(foundation)を明らかにした後、主題の証言を得るべきであるが、専門家証言は資格の証言を

し、主題を呈示しているのであるから追加的な根拠なしに意見を述べることができるとされているから（同書195頁）、まず、意見を述べその後直ちに資料等の説得論拠を述べるという順でいいと思われるが、ここの順序はそれほどこだわることはないであろう。

13　ルベット・前掲注5書208頁は、専門家の適格性を誇張したり、専門家の独立性に干渉しようとすることは、倫理に反することであり、尊敬すべき専門家は、弁護士が自分の意見に影響を及ぼすことを許さないし、弁護士は専門家の地位を常に尊重しなければならないとする。

14　本堂毅「法廷における科学――科学者証人がおかれる奇妙な現実」科学80巻2号（2010年）158頁は、「日本の法廷では科学的証拠に対し、『対審構造』と呼ばれるディベート的討論システムを、制度上の問題に気づかず、無制限（ナイーブ）に用いているのである。この結果として、法的強制力を以て証人を呼び出す公共空間＝法廷で、捏造合戦のような不毛な議論が続く。……現在の一問一答式の一方向的尋問形式は、誘導尋問によって事実をねじ曲げることが可能である」と述べる。また、本堂毅「科学者から見た法と法廷」長谷部恭男ほか編『岩波講座・現代法の動態(6)法と科学の交錯』（岩波書店、2014年）も参照。

（小田幸児）

【第22章】
専門家証人に対する反対尋問の準備と実践
——総まとめ！(2)

　専門家証人の証言は、専門的な学識経験に基づく法則や、それを適用して得た具体的事実の判断や意見等を報告するという点で共通し、反対尋問においては、目撃証人等一般の証人と違った特別な配慮を要する。

　また、専門家証人といっても、その専門的学識経験にはさまざまな分野がある。科学性の程度あるいは科学的とされる根拠という観点から、科学的証拠は4類型に分類されるとされているが[1]、いずれの専門家に対する反対尋問においても困難を伴うことは間違いない。

　筆者は、必ずしも専門家証人に対する反対尋問を数多くやっているわけでもない。ただ、初期の頃のDNA型鑑定に関する専門家や、いわゆる和歌山カレー毒物混入事件においてSPring-8[2]の放射光を用いた蛍光X線分析をした化学分析専門家、あるいは砒素中毒に関する専門家等に対する尋問で悪戦苦闘した経験がある。そのような経験に基づき、専門家証人に対する反対尋問のためにどのような準備をするのか、尋問に際しどのようなことに留意したか等について述べていきたい。

専門家証言の意義と危険性

　専門家証人の証言、とりわけ科学的証拠に関する証言は、証拠の客観化の方向性に沿ったものともいえ、正しい事実認定を強力に基礎づける側面がある。一方で、誤った事実認定に導き、冤罪の原因となりかねない危険な証拠でもある。「科学技術の高度の専門性の故に事実認定者がその内容を理解し、実質的に評価することが困難である一方、まさにその『科学』という名の故に客観的に確実だと誤信ないし過信され易い」[3]。また、裁判員裁判では事実

認定について、一般的には法律の素人であり、かつ、科学的知識も豊富でないと思われる裁判員が関与することから、「『科学』という名の客観性に対する安易な信頼の危険性はますます増加することが予想される」[4]。

さらに、専門家証人として登場する科学者は「科学研究によって生み出される知の正確さや正当性を科学的に示す最善の努力を払」い、「自らが携わる研究の……結果を中立性・客観性をもって公表」[5]するものとされているから、公平性・中立性をまとって登場することになる。それゆえ、科学的専門家証人はますます信用されやすい。

専門家証言に対するわが国の判例の傾向およびアメリカでの議論等

1　わが国の判例の傾向

専門家証言等科学的証拠について、従前判例[6]は、「当該検査の基礎にある科学的根拠の信頼性を積極的に確認することなく、当該事案における検査過程の適切さのみを、検査者の有する知識・経験・技術や用いられた器具の性能、検査手順や検査資料の採取・保管過程の観点から規律していくという立場」を示していた[7]。足利事件では「科学的原理が理論的正確性を有し、具体的な実施の方法も、その技術を習得した者により、科学的に信頼される方法で行われた」ことを検討したとしている（最決平12・7・17）。そこでは、科学的証拠の証拠能力、証明力を認める要件は、「①科学的法則を応用した技術に理論的妥当性があること、②その技術を特定の状況で、正確に用いたこと、つまり、適切な検査資料を、技術及び経験を有する適格な検査者が、検査機器の作動や試薬の性状が妥当である状態で、正確にデータを解析し、読み取って実施すること、の二つの要件を具備することが必要である」と解説されている[8]。しかし、上記足利事件確定審は当時のMCT118DNA型鑑定の許容性・信用性を安易に認め、それが誤りであったことが再審無罪判決[9]から明らかになっている。

わが国の判例は、科学的証拠の証拠能力・信用性を安易に認める傾向にあることは否めないだろう。

2 アメリカでの議論等

アメリカにおいて、科学的許容性に関して議論が活発に行われているとされる。

いわゆるフライ・テストや1993年ドーバート判決[10]、およびドーバート判決を受けた連邦証拠規則702条の改正等である。同条改正では、次の(1)から(3)が付け加えられたとのことである。「知識、技術、経験、訓練又は教育によって専門家としての資格を有する証人は、科学的知識、技術的知識その他の特別な知識が、事実認定者による証拠の理解、又は争点となっている事実の判断に役立つ場合において、(1)証言が十分な事実又はデータに基づいており、(2)証言が信頼性のある原理及び方法の結果であり、かつ(3)証人がその原理や方法を当該事件の事実に信頼性をもって適用したときは、意見又はその他の形式で証言することができる」[11]。

このような観点は、専門家証人に対する反対尋問を考えるうえで十分に参考にすべきである。

専門家証人に対する反対尋問についての基本的視点

最高裁は、精神鑑定に関し「専門家たる精神医学者の意見が鑑定等として証拠となっている場合には、鑑定人の公正さや能力に疑いが生じたり、鑑定の前提条件に問題があったりするなど、これを採用し得ない合理的な事情が認められるのでない限り、その意見を十分に尊重して認定すべきものというべきである」（最二小判平20・4・25刑集62巻5号1559頁）と判示している。かかる立場からすれば、精神鑑定のみならず、法的判断の前提として専門的科学的分野における知見が証拠となっている場合でも、かかる視点を十分に尊重すべきであると解される。

こうした判例の立場や前述のアメリカにおける議論等を前提にすれば、専門家証人の証言については、「①基礎となっている科学的原理が確かなものであること、②用いられる方法（技法）が、その原理によく適ったものであること、③その技法で用いられた機器類が正しく作動していたこと、④その検査にあたって正しい手続がとられたこと、⑤検査を行った者及びその結果を

解析した者が必要な資格を備えていたこと」[12]という点について慎重に吟味していくことが必要になってくると思われる。さらに、当該専門家証人の公平性・中立性に対する吟味も必要である。

しかも、裁判員裁判においては、とりわけ裁判員に対して専門家証人の証言の内容、問題点、有効性、限界をいかに理解してもらうかが大きな課題である。専門家証人に対する反対尋問においても、一般の証人の場合と同様、「自分が欲する答をあらかじめ知り、その答のみを導く一連の質問を組み立てる」[13]ことが重要である。また、専門家証人の学識・経験のなかから、被告人側の主張を支持することにつながるような科学的事実や知見を引き出し、自分の側に不利な意見の重みを減殺させるという方向に向けられるべきである[14]。すなわち、専門家証人に対する反対尋問でも、弁護人のケースセオリー[15]に基づき「活かす尋問」（有利な知見の獲得）および「殺す尋問」（不利な知見の弾劾）を駆使しなければならない。

専門家証人に対する反対尋問の準備

専門家証人に対する反対尋問を組み立てるに当たって、次のことを基本とすべきである。「鑑定の弾劾のためにはまず弁護人自身が鑑定に対する正確な理解、評価を確立しておかなくてはならない。鑑定は科学的装い、専門的装いをこらしているため一見すると非常に難しいように見える。専門家からの説明を受け、学術書を参考にする等して、鑑定書の記載内容を弁護人が完全に理解し、その問題点を見つけ出さなければならない。鑑定の問題点を発見するのは多くの場合は専門家ではなく、弁護人であることを銘記すべきである。難解さに絶望することなく、鑑定書を何回も何回も繰り返して読み返し、鑑定資料の現物を何回も観察し、論文を検討し、専門家の意見を聞く中で必ず道は聞けてくるという確信をもつべきである」[16]という熱意と意欲、確信である。

当然のこととして、弁護人は当該専門分野についての知見・知識を獲得し、また、科学的検査等に関する手続、手順およびデータ等の必要な情報を得なければならない。自らが学習し知識を習得するとともに、当該専門分野についての情報収集が必要である。後者については、徹底した証拠開示請求が必要である。

専門家証人に対する効果的な反対尋問については、一般の尋問に比しこのような準備の比重が極めて高く、完璧な準備が反対尋問の技術であるといっていいかもしれない[17]。
　以下、それぞれについて簡単に述べていきたい。

1　科学的専門分野に関する知識、知見についての自主的学習

　専門家証言、とりわけ科学的証拠の場合、問題となっている当該科学的知識の基礎となっている科学的原理についての知識・知見を学習し、理解する必要がある。とはいっても、科学的知見について門外漢の弁護士にとって、科学的な知識、知見はとっつきやすいものではない。しかし、この知識・知見の獲得が尋問のいわば出発点でもあるから、避けることはできない。
　筆者は、和歌山カレー毒物混入事件の化学分析が問題になったときには、まず、理系の大学入試向け化学の参考書で原子の構造等の基本的な勉強をした。その参考書は、色刷りで図なども多く使っており、わかりやすかった。そこである程度学習し、化学的知識への敬遠感を払拭し、問題となっている化学分析の基本原理の大まかなイメージを掴んでいった。未知の専門的知識を学習する場合には、まず、文字数が少なく図等によってわかりやすくイメージしやすい入門書的な本を読むべきであろう。化学分野でいえば、たとえば、技術評論社『イラスト・図解』シリーズのものや、ナツメ社『図解雑学』シリーズのものなどが読みやすい。
　さらに学習が進んでいけば、初歩的な専門書等にも当たっていく。この場合、数式等は読み飛ばして、当該専門分野における科学的原理や用いられた方法・技法等について、自分なりにイメージを固めていくことが大事である。専門書は1冊に限るのではなく、「必ず別の著者の本を比較して読むことである。そのことによって、同一事項についての説明の違いから、理解が深まることは必然である」[18]。また、大型専門書店で当該科学分野関連の本を立ち読みしたりするなどのことも、知識が深まっていくことに役立っていくように思われる。

【第22章】専門家証人に対する反対尋問の準備と実践

2 専門家による協力

　自主的な学習、知識習得をしても、弁護士は素人でしかないため、十分な知識・知見を得られず浅い理解にとどまることも多々あるし、思わぬ誤解に陥っていることもありうる。とりわけ、用いられる方法（技法）が、その原理によく適ったものであるかどうか、その技法で用いられた機器類が正しい作動環境や、検査にあたって正しい手続がとられていたか等、実験等における実務的な事項等については本をいくら読んでも理解には決定的な限界がある。それゆえ、専門的な科学的知識・知見を理解するには、当該領域における専門家に教授してもらうべきである。それによって、独学による間違い、勘違いも是正され正しい知識を身につけていくことができる。また、専門家の実務感覚を知るには、当該専門家に直接助言を受けるに勝るものはない[19]。さらに、専門家の助言を受ければ、反対尋問対象専門家の弁解や言い逃れ等をある程度予測することもできると思われる[20]。

　今日では、インターネットを通じて専門家にアクセスしたり、また、刑弁フォーラム等のメーリングリストを通じて協力してくれる専門家を探すことも容易になってきている。これらを十分活用すべきである。社会的バッシングがすさまじいような特別な事件等でない限り、突然の依頼でも専門家は意外と弁護人に対して協力してくれるという感覚が筆者にはある。図々しいと思われても積極的にアクセスすべきであろう。

　とにかく、専門家の助力、協力が専門家に対する反対尋問にとって不可欠であり、それがなければ極めて困難であることを肝に銘じるとともに、公正・中立的な科学的知識等に関する専門家にアクセスできる公的な体制が、ぜひとも構築されなければならないと考える。

3 専門的論文等の調査、収集および検索

　当該専門領域における論文の収集、検討も重要である。当該専門家証人の本来の専門分野や研究実績等の調査もしなければならない。これについては、インターネットによる検索が大きな力を発揮する。

　筆者は、当該科学的専門分野に関する論文は、主として独立行政法人科学

技術振興機構のJDreamⅢのデータベース[21]によって収集している。たとえば、和歌山カレー毒物混入事件では、「SPring-8」「蛍光X線分析」「異同識別」等をキーワードとして検索し、ヒットした論文の中からその他のキーワード等をも参考に、謄写すべき論文を収集していった。

　検索システムとして、ほかには国会図書館のオンラインサービス[22]やCiNii[23]等が利用できる。また、当該専門家証人自身の論文等をも収集することも重要であり、同人のホームページ、G-Search[24]内の人物情報データベースによって、本来的な専門領域や経歴等も調査しておくべきである。協力専門家から当該専門家証人の学問的実績や論文等についての情報を収集することも必要であろう。

4　積極的な証拠開示請求

　当該専門家証言に関連する鑑定や実験等に関して、積極的に証拠開示請求をしなければならない。たとえば、DNA型鑑定については次のような資料が開示の対象として考えられるが、かかる開示対象資料を参考にして、問題となっている専門分野に関して同様に積極的に証拠開示請求をしなければならない。

(1)　採取・保管・鑑定の経過における管理の連続性に関する資料
　　①各現場資料自体
　　②各現場資料、対照資料に係る各捜索差押調書、任意提出書、領置調書
　　③各現場資料、対照資料の各採取前、採取中、採取後の状況を明らかにし、又はその手続を記録した実況見分調書、捜査報告書、写真撮影報告書等
　　④各鑑定嘱託書
　　⑤捜査機関又は鑑定機関内における各当該資料に係る出し入れ、管理の記録など
　　⑥現場資料、対照資料の鑑定前、鑑定後の状況を明らかにした記録等

(2)　各型鑑定自体の信頼性に関する資料
　　①各当該型鑑定に係るエレクトロフェログラム（複数回行われた場合は各

回のデータのほか、陰性検査、陽性検査のデータを含む)
　②各鑑定作業の手順及び経過を記録した鑑定ノート等
　③各鑑定において、同一試料につき異なる機会の検査結果の突き合わせ・照合や他の者による審査が行われている場合は、その経過及び結果を記録した資料等

(3) 異同識別に関する資料
　①各鑑定について、統計学的分析を行った過程に関する記録、シミュレーションデータなど[25]

　このような関係資料、データの開示について、最近は検察官も比較的支障なく応じてくれていると思われる。そのうえで二の矢、三の矢を射るかを検討することになる。

専門家証人に対する反対尋問

1　基本は一般的反対尋問と変わらない

　専門家証人に対する反対尋問においても、ケースセオリーに基づいて尋問しなければならない。「反対尋問を通じて、事実認定者に伝えるべき明確なメッセージを見極めたうえで、そのメッセージを、確実に事実認定者に示すようにしなければならない……。……あくまで尋問者と証人の一問一答によって、間接的にメッセージを伝え……尋問者は、的確に証人をコントロールし、自らのメッセージを浮かび上がらせなければならないのである」[26]。
　とはいっても、専門家証人は専門的な学識経験を有し、その学識経験に基づき認識し得た具体的事実や意見について証言するというものであるという点で、一般的な目撃証人等とは決定的に異なっており、慎重な検討や尋問についての工夫が必要である。

2 専門家証人の人的特異性と尋問者の態度等

(1) 専門家証人はコントロールが困難な証人である

　専門家証人は、一般的には、訴訟関係者の誰よりも当該専門分野については知識経験を有している。裁判の証拠として現れる事項、事実および意見等の背景には、膨大な研究の成果に基づく学識知見が存在している。そのためもあってか、専門家証人は、その膨大な経験、学識、知見を披瀝したがる傾向が強く、主尋問ですらなかなか一問一答の尋問状況を形成しにくく、証人がその見解を縷々陳述する傾向が強いように思われる。ましてや反対尋問においては、一問一答形式、誘導尋問等による証人のコントロールはいっそう困難である。しかも、科学者の中には、法廷の対審構造に基づく尋問、誘導尋問に対し強い嫌悪感を示す者もいる[27]。

　専門家証人に対する反対尋問では、尋問にストレートに答えず、はぐらかしたり自説を長々と答え、コントロールが困難になることも往々にしてある。その場合の一つの手法として、再度同じ質問、または、図やグラフ等を使った尋問を繰り返す等によって対応する、あるいは、わかりやすい比喩を用いて尋問すること等、事前に想定しておく必要がある。

(2) 尋問者の態度等

　具体的な反対尋問については、弁護人の尋問の態度、現れる用語や概念等について細心の注意が必要である。

　専門家証人は、一般的にプライドも高く、反対尋問に対して強い警戒心を有している。基本的には、専門家証人に対して敬意を払い（これは一般的な反対尋問でも同様であると思う）、プライドを傷つけないように丁寧な態度で接するべきであろう。「鑑定人の反対尋問で最も重要なのは弁護人に対する警戒心をいかにしてなくすかであり、反面でいかにして弁解をさせないかである。……鑑定人には専門家としての敬意を払うことが絶対に不可欠である。いかに鑑定内容が被告人に不利益であっても、鑑定人に対して怒りをぶつけたりしてはならない。攻撃的尋問は、一般の証人尋問でもそうであるが、鑑定人の場合は最悪である。積極的な反撃を直ちにもたらす可能性が高いからである」[28]ということに心しなければならない。

専門用語や概念について、わかりやすく説明を求める工夫が必要である。裁判員の場合、理解不能な専門用語や概念が出てくると、理解がそこでストップすることが危惧される。想定される理解困難な専門用語や概念に関し、公判前整理手続の際の事前カンファレンス等でわかりやすい説明や言葉の言い換え等について打ち合わせておくべきである。

3 専門家証人に対する反対尋問の組立てと工夫等

(1) 専門家証人に対する反対尋問の戦略と尋問の組立て

　反対尋問についてどのように考え、どのような工夫をすべきか、ケースセオリーとの関係でどのように尋問を組み立てるのか。簡単に述べておきたい。

　なによりも事前に開示される鑑定書や意見書を十分検討し、まず、弁論を意識して考えるべきである。鑑定書や意見書を検討する場合、次の点に留意すべきであろう[29]。

> ①弾劾の方針として、反対尋問による弾劾のみにとどめるのか、再鑑定まで請求するのか、あるいは弁護側証人による立証を予定するのかを明確にしておく[30]。
> ②再鑑定請求を予定している場合や弁護側証人による立証を予定している場合、それらの鑑定等の資料となるべき事項、鑑定資料の形状等原鑑定の判断の前提となった客観的資料をできる限り正確に、詳しく法廷に顕出することを反対尋問の重要な目標の一つとする。
> ③弁護側証人による立証を予定している場合には、弁護側専門家証人の予定証言の基礎となるべき原理、用いられる技法等や客観資料等が信頼できること等を法廷に顕出することを反対尋問の目標の一つとすべきである。
> ④再鑑定を採用させるためにも原鑑定の内容を反対尋問で弾劾しておく必要がある。
> ⑤再鑑定を予定していない場合や弁護側証人による立証を予定していない場合は、鑑定内容自体の弾劾を反対尋問の中心とする。

専門家証人に対する具体的な反対尋問の構成としては、まず、基礎的基本的事項、知見、一致する部分や争いのない事実や見解の部分から始めていくべきであり、そのうえで、「活かす」尋問を十分検討し、欠落や矛盾論文の存在や異なる知見の存在を示して弾劾へと進むべきであると考える。専門家証人の警戒心を解き、その専門的経験や知見を披瀝してもらい、被告人にとって有利な知見を引き出したうえで、欠落、矛盾、限界を顕出していくことが効果的であるように思われるからである。なお、反対尋問においては、獲得目標を明確にすべきであり、無目的な尋問、総花的尋問はしてはならない[31]。

(2)　専門家証人による鑑定書、意見書等の検討の留意点
　反対尋問を組み立てるにあたって、事前に開示された専門家証人の鑑定書や意見書を十分に分析、検討しなければならない。次のような点に留意して分析すべきであろう[32]。

　①有利な部分と不利な部分との区別
　②事実に関する部分と、評価・解釈に基づく部分との区別
　③具体的な記載のない部分について、記載がないのは「事実として不存在か」それとも「ルーティンとしての事柄だから省略しているのか」等の区別
　④専門的知見の正確度、精確度等の検討
　⑤データと分析検討結果との照合、一致、不一致等の検討
　⑥推論（理由づけ）の特徴の検討
　⑦述語等の表現（「である」「であると思う」「であると推測する」など）の検討
　⑧専門分野、著書等の把握
　　等。

(3)　最終弁論を意識した反対尋問
　専門家証人に対する反対尋問でもケースセオリーに基づき行わなければならないが、反対尋問のみで完結すると考えるべきではない。常に弁論との関係を考慮して戦略的に反対尋問を行うべきである。専門家証人に対する反対尋問は成功すればすばらしいが、専門家証人に対する反対尋問は極めて困難である。専門家証人に対する反対尋問で取り返しのつかない失敗をすれば、

それだけで被告人の利益を決定的に害しかねない。したがって、専門家証人に対する反対尋問においては、一般の証人に対する場合以上に、弁論を意識し、弁論で使えない尋問は基本的には厳に慎むべきである。

(4) 「活かす尋問」（有利な知見、情報の獲得）

専門家証人に対する反対尋問では、その学識・経験のなかから、被告人側の主張を支持することにつながるような科学的事実や知見を引き出し、自分の側に不利な意見の重みを減殺させるという方向に向けられるべきであり[33]、「活かす尋問」（有利な知見、情報の獲得）を意識的に検討し目指すべきである。弁護側専門家証人の尋問が予定されていれば、当該専門家証言の判断の前提となった客観的資料をできる限り正確に、詳しく法廷に顕出することが反対尋問の目標の一つとなる。また、「たとえ自分の最終的な結論と一致しなくとも、相手方の専門家は、例えば、自分の主要な前提のいくつかについて同意する可能性もある」[34]から、この観点からの「活かす尋問」を十分に検討すべきである。反対尋問で被告人側にとって有利な知見を獲得できれば、その効果は極めて大きいと考えられる。

(5) 生データ等を利用した尋問、「欠落」の指摘等の尋問

専門家証人に対し効果的な反対尋問を行うには、積極的な証拠開示請求をし、具体的な生データに基づく尋問の工夫をしなければならない。まず、どのようなデータか、どのように収集されたのか、どのように保存されていたのか、保存状態はどうだったのか、資料の収集から保存、検査等に至るまで保管の連鎖は認められるのか等を検討する。収集した資料と検査した資料の同一性の有無等についても検討を加えるべきである。この場合にも専門家の協力を得て検討を行う必要がある。また、得られた生データを利用して、数値的なものは図やグラフ等に置き換えて、可視化しわかりやすくすることを考慮すべきである。

なによりも、協力専門家の援助を得ながら当該鑑定や検査、分析において「欠落」がないか十分に検討しなければならない。「欠落」の指摘は一般的な反対尋問でも有効な手法であるが、専門家証人に対する反対尋問でもかなり有効であると思われる。一般に科学的証明は、仮説に基づいて実験や検査等を行い、その正しさを検証していく作業を伴うが、措定した仮説に合致した

データだけを集め、反対仮説の検証が不十分なこともよく見受けられる。あるいは類似事例との比較検討、検証の欠落もある。想定される仮説であれば、当然されなければならない検査や前処理、統計学的な処理、検証等について「欠落」を指摘できれば、素人でもその専門家証言の信用性の不十分さがわかりやすいし、効果的である。

　和歌山カレー毒物混入事件において、砒素に関する鑑定受託者の鑑定につき、たとえば、「犯罪現場からのサンプリング（試料）、検体（または試験片）間の異同、異なる日の測定による変動、異なる分析者による変動、ビームラインの相違によるスペクトルの変化など分析研究者ならあって当たり前の変化が、無いと仮定して示された結果は信頼性に問題がある」[35]という欠落が分析化学の専門家から指摘されている。「専門家が重要な検査または手順を実行しなかった場合、あるいは、専門家が全ての重要なファクターを考慮することを怠った場合、専門家は反対尋問で危険にさらされる可能性がある」[36]ことを意識して尋問を組み立てるべきである。

　筆者自身、医師に対する反対尋問で「欠落」を指摘して効果的な弾劾をした経験がある[37]。

⑹　関連論文等による専門家証人の知識・知見の矛盾や限界等に関する尋問

　当該専門的分野に関連して収集した論文によって、当該専門家証人の知見や見解と異なる論文等を指摘することも効果的である。当該専門的分野において当該証人と異なる見解が存在することを指摘することにより、当該証言の限界を示し、その見解の妥当性、信用性を相対化できると思われる。とりわけ、当該専門家証人の現在の見解と矛盾する当該証人自身の過去の見解の指摘は有効である。いわゆる一般的証人に対する自己矛盾供述に該当する論文の存在である。

　しかし、科学的見解は、前提条件や実験条件あるいは検査機器の改善発展等により知見の変化がありうることを前提とし含意しているから、かかる前提条件等の異同によって、自己矛盾論文の存在は必ずしも決定的とはならないこともあることは、十分留意しておいたほうがよいと思われる。それでも、自己矛盾論文の存在は専門家証言を弾劾するうえで大きな武器とはなりうる。

　そして、専門家証人に対する反対尋問をするときには、上述の「欠落」を

指摘する場合も含めて、法廷ではいつでも収集した関係論文を利用し取り出し、そのような「矛盾」、「限界」等を指摘できるように準備しておかなければならない。

(7)　科学的原理の問題、鑑定の方法（技法）等についての尋問
　先に見たように、専門家証言について5段階の観点[38]からの吟味が必要であり、科学的原理の問題、鑑定の方法（技法）等についても検討をしなければならない。しかし、検討したからといってこれらについて必ず尋問しなければばならないということではない。自らのケースセオリーに基づき、上記事項につき弾劾できるのか、あるいは有利な事実を引き出せるのかを慎重に検討し、否定的な結論に達すれば、かかる事項に対する尋問は回避すべきである[39]。

(8)　専門家証人自身の公平さ、能力についての尋問
　確かに、「悪事は裁かれるという科学の力を示すことで、全国の毒物混入事件に対する抑止力になる」[40]との立場から鑑定するなど、公平性・中立性に疑問のある専門家証人はいる。また、「飽和」の意味内容や有効数字を理解していない分析化学者や、鑑定書をほとんど作成しないという法医学鑑定者もいる。そのような専門家証人については、能力に大いに疑問があり、本来かかる専門家証言は証拠能力が否定されるべきであるが、現状の裁判所は残念ながらそのような見解には立っているようには思われない。それゆえ、かかる観点からの尋問については、ポイントを絞らざるをえないだろう。その場合は、「①鑑定人の警察・検察に関連する職歴その他のかかわりの有無、②当該鑑定にあたり、捜査官が犯行状況等に関する資料を提供しているか否か、③捜査官からの一方的情報に引きずられていないか」等を慎重に検討すべきであろう[41]。

(9)　反対尋問の手法に関するいくつかの留意点
　上記の専門家証人に対する尋問について留意すべきことを踏まえて、さらに反対尋問において留意すべきことを若干述べておきたい。
　　ア　同じ質問を繰り返し証言の散漫化や言い逃れを逃がさないこと
　専門家証人は、概して自らの見解を縷々説明し知見を披瀝したがる傾向が

強い。ひとつの質問に対してひとつの回答をするのではなく、ひとつの質問を契機として、自分の見解を披瀝するのである。そのような場合、証言が散漫化し、反対尋問に答えていないにもかかわらず言い逃れを許してしまうことにもなってしまいかねない。

　このような回答を避けるには、まず、尋問を短くすること、端的に結論から聞くこと、回答の前提条件をきちんと確認すること、端的に回答することを尋問の中で求めること等の工夫が必要であろう。それでも、長々と散漫に回答されることはよくある。その場合でも、回答の途中で証言を遮ってはならない。遮ると、弁護側にとって不利な証言をされたと受け取られかねないからである。そうではなく、一旦最後まで証言させた後、同じ質問を繰り返すのである。「先ほどの私の質問にお答えになっていないようですので、再度同じ質問をします……」。それにもかかわらず、証人がまた質問に答えていない場合には、再々度同じ質問を繰り返すことになる。このように同じ尋問を繰り返すことによって、専門家証人が証言を逃げていること、回避していることを印象づけるとともに、明確に回答を迫るのである。場合によっては、裁判所に対し、専門家証人が質問に対して端的に答えるようにとの訴訟指揮をすることを求めることも考慮しなければならない。

　イ　両義的・多義的な言説等に注意した尋問を検討すること

　専門家証人は、両義的・多義的な言説、確率論的表現をよく用いるということを念頭に、反対尋問も検討する必要がある。例えば、主尋問で「Aという可能性がある」「Aと考えても矛盾しない」等の説明があった場合、「それは(a)『現時点ではAという結論が正しくそれを覆す具体的実験等はないが、理論的にはBもあり得るかもしれない（将来裏付けられるかもしれない）ので、その意味でAと断定しない』といったBについての理論上の抽象的可能性——抽象論——を含意しているのか、逆に(b)Aの方が理論上の抽象的可能性にすぎないのか、それとも(c)Aを否定し得る（Bを肯定し得る）別の科学的原理・手法があるなど（鑑定を行う者がそれに賛同するか否かは別として）Bについて何らかの現実的可能性があるのか」[42]等の尋問について、自らのケースセオリーに照らして、するのかしないのか、するとした場合、どのような尋問の仕方をするべきかをも考慮しておくべきである。

　ウ　図やグラフ等視覚情報の利用

開示された生データだけでなく、収集した資料から図やグラフ等を作成できるのであれば、積極的に行うべきである。専門的な知識、知見および情報については文字情報だけではわかりにくい。とくに裁判員裁判では、このような視覚化のためのツールは大いに活用すべきである。

図表22-1

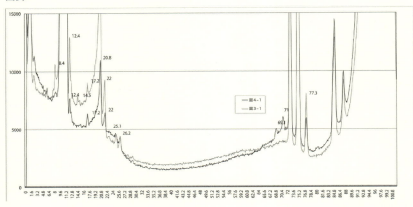

上記図表22-1は、和歌山カレー毒物混入事件における鑑定資料付着物の異同識別に関する蛍光X線スペクトルのチャート図である。横軸は蛍光X線のエネルギー（波長）の値、縦軸は蛍光X線の強度の値を示す。元素の発する蛍光X線のエネルギーは固有の値を持つことから、スペクトルのピーク位置について横軸の値からエネルギー（波長）を読み取り元素を特定することができる。また、縦軸の値からは当該元素の量を分析することができる[43]。

もともとの鑑定書添付のチャート図（①）は、1つの資料だけについてのものだった。しかしこれでは、証拠開示された別の資料付着物のデータ（②）との異同が分かりにくい。そこで筆者が作成したのが、上記図である。①の生データを元にプロットした図に、②をプロットした図を重ね合わせた。

このように2つのデータを重ね合わせて図示したことで、ピークの位置による元素の特定、強度の強さについて資料間の比較が可視的になり、分析化学の専門家である河合潤教授からは、鑑定受託者のチャート図よりも弁護人作成のチャート図の方が見やすいと評価された[44]。

筆者ら弁護団は、このチャート図を弁号証として提出し反対尋問で活用はしたが、2002（平成15）年当時、まだ弁論がプレゼンテーションであるという

意識は低かったこともあって弁論では利用しなかった。裁判員裁判では弁論でも大いに利用すべきであると考える。

4　その他

専門家証人の尋問を検討するにあたっては、上記に述べた以外にも、公判前整理手続におけるカンファレンスの効果的な利用の問題、また、弁護側専門家証人による立証の問題との関係についてもさらなる検討が必要である。

ほかにも、専門家証言については、反対尋問に限らず特別弁護人選任（刑訴法31条2項）をも考慮すべきだし、法廷における尋問について複数専門家に対する対質尋問（刑訴規則124条）の利用等をも検討すべきであり[45]、課題は多く残されている。

1　司法研修所編『科学的証拠とこれを用いた裁判の在り方』（法曹会、2013年）11〜14頁、三井誠『刑事手続法Ⅲ』（有斐閣、2004年）265頁、長沼範良「科学的証拠の許容性」法学教室271号（2003年）97頁参照。
2　SPring-8大型放射光施設ウェブサイト〈http://www.spring8.or.jp/ja/〉によれば、「SPring-8とは、兵庫県の播磨科学公園都市にある世界最高性能の放射光を生み出すことができる大型放射光施設です。放射光とは、電子を光とほぼ等しい速度まで加速し、磁石によって進行方向を曲げた時に発生する、細く強力な電磁波のことです。SPring-8では、この放射光を用いてナノテクノロジー、バイオテクノロジーや産業利用まで幅広い研究が行われています。SPring-8の名前はSuper Photon ring-8 GeV（80億電子ボルト）に由来しています」とのことである。
3　井上正仁「科学的証拠の証拠能力(2)」研修562号（2007年）8〜9頁。
4　成瀬剛「科学的証拠の許容性(1)」法学協会雑誌130巻1号（2013年）5頁。
5　「声明・科学者の行動規範〔改訂版〕」日本学術会議（2013年1月25日）「科学者の姿勢」の項。
6　ポリグラフ検査に関する最決昭43・2・8、声紋鑑定に関する東京高判昭55・2・1、警察犬による臭気選別に関する最決昭63・3・3等。
7　成瀬・前掲注4論文36頁。
8　後藤眞里子「いわゆるMCT118DNA型鑑定の証拠としての許容性」法曹会編『最高裁判所判例解説刑事篇（平成12年度）』（法曹会、2003年）177〜178頁。
9　宇都宮地判平22・3・26判時2084号157頁。
10　日本語訳は高野隆編著『ケースブック刑事証拠法』（現代人文社、2008年）183頁参照。
11　司法研修所・前掲注1書29〜30頁。
12　光藤景皎『刑事証拠法の新展開』（成文堂、2001年）3頁は、科学的証拠の証拠能力について論じているが、専門家証人に対する弾劾のポイントともいえるだろう。
13　キース・エヴァンス（高野隆訳）『弁護のゴールデンルール』（現代人文社、2000年）110頁。
14　F・L・ウェルマン『反対尋問の技術（上）』（青甲社、1994年）93頁は、「鑑定人の学識・経験のなかから、当該弁護士側の論旨を支持することにつながるような別な事実や別の論点を引き出すために、その注意力と思慮分別を働かせながら……自分の側の主張を補強するような科学的事

実を鑑定人の知識の中から引き出し、かくしてその鑑定人が述べた自分の側に不利な意見の重みを減殺せしめるという方向に向けられるべきなのである」と述べる。

15 ケースセオリーの意義に関しては、さしあたり後藤貞人＝河津博史「裁判員裁判におけるケースセオリー」日本弁護士連合会編『裁判員裁判における弁護活動——その思想と戦略』(日本評論社、2009年) 参照。

16 高野嘉雄「鑑定による立証」北山六郎監修／丹治初彦ほか編『実務刑事弁護』(三省堂、1991年) 167頁。

17 イタイイタイ病等の公害裁判や原発訴訟で数多くの専門家証人を尋問してきた松波淳一弁護士は、その著『ある反対尋問——科学者証人への反対尋問例』(日本評論社、1998年) 4頁で、ルイス・ナイザー弁護士の著作を引用して、効果的な反対尋問の99パーセントは準備であり、完璧な準備が反対尋問の技術であると述べている。

18 松波・同上書7頁。なお、書籍による専門的知識についての取得法は、立花隆氏も同様であるという。

19 加藤良夫『患者側弁護士のための実践医師尋問』(日本評論社、2006年) 8頁は、医療過誤訴訟について「法律家は、成書や文献である程度医学的知識を補うことは可能であっても、臨床医の実務感覚のようなものはなかなか学び取れない」と述べるが、この理は他の専門分野にも当てはまる。

20 和歌山カレー毒物混入事件の鑑定について批判的検討をしている河合潤（京都大学大学院工学研究科教授）は、「和歌山カレー砒素事件鑑定資料——蛍光Ｘ線分析」日本分析化学会＝Ｘ線分析研究懇談会編『Ｘ線分析の進歩43』(アグネ技術センター、2012年) 71〜72頁において、鑑定受託者から開示された生データをプロットし直したグラフと鑑定受託者のグラフを比較して「Ｘ線分光に詳しい支援者が弁護側についていたはずである」と述べられているが、この支援者（筆者の友人）の協力は反対尋問をするに際し不可欠であった。なお、河合教授の一連の論考（上記のほか、「和歌山カレーヒ素事件鑑定資料の軽元素組成の解析」『Ｘ線分析の進歩44』〔2013年〕、「和歌山カレーヒ素事件における卓上蛍光Ｘ線分析の役割」『Ｘ線分析の進歩45』〔2014年〕、「和歌山毒物カレー事件の信頼性は十分であったか」現代化学507号〔2013年〕、「月例卓話 和歌山カレーヒ素事件鑑定の問題点」海洋科学研究27巻2号〔2014年〕、杜祖健＝河合潤「和歌山カレーヒ素事件鑑定における赤外吸収分光の役割」『Ｘ線分析の進歩45』〔2014年〕、『鑑定不正——カレーヒ素事件』日本評論社〔2021年〕、『和歌山カレーヒ素事件 判決に見る裁判官の不正』現代人文社〔2024年〕等）によって、和歌山カレー毒物混入事件における鑑定受託者の鑑定の杜撰さが明白になってきている。

21 〈https://dbs.g-search.or.jp/jds/dj/display-file-select〉
22 〈http://www.ndl.go.jp/jp/service/online_service.html〉
23 〈https://dbs.g-search.or.jp/jds/dj/display-file-select〉
24 〈http://db.g-search.or.jp/index.html〉
25 司法研修所・前掲注1書131〜132頁。
26 秋田真志「反対尋問Ⅱ：弾劾」日本弁護士連合会編『法廷弁護技術〔第2版〕』(日本評論社、2009年) 161〜162頁。
27 本堂毅「法廷における科学——科学者証人がおかれる奇妙な現実」科学80巻2号（2010年）158頁は、「日本の法廷では科学的証拠に対し、『対審構造』と呼ばれるディベート的討論システムを、制度上の問題に気づかず、無制限（ナイーブ）に用いているのである．この結果として、法的強制力を以て証人を呼び出す公共空間＝法廷で、捏造合戦のような不毛な議論が続く．……現在の一問一答式の一方向的の尋問形式は、誘導尋問によって事実をねじ曲げることが可能である」と述べる。また、本堂毅「科学者から見た法と法廷」『岩波講座・現代法の動態(6)法と科学の交錯』(岩波書店、2014年) 参照。
28 高野・前掲注16論文170頁。
29 高野・前掲注16論文169〜170頁参照。

30 趙誠峰「鑑定から専門家証言へ」後藤昭＝高野隆＝岡慎一編著『実務体系・現代の刑事弁護(2)刑事弁護の現代的課題』（第一法規、2013年）は、これまでの弁護活動は、検察側専門家証人をいかに弾劾するか、あるいは裁判所にいかにして鑑定を採用させるかという観点から論じられてきたが、裁判員裁判時代においては弁護側による専門家証言による立証を目指すべきだと論じる。
31 ウェルマン・前掲注13書93頁は、「鑑定人に対しては、彼にもう一度自説を詳述する機会を与えてあげく、彼を鑑定証人として喚問した相手方弁護士が主尋問で十分に引き出しえなった彼の意見について彼自身にその理由を述べる機会を与えることになるような大まかな質問は、絶対にしてはならないのである」と述べる。
32 藤田康幸編『医療事故対処マニュアル』（現代人文社、2000年）298頁参照。医療過誤訴訟に関して論じているが、専門家証人の意見書等を分析する視点として役立つと思われる。
33 ウェルマン・前掲注13書93頁。
34 スティーヴン・ルベット（菅原郁夫＝小田敬美＝岡田悦典訳）『現代アメリカ法廷技法――弁論・尋問の分析と実践』（慈学社、2009年）213頁。
35 河合・前掲注19論文「和歌山カレー砒素事件鑑定資料――蛍光Ｘ線分析」83頁。
36 ルベット・前掲注33書218頁。
37 本書第18章「先生、調べましたっけ？――欠落を突け！」参照。
38 光藤・前掲注11書3頁。
39 ウェルマン・前掲注13書90～91頁も、「反対尋問家が鑑定人に対して相手の土俵の中で対抗しようと試みることは、賢明な策ではない。その鑑定人の理論なり学説について長々と反対尋問をしたりすると、必ず悲惨な結果におちいるのであって、めったなことに試みるべきではない。……たいていの場合は、……すでにした証言をさらに詳述させ、さもなければ陪審が誤解をしあるいは全く見逃がしていたかもしれないところを説明しなおす機会を与えるだけなのである。……医師に対しては、めったなことに彼の専門分野のことで反対尋問をしてはならない」と述べている。
40 朝日新聞社『サイアス』1999年4月号10頁参照。中井泉東京理科大学教授は、和歌山カレー毒物混入事件で、鑑定書を作成していないどころか、Ｍさんが殺人罪で起訴されていない段階で、このような立場からその結果をマスコミに嬉々として公表した。中井教授らの「記者会見は、ヒーローインタビューのようだった」と記載している。
41 高野・前掲注16論文168頁参照。
42 豊崎七絵「法医鑑定と刑事事実認定」福島至編著『法医鑑定と検死制度』（日本評論社、2007年）126頁。
43 さしあたり、北森武彦＝宮村一夫『分析化学(II)分光分析』（丸善、2002年）51～54頁等参照。
44 河合・前掲19論文「和歌山カレー砒素事件鑑定資料――蛍光Ｘ線分析」71頁。
45 杉田宗久「裁判員裁判における対質尋問の活用」同『裁判員裁判の理論と実践〔補訂版〕』（成文堂、2014年）251～293頁において詳しく論じられている。

（小田幸児）

特別編① ——供述心理学と反対尋問のコラボを探る

【第23章】目撃者・被害者の供述心理

　以下は、2016年4月8日に大阪弁護士会館で開催された「第28回ダイヤモンドルールを作ろう研究会——供述心理学と反対尋問のコラボを探る」の反訳に加筆したものである。

［講師］
高木光太郎（たかぎ・こうたろう／青山学院大学社会情報学部教授）
　供述心理学専攻。東京大学大学院教育学研究科助手、東京学芸大学海外子女教育センター講師、同助教授、東京学芸大学国際教育センター助教授、同准教授を経て、2008年4月より青山学院大学社会情報学部教授。主な著作『証言の心理学——記憶を信じる、記憶を疑う』（中公新書、2006年）がある。

　ただ今ご紹介いただきました高木です。ご紹介いただいたとおり、私は心理学者で、記憶や人間のコミュニケーションに関わる領域を専門にしています。
　そういうことをやっていたこともあり、ちょっとしたきっかけで刑事裁判の世界に関わるようになり、当初は、主に供述の信用性評価、虚偽自白の疑いのある事件とか、目撃者の証言が間違っているかもしれないという疑いのある事件について、主に弁護人から依頼されて鑑定書を書いてきました。
　しばらくして2010年ぐらいになってから、世の中の風向きもだいぶ変わってきて、足利事件の再審、厚労省の村木（厚子）さんの事件などいろいろあって、警察・検察の取調べのあり方を見直していこうという動きが幾つか出てきました。そういう流れの中で、あまりよろしくない取調べ・事情聴取を分析して、いろいろなものを書いてきた私たちにも声がかかって、最近は、「取調べの高度化」とか「科学化」と言われるような仕事も手伝っています。一方で、供述の信用性評価は仕事として継続してやっていて、今は大体その二つ

の柱で仕事をしています。

　今日は、その中でもとりわけ目撃者あるいは被害者、──被害者もある種、目撃者の一種のようなところがあると思いますが──そういう人たちの供述心理というか、そういう人たちが自分の体験を事情聴取や法廷で話すときに、どんな心理過程が働いているのかについて話します。この領域を勉強した人には基礎的すぎる部分も入っているかと思いますが、ごく基礎的なところから始めて、考えていることを話します。

記憶現象としての目撃証言

　まず、「記憶現象としての目撃証言」です。目撃証言とは当然のことながら、心理学的に見れば、自分が体験した出来事を記憶にとどめ、のちにその記憶に基づいて言語的に報告するプロセスです。言ってみれば、ど真ん中の記憶現象というか、何ら特別なことはない、人間の非常に自然な記憶の働きの中で起こってくる現象・作業であると言えます。

　ですから、目撃証言の背後には、人間の記憶の極めて基本的なメカニズムがしっかり作動していることになるので、心理学的に目撃証言の問題を考える場合、まずは、そもそも人間の記憶は脳の中でどのような仕組みになっていて、どのように動いているのか、どんなところにトラブルが起こりやすいのかを知っておくことが第一歩になります。

　ここら辺も、大学などで心理学の概論などを受講して、それを覚えている人にとっては本当にごく基礎的なことになりますが、少し整理して話します。

1　記憶の基本的メカニズム

　人間の基本的な記憶のメカニズムについて、通説的に言われていることは、人間の記憶は幾つかの箱でできているということです。記憶というと、情報を収める貯蔵庫が一つぽんとあって、その中にいろいろな情報が収まって、それが必要に応じて出てくるという印象を持ちやすいですが、実際はそうではなくて、機能の違う幾つかの箱でできあがっています。

図表23-1　記憶の基本的メカニズム

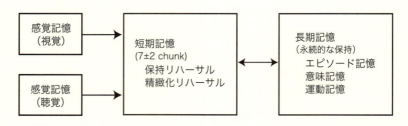

　最初にどんな箱があるか。まず、人間は出来事を体験します。体験した情報が目や耳だけではなく、温度のような皮膚の感覚、舌の味の感覚、あるいは、転落するときは重力の感覚など、五感を通して入力された情報が感覚記憶という所にまず登録されます。

　ここは、感覚器官から入力された情報がごく短い時間、ほぼ全て登録される所です。何か複雑な絵などを目の前で見てぱっと目を閉じたときに、ほんの一瞬であれば、絵のどこに何が描いてあったかを探ることができます。あるいは幾つかの音で、例えば単語を聞かされたときに、直後であれば、その音がどの音だったかをすぐ探すことができます。このように、一瞬だけかなり多くの情報を保持しておくことができる箱があると考えられています。

　このあとがポイントです。視覚が一番分かりやすいので、目で見た映像のようなもので考えるといいと思いますが、いったん感覚情報として入ってきたものが一時保存場所に一瞬保存されたあとに何が起こるかというと、人間は、カメラのように受動的に情報を記録するだけの存在ではありません。意図や意思や欲望を持って行動しているので、常にある方向性を持って物を考えたり、判断したり、関係を探索したりしています。ですから、感覚記憶に登録された情報のうち、今、自分にとって意味のある情報は何かを考えて、その中を探ります。

　例えば私が、今、目の前に広がっている皆さんの姿を見たときに、「今日は何人ぐらいの方がみえて、どんな方がいらっしゃるのかな」ということに注意が行きますので、それを意識してこの情報を探索します。もし建築などに関心がある人であれば、この建物の造りに関心を持つかもしれません。いろいろな関心があると思いますが、自分のそのときの関心に従って、感覚記憶

に登録された膨大な情報の中からある所に注意を向けて注目し、注目されたその情報が次の短期記憶という所に入っていきます。

短期記憶は情報の処理場のような所で、採ってきた情報を自分にとって意味のあるように解釈してみたり、いじってみたりするような場所です。ここは、自分が意識を向けている限りは記憶が保持される場所です。

今はほとんどやらなくなりましたが、昔、携帯などがまだなくて、電話番号を暗記しないといけなかった時代は、人から電話番号を聞いたときに、頭の中で何回も繰り返して忘れないようにしていました。あれは、短期記憶の中に入ってきた情報がなくならないように注意を向け続けるための操作です。それをやっている限りは忘れません。

ただ、短期記憶は容量が限られています。感覚記憶は膨大な情報が一瞬だけでも保持できますが、短期記憶は、自分にとって意味のある非常に限られた情報しか保持されません。どのぐらいの量かというと、これは古典的な研究でよく知られていますが、「7プラス・マイナス2チャンク」という単位で呼ばれる情報量です。「チャンク」とは情報のひとまとまりという意味で、「5」から「9」ぐらいの数の情報のまとまりを頭の中に保持することができます。

例えば、数字であれば5桁から9桁、単語も長いものでなければ5個から9個ぐらいを頭の中に保持できます。これは個人差がありますので、たくさん保持できる人も居れば少なくしか保持できない人もいて、情報が非常に限られます。膨大な情報の中から自分の関心に従ってごく一部をピックアップして、そこに光を当てておく場所で、そこに置いておける情報は非常に少ないです。ですから、実は、これはあまり正確ではありません。

イメージとして言えば、意識としてちょうど光が当たっている場所、意識できている場所です。要するに、意識の世界です。その中に情報が入っていて、ここで意識の光を十分に当てて、「これ、どういうことなんだろう」とか、「こうなっているな」とか、「今日はこういう方がみえているな」といったことを意識的に処理していると、そのうちの一部の情報が長期記憶という所に転送されます。

長期記憶は、私たちが普通に記憶としてよくイメージする場所と同じで、いったん入った情報は意識を向けなくても保持されて、必要に応じて採り出すことができる、いわゆる普通の記憶の場所です。思い出すときは、長期記

憶から短期記憶に情報を引っ張り出してきて、意識の光をまた当てて、ああだこうだといじったり考えたりして、またこちらに戻すことを繰り返していきます。

　人間の記憶は大体こんな構造をしています。脳の中の機能の分かれ方も、短期記憶に相当するメカニズム、長期記憶に相当するメカニズム等があることが分かっていますので、これはほぼ間違いない構造です。

2　目撃証言の誤りやすさ

　目撃証言はとても間違いやすいとよく言われていますが、実は、この記憶の構造そのものが目撃証言の間違いやすさの基盤になっています。つまり、人間の記憶は、目撃証言などをするときには非常に間違いやすくできているということを考える必要があります。

　どういうことかというと、まず、膨大な情報からごく一部しか取り出せません。しかも、自分の興味・関心のある情報にしか注意が向かないし、それしか覚えません。例えば、ある事件を目撃した場合、その人は、その人にとっての興味・関心で、その場面から情報を引っ張り出してきて記憶にとどめることしかしません。興味・関心がなければ、大して記憶にとどめないこともあります。そして、興味・関心やそこで引っ張ってくる情報は、必ずしものちのち司法が必要とする情報であるとは限りません。

　例えば、犯人とおぼしき男性が走って逃げていく姿を、女性がすれ違いざまにぱっと見たというときに、捜査などでは服装が大事だったりしますが、その女性がたまたまある男性アイドルのファンで、「あ、SMAP（スマップ）の何とかくんに似てる」と思って、そのことだけが印象に残って、「何だか知らないけど、SMAPの何とかさんに似ている人が走っていきました」ということしか記憶に残らないことがあります。

　あるいは、これは目撃場面ではありませんが、例えば、2人で普通に全く同じ繁華街を歩いていたとしても、一方の人はグルメで食べ物にばかり興味があって、他方はファッションにばかり興味がある。そうすると、入ってくる元の情報は一緒ですが、注意を向けるものが違うので、その通りを歩いたときの2人の記憶は全く違ったものになってくることがあります。

　これは、心理学の言い方では、「人間の記憶は選択的（セレクティブ）である」

と言われます。このことはよくよく注意しておかなくてはいけないし、例えば目撃者にしても、関係者もろもろの人たちの記憶を査定するときに、この人は体験時にいったいどういう興味、関心、注意でその場に居たのかということが非常に大事になってきます。

　逆に、そこから恐ろしく外れているような情報を、「何でも覚えています」と語る人は怪しいということです。「普通では見えないようなディテールを生き生きと話すような人は、詳細部をよく覚えているので信用できる」みたいな言われ方をすることがありますが、そのときに注意も関心も持たないような詳細部をよく覚えているような人の供述は、むしろどこかで何らかの捏造（ねつぞう）が入っている可能性があります。

　外から情報が入ってきて、ここで登録されて、選ばれて、しまわれるというプロセスを説明しましたが、では、このプロセスは外から完全に守られていて、1回ここに入ってくれば情報は変わらずに守られ続けるのかを考えなくてはいけません。残念ながら、これは、そんなことは全くありません。感覚記憶はもろに感覚器に開かれているし、短期記憶は感覚記憶から随時情報が入ってくるので、いろいろな情報が外から入ってきます。

　特に問題になってくるのは、例えば、最初にある人物を見て、たまたまその人物のいろいろなことに興味を持って関心を向けて、短期記憶で少しいじって長期記憶に送ったとします。そして、しばらくして、「思い出してください」と言われたとき、長期記憶から短期記憶にその人の情報を引っ張り出してきます。

　そのときに、短期記憶が何のノイズもないクリーンルームのような所であれば問題ありませんが、引っ張り出してくる時点での外からの情報が短期記憶のほうにもどんどん入ってくることがあります。すると、そこで情報が混じる、あるいはすり替わることが非常に簡単に起こります。そして、そこで加工された情報がその人の記憶として蓄積されていきます。

　ですから、うなぎのたれみたいなものです。うなぎのたれはしょうゆや酒で作りますが、新しいうなぎをどんどん突っ込んでいって、味がどんどん変わっていきます。人間の記憶も一緒で、同じものがずっと保持されるのではなくて、外から入ってくるいろいろな情報によって少しずつ変質していきます。ですから、昔のことを非常にありありと思い出せるようなことがよくありますが、そのディテールはかなり間違っていることが多いと言われていま

す。

　フラッシュバルブメモリーという有名な研究があります。フラッシュバルブとはストロボのことですが、例えば最近の研究では、「9・11」の事件がアメリカで起こったときに、その場には居なくて報道などで知らされた人が、自分が知らされたその瞬間に自分はどこで何をやっていたのかということに関して、非常にビビッドな記憶を持つという現象が報告されています。

　ジョン・F・ケネディが暗殺されたときに物心がついていた人に、いつどこで何をやっていたかを17年後に聞いた有名な研究がありますが、90数％の人が非常に生き生きとした記憶を喚起するということで、一時期、人間の脳には、重要な情報は写真を撮ったかのように保持するメカニズムがあるという議論もされました。しかし、その後の研究で、ビビッドな情報の大半は間違いであることが分かっています。

　例えば、「私は、そのことを聞いたときに、野球の実況中継をラジオで聞いていたんで、ほんとによく覚えていますよ。ラジオが中断して、『臨時ニュースです』って言ったんですよ」と非常に確信を持って話してくれても、あとで裏を取ったら、その日は野球の中継がなかったということが平気で起こります。

　つまり、人間の記憶は、もともとのメカニズムとして選択的です。本人の関心に基づいた、限られた情報しか採り入れられないし、採り入れられた情報も外からの影響でどんどん変わっていきます。外からだけではなくて、例えば、何かを採り出したときに、いろいろなことを自分でふと考えてしまいます。「このときって、確かあんなこともあったよな」などと考えてしまって、それが間違いだったりすると、それと組み合わさってまた別の記憶になってしまいます。そういう非常に脆弱（ぜいじゃく）なものです。

　なぜ、こんな脆弱なものでいいのか。ここで言う脆弱さとは、ディテールに対する脆弱さです。人間は、裁判でもやらない限りは、実際は細かいことはそんなに覚えていなくていいことが多いのです。例えば私は、今日このような格好をして話していますが、私の格好を詳細に記憶して皆さんが持ち帰ることの価値や意味はほとんどありません。むしろ一番大事なのは、私が今日どういう話をしたのかということをざくっと持ってかえることだし、ファッション評論家でもない限りは、皆さんそうすると思います。

　つまり、日常生活では、ディテールにこだわって、非常に細かいことを覚

えないといけないということはほとんどありません。生き物としての人間の脳は、そういうところにはチューニングされて作られていません。

ですから、私たちは、受験などのときに非常に苦労して、脳を酷使して細かいことを覚えますが、むしろ、あれは異常な脳の使い方というか、高度な文明的な脳の使い方で、普段ぼんやりと生きているときに何が大事かというと、「要するに、今、どういうことが起こっているのか」とか、「要するに、これは何なのか」とか、「私の好きなこのポイントはどうだったのか」ということです。

それ以外の細かいことを覚えるために無駄に脳を回すのは、適応的に見れば、むしろ危険なことですらあります。例えば、すごい危険が迫っているのに、その周囲の情報に気を取られて危険な所に焦点を向けないことがあれば、すぐ死んでしまいます。

もともと人間は、細かいことを長い間覚えるようにはできていません。脳の記憶は、むしろ自分にとって大事なことを大まかに覚えていく仕組みとして発達してきました。ただ、うまく駆使すれば、かなり細かいことも覚えておけるようになっています。ですから、記憶術や受験勉強の暗記みたいなものがあって、本当に大事だと思ったら、短期記憶に入っている情報を自分の中で長期記憶に送るような努力を一生懸命します。

例えば、交通事故のひき逃げを目撃して、「逃げていく自動車のナンバー覚えなきゃ」、「車種覚えなきゃ」というときは、非常に一生懸命そのディテールを覚えようとして、「7プラス・マイナス2」の範囲に入るような情報をたくさん処理して送ります。そういうことは頑張ります。

つまり、人間の記憶のメカニズムに基づいて考えるならば、目撃証言というのはむしろ誤りやすいのが常態であって、正確に細かいことが採り出せるのは、言ってみれば非常に運がいいと考えざるを得ません。目撃供述、目撃証言とはそういうものです。

3　被害者供述の位置付け

被害者の場合はどうかです。被害者も、基本的には事件をごく間近で体験した体験者ですので、基本の部分では、同じメカニズムで事件を体験しているはずです。しかし、ある種の犯罪に遭遇した被害者は、非常に怖い思いを

したり、つらい思いをしたり、痛い思いをします。

過度につらかったり怖かったり痛かったりするような経験をした場合には、人間の記憶が別のかたちで作動することも知られています。「トラウマ記憶」と言われるようなものです。

自分の店で何か万引きされたとか、そういう話ではなくて、殺されかけるとか、体にナイフが突き刺さるとか、肉親が目の前で何かされるとか、飛行機が落ちそうになるとか、本当に怖い体験をしているような場合、どういうことが起こるか。普通は、感覚記憶に入ってきた情報のうちの一定のものが短期記憶で処理されます。処理されるとはどういうことかというと、自分なりにそれを解釈したり、意味づけたりして、それが長期記憶に入ってきて保持されます。つまり、この段階でフィルターがかかっています。

フィルターがかかったものが長期記憶に保持されていますが、非常に強いトラウマの経験をした場合はそうではありません。そのとき経験した感覚がそのままここに貯蔵されているかどうかはいろいろ議論がありますが、そのときの体の感覚や怖さの感覚がそのまま記憶として保持されることがあります。

そして、それがそのまま想起されます。これが「フラッシュバック」と呼ばれる現象で、これは、昔経験したことを短期記憶にまた採り出してきて、またいじるという通常の話とは違って、もう1回同じことを体験するという体験性の中で喚起される記憶です。

これは非常に厄介です。殺されかけたときの怖さをもう1回経験するわけですから、本当に怖くてつらいです。被害者の中でもそういうトラウマ的な経験をしている人は別の記憶のメカニズムが働いていて、その人は非常に過酷な経験をすることになるので、別の対処が必要になってきます。

それ以外の場合であれば、被害者は、被害者固有の注意の向け方で情報を処理して長期記憶に送っているので、心理学的に見れば、原則として、目撃者と変わらない記憶のメカニズムの中で体験を記憶にとどめると言えます。

目撃証言の正確さに影響する諸要因

人間の記憶は、メカニズムを抜きにしても、一般論として非常に変わりやすいし、間違えやすいです。どういうときにどのように間違えてしまうのか、

何が記憶の正確さに影響するのかということに関しては、非常に多くの実証的な研究が行われていて、かなり確かな知見が蓄積されてきています。
　こうした知見は、例えば目撃者の供述の信用性を評価する場合に活用されていきますが、具体的にどんなものがあるのか列挙的に説明します。これは、カシンという研究者がまとめたものです[1]。情報としては2001年の研究で少し古いですが、今でも十分間違いのない基本的な情報として受け取ってください。どういうことが目撃証言の正確さ、逆に言えば、目撃証言の不正確さに影響するかです。

1　出来事知覚時の諸要因

　まず、出来事を知覚するときの諸要因があります。つまり、そもそも何かを見たり聞いたりするときに生じているさまざまな要因が、その後の記憶の正確さに影響を与えます。

2　知覚時間

　当たり前ですが、知覚時間です。長く見ていれば見ているほど、短期記憶の中で処理できる時間が長くなりますので、より正確な情報が長期記憶に残りやすくなります。一瞬しか見ていない場合は、記憶の正確さが損なわれてくるのは当たり前のことです。

3　凶器注目

　有名な現象で、凶器注目というものがあります。相手が凶器を持ってこちらに迫ってくるような場面に遭遇している人は、凶器が自分に迫ってきていることが最大の関心事になります。ですから、注意がそこに向きます。例えば包丁やピストルを突き付けられたとして、その人の関心事は、それが本当に自分の所に来るのかどうかです。来るのであればよけなくてはいけないし、できることならそれから逃げたいという気持ちも起こります。
　そこで何が起こるかというと、犯人と非常に近い距離で比較的長い時間相対していたとしても、犯人の顔や服装に関する記憶が非常に悪くなります。

なぜかというと、凶器しか見ていないからです。ですから、包丁の形状とか、その包丁を犯人がどう握っていたかといったことはよく覚えているかもしれませんが、その人がどういう人であって、どういう服装で、どういう顔をしていて、もっと言えば、どういうことを発言したのかといったことに関してはあまり正確に覚えていません。

これが「凶器注目効果」と言われる現象で、その出来事の体験時に自分に危害を加えるような凶器などがあった場合は記憶の正確さが限定的になり、凶器に関しての記憶は良くなりますが、ほかのものは良くなりません。

ちなみに、最近私がやった事件で、女性が自宅のアパートの前で見知らぬ男性におしっこを掛けられそうになる事件がありました。この場合、おしっこは凶器になるのではないか。要するに、おしっこが掛からないように逃げるわけですから、犯人の顔などにはなかなか目が向きません。これも凶器注目のバリエーションになると思います。

4　期待と態度

「期待と態度」とは、「ここではこんなことが起こりやすいだろう」とか、「ここでは普通こうだよね」という、こちら側の思い込みが記憶の正確さに影響を与えるということです。

典型的によく言われるのは、例えば、エスニシティごとに人が分かれて住んでいるような国で、あるエスニシティの人たちが住んでいるあるエリアがとても危険だという思い込みが人々にあり、そこで強盗に遭ったとします。すると、その時点で自分はそのエスニシティの犯人に強盗されたと思い込んで、記憶もそのように書かれてしまう。このような思い込みの効果です。

5　アルコールの摂取

アルコールは確実に記憶の正確さに影響を与えます。記憶が悪くなることは間違いありません。

こうしたものが出来事知覚時の諸要因として、特に目撃証言の正確さに影響すると言われている要因で、これによって体験する時点から情報がゆがん

でいたり、偏ったり欠けたりします。

記憶保持段階の諸要因

　それでも首尾よく短期記憶まで情報が来て、それが長期記憶に転送され、結果として長期記憶に保存されている間に、記憶が劣化していく場合があります。

1　忘却曲線

　これは有名な話ですが、長期記憶に入った情報は、残念ながらそのまま全部がきちんと凍結保存されるわけではなくて、大半のものはすごい勢いで忘れられていきます。それを示すのが「忘却曲線」と呼ばれるもので、体験直後、記憶した直後に膨大な量の情報が落ちていって、その後ゆったりと忘却されていきます。

2　事後情報

　また、目撃証言において非常に重要な現象として知られているのは、事後情報という現象です。短期記憶に情報が入っているとき、あるいは短期記憶に情報が入っていなくても、外から新しい情報が短期記憶に入って、それが長期記憶に転送されたときに、長期記憶にある情報に干渉して記憶を書き換えるということが起こります。つまり、体験したあとから与えられる情報によって、その前に体験していて記憶として固まっているはずの記憶が書き換わってしまいます。

　例えば、エリザベス・ロフタスというアメリカの研究者がやった有名な研究があります[2]。どんなものかというと、被験者に車がぶつかる映像を見せて、その直後に、「車がぶつかったとき、どのぐらいの速度で走っていましたか」という質問と「車が激突したとき、どのぐらいの速さで走っていましたか」という質問をします。「ぶつかった」と「激突した」という聞き方の違いです。

　すると、「激突した」と聞かれた群の人たちのほうが速度を速く評価しま

す。つまり、あの衝突は激しかったという事後の印象操作によって、もともとの記憶が書き換わります。

　また、この実験のもっと劇的なのは、速度の評価を求めた1週間後に、もう1回その人を呼び出して話を聞きます。「あなたは、先週見た映画の中で割れたガラスを見ましたか」と質問します。

　車の窓ガラスは割れていないのが正解ですが、「激突した」と聞かれた群のほうが、「窓ガラス、割れてました」と間違って答える割合が非常に高くなるという知見があります。これは、1週間前の単語1個の事後情報です。「ぶつかった」を「激突した」と少し盛って聞かれた人たちは、それだけで間違った記憶をあとで喚起する確率が倍ぐらいに上がるという研究です。

　ですから、事後情報は、積極的に記憶を書き換えようと思って、あれだこれだと情報を投げられて、結果的に書き換わるという話ではなくて、ほんのささいな一言で記憶の書き換わりが起こるという現象です。すると、尋問など非常に難しいということになります。真実を解明したくて目撃者から話を聞こうと思っているのに、聞く側が不用意に変な単語を使ったことによって、その人の記憶が書き換わることがよく起こります。

　そういう意味で、尋問は非常に専門的な技量で、このことを聞きたいときにこんな言葉遣いをしたら絶対駄目だというNGルールをしっかり押さえておかないと、結局、調べる側が真実でない情報を作ってしまうという、喜劇的というか悲劇的なことが起きるので、注意する必要があります。

3　無意識的転移

　無意識的転移とは、別の所で体験した情報が、今思い出そうとしている記憶の中に置き換わるという現象です。例えば、「おととい、電車の中でちょっと変わった人を見かけた」という話があって、「昨日、電車でちょっとしたトラブルがあった」という話を聞いたときに、おとといの記憶が昨日の出来事の話の中に入ってしまって、「ああ、そういえば昨日見たよ」と語ってしまう。違うときに体験した情報が別の想起の中に紛れ込んでくる現象です。

　海外の有名な話としては、見知らぬ犯人に自宅で強姦されて、そのまま犯人が逃げたケースで、その後被害者がテレビを見ていたら、犯人がテレビに出ているということで、びっくりして通報して、その人が捕まります。捕まっ

たのは心理学者でした。

ところが、その心理学者は犯人でないことがすぐに分かりました。なぜかというと、犯行があった日にその人はテレビに出ていたので、完璧なアリバイがあったのです。では何が起こったか。レイプの被害を受けているときに、部屋についていたテレビにその人が出演していて、被害者が犯人の顔とその心理学者の顔をすり替えて想起して、犯人だと思い込んだわけです。このぐらい、記憶はびっくりするほど変わることがあります。これが長期記憶内で情報が保持されているときに、外の影響や記憶そのものの混同によって記憶が変わるファクターとしてよく知られているものです。

供述聴取段階の諸要因

次は聞き取りのとき、思い出してもらうときの影響です。

1　質問の語法

一つは、事後情報効果とも絡む質問の語法で、どういう言葉遣いで聞くかによって、思い出されるものの質は恐ろしく変わってくることがあります。これは注意する必要があります。

2　正確さと確信度

もう一つは、正確さと確信度です。「私が見た人はこの人に間違いありません。絶対そうなんです」とか、「私は、本当にあのときあそこにいて、これだけは絶対間違いないです」と自信を持って話す供述者がよくいます。

このように本当にそうなんだと本人が信じている度合いのことを「確信度」と言いますが、データを採ってみると、確信度と記憶の正確さの間には相関が全くないことが科学的な知見として分かっていて、この論法で証言の信用性を評価するのは絶対に良くありません。本人の確信度とは全く独立に供述された内容、想起の内容そのもので評価していかないといけません。

非常に厳密な実験的な条件の中では、若干の相関が見られるという研究もありますが、実際の事件の現場や裁判の現場のように統制された所では、ほ

とんど無相関と考えて構いません。

　また、フラッシュバルブメモリーのような話も思い出すといいですが、本人の確信度だけではなくて、もう一つよく言われるのが、具体的で詳細だから信用性が高いという話です。しかし具体的で詳細だからといって、必ずしも正確な記憶ではありません。非常に確信を持って具体的で詳細に語っているから信用性が高いという論法は、残念ながら科学的にはサポートできません。

識別手続段階の諸要因

　次は、ラインアップとか、面割りとか、面通しという手続きに関して言われていることです。識別手続で目撃者に、「あなたが見たのはこの人ですか」と判断させるようなケースです。

　「あなたが見たのはこの人ですか」と判断させるプロセスは、記憶のメカニズムから考えると、実は非常にリスキーなプロセスです。どうしてかというと、本人そのものとか本人の顔写真という非常に強力な事後情報を与えることになるので、それを提示することそのものが本人の記憶を書き換えることになるからです。

　ですから、識別をしたら、その人の記憶はそれで汚染されて、それ以降は目撃証人としての価値が減じてしまいます。識別の供述は価値があるけれども、それ以降、その人はその手続によって汚染された証人だと考えなくてはいけません。

1　マグショットバイアス

　マグショットバイアスというのは、写真は間違えやすいという話です。写真で見せられると、間違った識別が多くなります。順番で言うと、一番間違えやすいのは写真で、次がビデオ、生の人間が一番間違えにくいです。なぜかというと、人間は人の顔を静止画で記憶しているのではなくて、動いている顔で記憶するからです。ですから、表情の作られ方や動き方も含めて記憶になっているので、写真になると顔立ちが変わって間違えやすくなります。

2　ラインアップの教示

　ラインアップとは、犯人とおぼしき1人とそれ以外の人を並べて、目撃者にその中から1人を選ばせる手続です。このときに、例えば担当の取調官が、「『この中に居ない』とか、『覚えてない』というふうに言ってもいいんですよ」と教示してあげるのか、それを言わないでラインアップを始めるのかで、識別の正確さはだいぶ変わります。「選べ」と言われると、記憶が曖昧でも選んでしまって間違いが多くなると言われています。

3　同時提示の影響

　日本の警察がよく使う面割りの写真帳とは、1ページに写真が何枚か並んでいて、それが何ページかあって、そこから選ばせるものですが、写真帳で同時提示すると一遍に見比べて、その中で一番似ている人を選びがちになります。「まさに自分が見た人だ」と選ぶときの選び方と、「この中で一番似ているのは誰かしら」と選ぶ選び方は全然違います。

　同時提示すると、相対的に似ている人を選ぶ確率が上がると言われています。ただ、順番に1枚ずつ見せていって選ばせるやり方でそれが全くなくなるかというと、そうでもないのが難しいところで、どちらにしても間違いが起こりやすいです。

4　異人種バイアス

　異人種バイアスは日本でもこれから問題になってくることが多いかもしれませんが、人種が違うと識別を間違いやすくなる現象です。例えば私たちが、「アフリカ系の人が7人並んでいる中から自分が見た人を選べ」と言われる場合と、「アジア系の人が並んでいる中から1人選べ」と言われる場合では、アジア系の人を選ぶほうが正確さの度合いが上がります。これが異人種のバイアスです。

目撃証人の特性に関する諸要因

　目撃証言の正確さに影響する諸要因として最後に挙げるのが、どんな人が目撃者かという目撃証人そのものの特性です。

1　子ども

　子どもは非常に厄介です。とりわけ非常に大きな境目は、小学校に上がるか上がらないかぐらいのところです。小学校に上がる以前の子どもは、記憶のメカニズムが完成していないわけではありませんが、記憶のメカニズムをきちんと使えるようなスキルが完成していないが故に間違いが多くなります。

　例えば、自分が体験したこととして長期記憶に保存されている情報、人からの伝聞情報、自分が空想したファンタジーみたいな情報を区別しなくてはいけないことが分かってくるのは4、5歳からです。つまり、頭の中で「過去の事実とつながっているのは、自分の記憶にある情報だけなんだ」ということを理解できるのは、大体、小学校に上がってからです。

　それ以前の子どもでも、何かきっかけ、例えば「日曜日、何してた？」と聞いてあげると、記憶に大体何か引っ掛かってくるので、それを手掛かりにしてうまいこと記憶を話してくれることが多いです。

　しかし、それは、たまたまその言葉がきっかけになってその子の記憶が刺激されたから話しているのであって、「こないだの日曜日にディズニーランドに行ったよ」という友達の話を聞いていて、ディズニーランドのイメージがポップアップすると、自分が行ってもいないのに、「僕もディズニーランドに行った」と平気で話すことがあります。この子どもは、うそをついているとか、間違っているという意識ではなくて、頭にそれがポップアップしてきたから、それを伝えればいいと思っているのです。

　迎合性が高いなど、子どもの供述ではこれ以外にもいろいろな問題が生じます。特に小学校に上がる前の子どもの目撃体験、被害体験の供述は、非常に慎重に聞き取りをしていかないといけません。これには特別な技術が必要です。

2　高齢者

　高齢者は、いろいろなかたちで記憶が落ちてきます。人によっては、自分の能力が落ちていることを知られたくないためにいろいろ盛って話したり、うそを言う人も出てきます。また誠実に話そうとしていても、残念ながら思い出せないことが多くなり、間違うことも多くなります。

3　知的障がい

　目撃証言に関して言えば、知的障がいでは、基本的には子どもと同じ問題が生じます。これは他の障害を併発していない知的障がい者の場合です。知的な発達がある年齢で止まってしまって、そのままずっと生活をしているような人たちですので、記憶の能力という意味では、子どもと同じような問題を抱えることになります。迎合性が高いということも、子どもと共通で見られる特徴です。

4　その他の発達障がい

　非常に難しいのは、その他の発達障がいです。自閉症系の発達障がいでは、そもそもコミュニケーションを十全に成立させることが難しいタイプの人も居ます。そうすると、質問をしているけれども、質問の意図がきちんと伝わっているかどうかといったことも含めてチェックしなくてはいけないこともあって、いろいろな問題が起こってきます。

目撃証言における非体験性諸兆候

　いろいろな説明をしてきましたが、このような間違いやすい目撃証言が捜査や裁判の現場に出てきたときに、具体的にどういうことをチェックしていけばいいのか、記憶の間違いがどういうところに兆候として表れてくるのかについて少し整理してみます。体系的にはあまり整理されていませんが、私

たちがいろいろ鑑定をして、こういうことではないかと理論的に考えていることです。

1　逆行的構成

　体験がないのに何かを話そうとしている人に典型的に出てくる現象として、逆行的構成があります。これは、出来事の実際の流れの中ではもう少しあとになってからでないと分からないような情報を前提にして、ある時点のことを話してしまう現象です。

　例えば、甲山事件という有名な事件があります。知的障がい児の施設で２人の園児が浄化槽の中で溺死体で見つかり、当時の保育士が犯人として捕まって、非常に長い裁判を経て、最後は無罪になった事件です。

　あの事件で、被害園児がその保育士に連れていかれる場面を見たという、障がいを持った子どもの供述があります。簡単にまとめると「遺体が見つかる前の晩に、先生が○○君を連れて出ていった。で、怖くなって、そのまま洗面所に行って、洗面所の窓から浄化槽の所をのぞいた」という供述です。これは明らかに、未来に起こる浄化槽内での溺死体の発見を前提にしないと語れないような話です。その時点で怖くなることもおかしいし、浄化槽の見えるような所にすぐに行くのもおかしいわけで、これは完全に逆行的構成的な間違いです。

2　不自然な供述変更理由

　不自然な供述変更理由というものもあります。例えば、「目撃した人物は32歳ぐらいだ」と言っていたのが、急に、「26歳」とか「21歳ぐらいだ」と変わったときに、実際の記憶に基づく供述の変更でない場合、「どうしてそういうふうに変遷したんですか」と聞かれて、「弟が21歳なので、21歳だと思いました」と、苦し紛れの理由を言うことがあります。

3　過剰な詳細部の説明

　もう一つは、過剰な詳細部の説明です。詳細をたくさん説明できていると

記憶がしっかりしている印象を与えられるので、実際に覚えていないことを想像で付け足して話すことがあります。

例えば、私たちが分析した鈍器のようなもので人を殴打するという事件ですが、殴打するときの姿勢を極めて事細かに供述するわけです。「右足が1歩前に出て、そのあと手がこのぐらいの角度まで下がって、それからこういう角度で振り落としました」みたいなことを言いますが、実際に人を殴る現場で、自分の足のどちらが前に出ていたとか、自分の手が実際にどこまで下がっていたということは、ほぼ記憶に残るはずのないことです。

なぜかというと、人を殴打する場合、凶器をその人の頭に命中させることを考えるので、スポーツ選手のようにステップの位置など普通は考えません。ぶつかる先の目標物が動かないかとか、逃げないかということのほうが大事で、どう考えても、手の角度、足の角度まで非常に事細かに供述するのは逆に不自然と言えます。

4　選択的忘却

選択的忘却とは単純に言うと、都合が悪くなると「忘れた」と言う反応です。人間の記憶の減衰は、さっき話した原理に従って、いろいろなかたちで進みますので、忘れることも当然あります。しかし、一連の出来事を忘れるときは、一連の出来事の記憶の全体が落ちてきて、特に印象に残っていることが残るというかたちになるのであって、都合が悪いことだけすぽんと忘れることはほぼありません。

にもかかわらず、都合が悪くなると、「忘れました」と話す人が居ますが、これは記憶に基づかずに供述をしている可能性が高い、あるいは何かを隠している可能性が高いだろうということです。

5　必要とされる相互行為の欠如——必然的に形成される認識の欠如（無知の暴露を含む）

これは、最近私たちが特に注目していることですが、単純に言うと、人とのやりとりの自然な流れを想起しているときに、こういうことをやったら相手は当然こういうことを返してくるという、相手のリアクションが一貫して

語れていない、相手がこういうことをやってきたら、自分は当然こういう反応をするという自分側のリアクションみたいなものが欠けているという現象です。もちろん、そういうことを実際に忘れている場合もありますが、これらの情報を一貫して語れないケースがあります。

　私たちは、足利事件の菅家（利和）さんの供述の信用性評価をやりました。女の子の首を絞めて殺すという事件でしたが、あの中で、私たちが一番重要な「非体験性兆候」として注目したのは、見知らぬ４歳の女の子をパチンコ屋から河原まで誘い出す場面や首を絞める場面で、女の子の反応が全く想起されていない点でした。

　見知らぬ子を誘い出す場合、その反応は非常に大事です。怖がらないかとか、懐いてくれたと思えるかどうかということが重要であって、そういった反応部分が一貫して欠けているのは非常に不自然です。

　また、首を絞めた場合、けいれんしたり、脱糞（だっぷん）したり、失禁したり、通常では知らないような生体反応があります。そういった供述が全くなくて、「自分がこれやりました」、「これやりました」、「これやりました」という説明だけで供述が進んでいます。

　確かに、世の中には自分のことしか話さない人がいるので、それだけだとまだ弱いですが、実際に自分が体験したことを菅家さんが話している場面を分析してみると、彼は逆に、異様なぐらい相手のリアクションを話す人でした。ところが犯行場面になると、一貫して相手のリアクションが語られません。

　そうなると、自然な出来事の流れとして彼の頭の中に記憶が残っていた可能性は低くなって、むしろ、自分がやっていたはずのことを推定して話していた可能性のほうが高くなってくるだろう。実際はもっと細かい分析をしていますが、大まかに言うと、そういう判断をした鑑定でした。ここら辺が「相互行為の欠如」とか、「認識の欠如」と書かれている部分です。

　もっと大きく言うと、人間の体験は、基本的に極めて脈絡性を持っているということです。ランダムに情報が積み重なっていくのではなくて、そのときの事柄の流れの中で体験が生じます。「こうしたらああなった」、「こういうふうにしたら、急にこんなことが起こった」、「こうしてこうしてこうしたら、思いどおりにこういうことが起こった」など、脈絡を持ったある一連の出来事の展開として経験されているのであって、その中で、自分の興味や関心が

あるところに特に注目しながら記憶をつくっていきます。ですから、体験の記憶には必ず脈絡性が刻印されているはずです。

ところが、体験そのものが怪しくて、うそをついている可能性のある供述や、事後情報などで不自然なかたちで書き換えが生じて、つじつまが合わなくなった供述では、体験性の脈絡のさまざまなところに破綻が起こってきます。私たちとしては、この手の現象をもう少し精密に概念化して整理して、より明確な供述の信用性評価の指標に使えないかと考えているところです。

「うそ」と「記憶違い」

今、体験に基づかない供述という話をしましたが、うその問題と記憶違いの問題について少しだけ話します。目撃証言の信用性が問題になる場合に二つの可能性があります。一つは、そもそも実体験がなくてうそをついている場合です。もう一つは、本人に悪気はないのに、記憶が変わって、間違った記憶を本当のことだと思って誠実に話しているケースです。

今話してきたのは、どちらかというと、記憶が変わって、本人はこれが自分の記憶だと思い込んでいる場合のメカニズムに重点を置いた話でした。それに対して、うその場合はどういうことが起こっているのか、あるいは、記憶違いとうそは心理学的に見るとどこで峻別されるかです。

定義上、うそは、「本当は自分が知っているのはこれだ」という意識が本人にあって、それを相手に伝わらないように隠そうとするプロセスです。本人の記憶自体が間違っている可能性もありますが、本人には本人の本当の記憶の意識があります。しかし、それを何かの理由で人に知られたくないから、言葉をうまく操作して、そうではないことを語るのがうそです。

記憶違いは、「自分の体験はこれだ」と本人は信じていて、それを素直に話しているだけです。覚えていることを思い出せばいいだけなので、記憶違いが起こっているときのほうが供述者にとっては負荷が少ないです。

それに対して、うそをついている人は常に、「本当はこうなんだけど、それじゃまずいから、こう伝えなくちゃいけないから、本当はこうだってことが相手に伝わらないためには、こういうふうにしゃべらなくちゃいけなくて、こういうふうにしゃべっちゃうと、あっちもつじつまが合わなくなっちゃうから、ここのところはこういうふうにしておこう」といった複雑な論理的な

操作をしています。

　つまり、体験の流れを記憶に従って話せばいいという素直で簡単な操作ではなくて、矛盾が起こらないための論理操作が必ず含まれてくるので、その分、脳に掛かる負荷が高くなってきます。すると、全体としてぎこちなくなってきてぼろが出やすくなり、破綻が起こりやすい構造を持っています。

　また、ここはこうなんだからこうすべきであるというかたちで演繹的な推論で思考しているときの言語的な表現と、体験に基づいて脈絡的な流れの中で何かを語ろうとしているときの言語的な表現は、細かく見ていくと違いがある場合もあります。そこら辺も、私たちは、信用性評価で分析の対象にできないかと考えています。

供述心理学から見た反対尋問

　今のような話を踏まえて、供述心理学から見た反対尋問について考えていることを話して終わります。

1　外在的評価としての「信用性」

　信用性ということを考えるときに、一つは外在的評価があります。つまり、物的証拠との対応とか、他の供述との対応関係とか、常識と一致しているかとか、典型的な人物類型と一致しているかどうか、といった普通の信用性評価です。

2　内在的評価としての「体験性」

　一方、今日話してきた心理学的な観点での評価は、外在的な「信用性」ではなくて、むしろ供述に内在的な「体験性」に着目します。

　「内在的評価」という書き方をしましたが、どういうことかというと、当事者が何かを体験して、その脈絡の中で語っていて、それに従って心理過程が動いているとすれば当然現れてくる兆候や、逆に、思考が働いていないことを示す兆候、つまり心の中の働き方に注目する評価です。思い出したり語ったりするときの思考とか、記憶の働き方を捉えることができるような手掛か

りが言語的な表現の中にたくさん含まれています。

　取調べや事情聴取が可視化されてビデオになったりすると、より多くの手掛かりが得られるようになってきます。文字起こしをした情報でもかなりのことが得られますが、可視化情報が出てくれば、より多くのことが得られるかもしれません。

　私たちが注目するのはそういう手掛かりです。つまり、思い出そうとしているときの人の言語行動の特徴、論理的に考えてごまかそうとしているときの人の言語行動の特徴などから攻めていこうとするのが心理学的な内在的評価ということになります。司法の外在的評価をこうした内在的評価がどうコラボレーションできるかが課題になってきます。

3　「体験性」へのアプローチ

　では、こうした体験性、つまり、思い出して記憶に基づいて語ろうとしているときの心の働きとして言語行動が理解できるかどうか、そういうチェックをしていくときに、どう尋問していけばいいかについて考えてみます。

　まず本人にできる限りたくさん話してもらうことが大事です。たくさん話せば話すほど、ぼろが出てくる可能性は高くなってくるし、たくさん話しても、体験性があって記憶のある人の語りは、その面ではぶれません。

　心理学者が一番見たいのは、その人がその人の言葉でできるだけ多く体験を語っている場面です。それが評価の一つのポイントになってきます。オープンな聞き方をして、遮らずにできるだけたくさん話してもらいます。しかし、それだけだと主尋問になるので、反対尋問的に言えば、語ってもらった内容の中に矛盾が生じているなら、そこを突いてみるということです。

　そのときに、うそをついている人はさらに論理的な思考をしなくてはいけなくなるので、負荷が上がってきて、だんだん厳しくなって破綻してくる可能性も高くなります。一方、記憶に基づいて正直に語っている人は、あまり負荷が上がらずに、聞かれても困難なく語れます。

　ですから、反対尋問で矛盾を突くときは、「矛盾しているからおかしいだろう」と責めるのではなくて、矛盾を指摘して、もう一度説明してもらうことです。その説明が記憶に基づいていれば、「そのことは、確かにこうだったんですよ」と思い出して、それほどつらくなく説明できます。

それに対して、矛盾を突かれてうそをついている人は、もう1回うそをつかないといけなくなって、今までついてきたうその経緯を思い出しながら慎重に話さなければいけないので、語りが非常に難しくなってきます。そういうところから、「この人は、やっぱりうそをつくための思考操作で今語っているんじゃないか」という可能性を導きだしていきます。

　こうした尋問テクニックは、被疑者の取調べの技法としてイギリスなどで開発されていますが、供述の心理学的な問題点を浮かび上がらせる方法としては使えますし、こういうかたちで尋問した記録を、私たちのような者が事後的に分析するようなことも可能かもしれません。

　以上で終わります。ありがとうございました。

1 Kassin, S. M., Tubb, V. A., Hosch, H. M., & Memon, A. (2001). On the "general acceptance" of eyewitness testimony research. American Psychologist, 56, 405–416.
2 Loftus, E. F., & Palmer, J. J. (1974). Reconstruction of automobile destruction: An example of the interaction between language and memory. Journal of Verbal Learning and Verbal Behavior, 13, 585–589.

【第24章】
反対尋問の新たな展開
——供述心理学とのコラボ可能性を意識して

[講師]
　秋田真志（あきた・まさし／ダイヤモンドルール研究会代表、弁護士）
　大阪弁護士会。

　私の今日のお話は、あとのパネルディスカッションにもつなげるために今、高木先生のお話（本書23章）でたくさん出てきたいろいろな記憶のメカニズムや目撃のメカニズムを、具体的な事例に即して議論するための事例を提供するという観点で進めていきたいと思います。

問題の所在

　皆さんは、これまでダイヤモンドルール研究会や実演型研修などで、いろいろと反対尋問についての話を聞かされていたと思います。その中で、私が講師をすることもありました。今日は、高木先生の話も踏まえて、それに対する、ある意味ではアンチテーゼというか、これまでのままでいいのだろうかという、問題提起をしていきたいと思います。「自分で言っておいて、何を今更言うんだ」と言われかねないような内容になるかもしれません。
　反対尋問の中でしょっちゅう言われているのは、まず第1に、「誘導尋問をせよ。そして、客観矛盾を突け、客観的な証拠との矛盾を突け」ということです。そしてもう一つは、「自己矛盾を突け」ということです。
　後者については、「3C手法」ということを私たちは盛んに言っています。念のために一応確認しておきます。「あなたは、今日、法廷ではこういうことを言いました」というのが、1つ目の「C」の「コミット（commit）」です。その次に、「あなたは、捜査の段階ではこういう真実を述べるようにしましたね」と、2つ目の「C」の「クレジット（credit）」をします。そして、3つ目の

「C」ですが、今日の公判での供述と、以前の捜査段階の供述を「コンフロント（confront）」させる。2つを対面させて、相互に矛盾していることを示す。自己矛盾を浮き彫りにする。コンフロントのあとは、「そのまま立ち去れ」です。つまり、深追いせず、次の話題に移るのです。

「『なぜ』とは聞くな」というルールもあります。「口が裂けても、『なぜ』とは聞くな」と、口が酸っぱくなるほど言ってきたのは、ご存じのとおりです。

ところが、実は、これは評判が良くない。誰に評判が良くないかというと、裁判官です。裁判官が何を言うかというと、「供述が矛盾していても、変遷していたとしても、変遷にもいろいろ理由があるでしょう。さまざまな理由、あるいは変遷にも合理的な変遷もあるだろうし、理由を聞かなかったら分からないじゃないか」ということです。このようなことを裁判官は盛んに言うようになっています。3Cをやっていたら、裁判官が露骨に「あなたの供述は変わっているみたいですけど、どうしてですか」などと、尋問に介入してくるということも、実際の事務の中で起こっています。

このような介入を「けしからん」と言っていいのだろうかという問題があります。確かに変遷理由が分からなかったら、合理的な変遷か不合理な変遷か分からない。それが分からなかったら、信用性判断なんかできない。これは本当に間違っているかというと、実は、必ずしも間違ってない。「なんだ、おまえがこれまで言ってきたことを撤回するのか」と言われると困りますが、裁判官の発想は、ある意味で正しいと認めざるを得ない。しかし、変遷理由を聞いたらどうなるのかというと、それは多くの場合弁解を招くだけでしょう。下手すれば、弁解で塗り壁になってしまうかもしれない。

そういう批判や困難さがある中で、私たちは何をしなければいけないのか。やはり、もっと考えなければいけないことがあるのではないかという問題提起です。

具体例——車椅子放火事件

1　事件の概要

その問題提起の答えが見つかるかどうかは分かりませんが、パネルディスカッションのための題材として、ある傷害致死事件の概要を紹介します。

図表24-1　303号室の状況（車椅子の位置は再現）

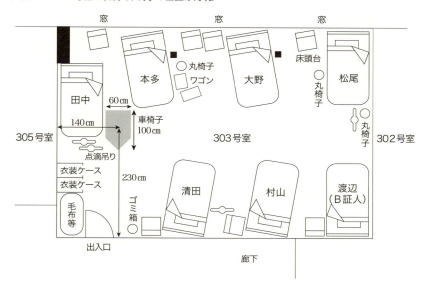

※名前はいずれも仮名。

　この図はある病院の病室303号室です。入口の先に車椅子があります。この車椅子には、ある精神的疾患をお持ちの患者さんが座らされ、ひもで結ばれていました。その車椅子が、白昼突然、燃え始めました。その直後に火災報知機が鳴り出します。そして、車椅子に結ばれていた患者さんが焼け死んでしまうという悲惨な事件となったのです。

　この事件で問題にしたいのは目撃者です。1人は、出火直後にその病室に駆けつけたＡ看護師さんです。もう1人は、出火当時303号室で寝ていた患者さんです。仮名でＢさんとしておきましょう。この2人は、どちらも出火直後に、303号室に被告人がいたと供述します。被告人は、303号室とは別の病室の患者さんです。303号室にいる理由はありませんから、もし、目撃証言のとおり、出火直後に303号室にいたとすれば、火をつけた犯人だと疑われても仕方がありません。さらに、実はもう1人、Ｃ証人が居ます。303号室の外側に居た患者さんです。Ｃ証人は、火災報知器が鳴った前後に、被告人が303号室に出入りするのを見たと証言します。実際、これらの証言を主な根拠として、被告人は傷害致死罪で起訴されてしまうのです。

2　証人の供述

　証人の供述がどうだったかということです。
　まず、看護師のA証人が何を言っているかです。公判供述では、「ジリジリジリーと鳴ったので、ナースステーションから駆け付けました。ナースステーションは、303号室と目の鼻の先ですから、駆け付けたのは火災報知器が鳴った直後です。駆けつけたあと、A看護師は、「すぐに303号室の中に入りました。そうしたら、303号室の奥の方に被告人がたっているのを見ました」と証言したのです。
　もう1人の患者証人のBさんですが、303号室の奥のベッドで寝ていました。B証人も、「ジリジリジリーと鳴って目が覚めました。部屋の中を見ると、被告人が立っているのが見えました」という証言をしました。そして、そのときの被告人の位置や姿勢は、Aさんの証言した被告人の位置とピタリと一致しました。
　これだけ聞いただけでも、弁護側にとって、ほぼ絶望的になりそうな事件です。
　さらに、C証人は主尋問で「廊下でテレビを見ていたら、被告人が303号室に入っていくのが見えました。火災報知器が鳴ったあとに、被告人が303号室から出ていくのが見えました」と証言しました。さっきのA証言とB証言を重ねていくと、もっと絶望的になりそうな事件です。

3　反対尋問をどうすべきか？

　さて、こういう事件で反対尋問をどうすべきかです。
　まずA証人です。A証人は、実は、捜査段階では、先ほどの公判と違うことを言っていました。先ほども説明したとおり、公判では「303号室にナースステーションから駆け付けたすぐ後に303号室に入って、そこで被告人を見た」と証言していました。しかし、捜査段階の供述調書は、そうではありません。「ナースステーションから303号室に駆け付けました。ところが、あまりの光景に、部屋の外で立ちすくんでしまいました。中には入っていません」という話だったのです。つまり供述に、自己矛盾があります。303号室に入ったの

か、立ちすくんだのか、どっちなんだということです。

B証人は、公判では「303号室の奥のベッドで寝ていました」と言っていましたが、実は、事件の捜査段階で、弁護士——私ではないのですが——が、この人に会いに行って、その内容を全部録音していました。録音の中でどういうことを言っていたかというと、その弁護士に対して、「私は、303号室の中で被告人を見ていません。見たのは消火後のことです。ところが、そのことを刑事さんが勘違いをしてしまいました。私は、勘違いをそのままにしたような調書にサインをしてしまいました」という供述をしていたのです。つまり、B証人にも、被告人を出火時点で見たというのと、消火後に見たということで、自己矛盾があります。

皆さんだったら、この反対尋問をどうするでしょうか。実演型研修を受けた人であれば、まず3Cの手法を思い浮かべると思います。しかし、本当に3C手法だけで無罪になるでしょうか。

例えば、A証人に、捜査段階の供述調書を使って、「ここには『立ちすくんで部屋に入れなかった』と書いてありますね」とコンフロントさせただけでいいでしょうか。あるいはB証人についても、「弁護士には、『被告人を見たのは消火後だった』と言っていますね」ということを浮き彫りにした。そうすれば、「A証人の供述は信用できませんね。B証人の供述信用できませんね。じゃあ、無罪です」と、裁判所が言ってくれるでしょうか。裁判官の立場になってみてください。恐らく、そう簡単に無罪にはしないのではないかと思います。

4　なぜ無罪となったのか？

しかし、結論的には、この事件は無罪になりました。それはなぜなのかということで、判決をご覧いただきたいと思います。

《資料》無罪判決の信用性判断部分

(1) A証言について

　A証人は、出火当時病院3階ナースステーションにいたが、入院患者の叫び声と火災報知機の非常ベルが鳴る音を聞いてすぐに303号室に行ったところ、車いすに座った被害者が燃えており、303号室の奥の方に被告人が立っていたと証言する。

　A証人は、被告人がいた位置やその時の被告人の姿勢、その時被告人が咳き込みながら何か言っていたということまで明確かつ具体的に証言しているし、その供述態度は非常に誠実なものである。また、<u>あえて被告人に不利なうそをつく動機も見当たらない</u>。加えて、同証人は、出火当日の夕方に別の看護師に対し、出火時に303号室で被告人を見たと話し、その後ほぼ一貫して上記のとおり述べている。そうすると、その証言の信用性は極めて高いようにも思われる。

　しかし、A証言には重大な疑問がある。すなわち、同病院301号室の入院患者であるD証人は、出火当時301号室の自分のベッドにいたが、火災報知機の非常ベルが鳴り出した少し後に看護師の「火事よ。」という声が聞こえたので同室の出入口付近を見たところ、被告人が同室を出て行くところを目撃したと述べている。A証人がいたナースステーションと303号室とはすぐ近くにあるが、非常ベルを聞いてナースステーションを出て303号室に行き、室内に入って被告人を目撃するまでには、数秒は掛かるはずである。そうすると、A証人が被告人を目撃したという時点から間もない時に被告人が301号室にいたことになるが、A証人が目撃したという被告人の位置は303号室のかなり奥の方であり、そこから303号室の出入口を出て301号室に行くまでには十数メートルの距離があり、わずかな時間でこの距離を移動できるのかという疑問が生じる。D証人が述べる看護師の「火事よ。」という声については、どの時点における誰のものであるか特定できる証拠はないが、通常は火災を発見した看護師は直ちに他の入院患者に火災を知らせようとするであろうから、この声はA証人及び同証人と同行した他の2人の看護師が火災を発見した直後のものである可能性が高い。したがって、この疑問は更に大きなものとなる。

　加えて、同病院の守衛であるE証人は、出火当時1階の受付にいたが、非常ベルの音を聞いて直ちに階段を駆け上がり、火元を探して303号室前

から室内を見たところ、被害者から煙が出ていたので、301号室前にある消火器を取りに行き、303号室に入って被害者に消火器を噴射したと証言する。そして、この一連の行動に要した時間について、捜査段階で警察官と一緒に3回再現実験をしたところ、非常ベルを聞いてから303号室前に到着するまでが3回とも19秒前後、約20秒であり、それに301号室前に消火器を取りに行って戻って303号室に入るまでを加えた時間が3回とも32秒から33秒前後であったと証言する。他方、D証人は、被告人を目撃した後すぐに301号室を出て303号室に行き、同室前から被害者が燃えているのを見たが、その時、同室前にE証人がいた、E証人を追い越して自分だけが303号室内に入り、被害者の車いすを動かそうとしたが動かなかった、その後間もなくE証人が消火器を持ってきて噴射したと証言する。そして、E証人と同様に、捜査段階で警察官と一緒に3回再現実験をしたところ、301号室の自分のベッドから303号室入口に行くまでの時間が3回とも約15秒であったと証言する。そうすると、D証人は、被告人が301号室を出て行く姿を目撃した約15秒後に303号室前でE証人に出会っているところ、E証人が303号室に到着したのは非常ベルが鳴り始めた約20秒後であるから、D証人が被告人を目撃したのは非常ベルが鳴り始めた約5秒後であるということになり、<u>A証人や被告人がいくら迅速に行動したとしても、同証人が被告人を目撃した後に被告人が301号室まで移動することは不可能である。A証言はD証言、E証言と完全に矛盾することになる。</u>

　E証人、D証人には、いずれもあえて嘘をつく動機はなく、その証言内容は他の証拠と照らし合わせても不自然なところはない。また、事実の流れが相互によく一致している。D証人は、非常ベルが鳴り始めてから看護師の「火事よ。」という声が聞こえるまでに十数秒あったと証言しており、この点は上記の約5秒後という結論と矛盾しているようでもあるが、十数秒というのは感覚的なものに過ぎないから、必ずしも矛盾しているとはいえない。したがって、E証人、D証人の証言はいずれも信用することができる。

　もっとも、D証人が303号室前でE証人に出会ったのが非常ベルが鳴り始めた約20秒後のことではなく、同証人が消火器を持って戻ってきた約32秒から33秒後のことであるとすれば、十数秒の余裕が生じることになる。しかし、E証人は、消火器を持って戻ってきて直ちにこれを被害者に噴射したと述べており、常識的に考えてもその際E証人が消火器の使用をため

らうとは思われない。ところが、D証人は、303号室前でE証人を追い越して室内に入り、被害者の車いすの持ち手をつかんで動かそうとしたが動かせず、その後、E証人が来て消火器を噴射したと述べていて、E証人に出会ってから同証人が消火器を噴射するまでには若干の時間があったことになる。したがって、D証人が303号室前でE証人と出会ったのが消火器を持って戻ってきた時であるとは考えにくい。また、E証人が非常ベルを聞いてから303号室前に到着するまでが約20秒しか掛かっていないという実験結果が正確なものではないとすれば、被告人が移動できる余裕が生じる可能性がある。しかし、E証人は多数の入院患者を抱える病院の守衛であって、その立場上、非常ベルが鳴れば迅速に行動するはずであり、本件の出火時に同証人が迅速な行動を怠ったとは考えにくい。同証人は、すぐには出火元が分からなかったので取りあえず2階にある火災報知機の受信盤に向かったが、途中で3階から騒がしい声が聞こえたので3階まで駆け上がり、一部屋ずつ確認して303号室に到着したと述べているところ、その行動は自然なものであり、その証言は信用できる。同証人は、上記のような行動について捜査段階において3回も再現実験を行い、その結果、3回とも19秒前後であったと述べているのであって、その実験結果が正確性に欠けるとは考えられない。仮に若干の誤差があったとしても、せいぜい数秒程度にとどまるものと考えられる。そうすると、E証人の行動に関する実験結果に若干の誤差があった可能性を考慮しても、被告人が303号室の奥の方から301号室まで戻る余裕は数秒にすぎない。十数メートルというその距離からすれば、この時間で駆け戻ることは不可能ではないが、そのためには、A証人が被告人を目撃した直後には動き出さなければならず、また、同証人が証言する当時の位置関係からすると、被告人が303号室の外に出るにはA証人のすぐそばをすり抜けていかなければならないから、A証人がそのような被告人の動きに気づかないとは考えにくく、これに気づけば記憶に残るはずである。しかし、A証人は、被告人が303号室から出て行った場面は見ていないと証言している。したがって、被告人が上記のような短い時間で303号室を出て301号室まで移動したとは考えられない。

以上のとおり、A証言は、信用できるE証言及びD証言と整合するよう説明することが非常に難しい。証拠によれば、被告人はE証人が消火器を噴射した後、少ししてから現場に来て消火活動に加わっており、しばらくの間その付近にいたこと、その他にも何人もの看護師や患者が消火や303号室の入院患者の救護のために同室内に立ち入っていることが認められる。A証人は、その際、被告人が303号室に出入りし、あるいは、他の患者が室内で入院患者の救護に当たっている様子を目撃した可能性があるから、これらの機会に目撃した被告人や他の患者の姿の記憶と、出火当時の記憶とを取り違えている可能性も否定できず、その証言は信用することができない。

(2)　B証言について
　B証人は、出火当時303号室の奥のベッドで寝ていたところ、臭いと煙で目が覚め、車いすに座った被害者から炎が上がっているのを目撃したが、そのとき自分のベッドの近くに被告人が立っていたと証言する。B証言は、被告人のいた位置や姿勢についてもA証言とよく合致しており、A証言と相互に裏付け合っているようにも思われる。
　しかし、B証人は、平成24年6月20日には弁護人と面談し、出火当時303号室に被告人はいなかったと述べている。B証人は、弁護人に対してこのように供述した理由を、心の準備ができていなくて精神的に疲れていたから、あるいは、弁護人との関わり合いを避けて早く面談を終わらせたかったからうそをついたと説明する。しかし、B証人は、弁護人との面談時に、自ら積極的に弁護人に情報を提供したり、弁護人の認識の誤りを正したりしており、上記の説明は納得できるものではない。また、B証人は、被告人が303号室を出て行ったところは見ていないと証言するが、捜査段階では、被告人は「お前らが悪いんじゃ」と言いながら看護師の横をすり抜けて303号室から出て行ったと異なる目撃状況を述べていた。このように供述が変わった理由についても説明ができていない。そして、B証人は捜査段階でポリグラフ検査を受けさせられるなどした後に被告人を目撃したとの供述を始めているところ、出火時に303号室にいた自分に嫌疑がか

とをおそれて、あえて被告人に不利な供述をするとの動機もある。Ａ証言との合致についても、取調官からＡ証人の当時の供述を聞かされたため、それに合わせて述べている可能性を否定できない。

　以上によれば、Ｂ証言は信用できない。

(3)　Ｃ証言について

　301号室前廊下にあるテレビをいすに座って見ていたところ、被告人がナースステーションから出てきて303号室に入って噴射したが、その後、被告人が303号室から出てきたと証言する。

　Ｃ証言には他の証人の証言と一致するところが随所にあり、その記憶は大筋において正確であるように思われる。しかし、<u>Ｃ証人は本件当時アルコール依存症の治療を受けており、そのための薬を服用していたところ、その影響で記憶障害がある可能性が否定できないことに加え、反対尋問の際の受け答えの様子からみると、質問者の誘導に乗って簡単に記憶を創りあげる傾向もみられる</u>。したがって、同証人の証言のうち細かい部分については、その信用性は慎重に判断すべきである。そして、被告人は、前記のとおりＥ証人の消火活動の後、少ししてから現場に来て消火活動に加わっているから、Ｃ証言のうち被告人が303号室に出入りしたという部分については、その機会に目撃したこととの混同の可能性も否定できない。特に、被告人が303号室から出てきたという証言は、Ｅ証人が消火器を噴射した後のことであるというが、前記のとおりＤ証言によれば、被告人はそれ以前に301号室にいたものと考えられ、明らかに矛盾している。もっとも、Ｃ証言のうち被告人が303号室に入った時の状況については、ナースステーションから「またお酒飲んできたんでしょ。」「重症部屋（303号室のこと）には入らないでくださいね。」という看護師の声が聞こえ、それに対して被告人が言い返す声が聞こえたので、そちらを見たところ、被告人がナースステーションを出てすぐに303号室に入っていった、その直後、被告人と被害者が言い争う声が聞こえてきたという具体的なものである。しかし、当時ナースステーションにいたＡ証人ら看護師３名は被告人に303号室に入らないように言ったとは証言していないし、被害者と被告人の言い争う声

> についても、C証人自身捜査段階においてはそのようなことは述べていなかったものである。そうすると、被告人が303号室に入った時の状況に関するC証言は、不自然に詳細なものであって、前記のような証人の傾向も併せ考えると、C証人は、取調官に誘導されるなどして創りあげられた記憶に基づき証言しているという可能性を否定できない。
>
> 　したがって、C証言も信用できない。

　判決を見ていただければ分かりますが、実は、だいぶはしょった話があります。ここで若干説明をしておきます。

　A証人ですが、今の説明では端折りましたが、実際は単独ではなく、他の2人の看護師、つまり合計3人が一緒にナースステーションから駆け付けています。そして、A証人以外の他の看護師は、「A証人が303号室に入ったのを見ていません。被告人も見ていません」と証言しました。さらに、火災のあと、火災報知器の警報音を聞いて1階から駆け付けてきた守衛（E証人）が居ます。この守衛は、303号室に行って火災を確認し、別のところへ消火器を取りに行った上で、もう1回303号室に戻って消火活動をしました。当然、A証人のいる所を通っているはずです。E証人の証言では、303号室に駆け付けた時点でA証人を見ていません。その代わり「後ろからキャーという女性の声がしました」と証言しました。このE証言は、「あまりの光景に、部屋の外で立ちすくんでしまいました」という、もともとのA証人の捜査段階の供述と一致しています。さらにもう1人、D証人が居ます。別の病室の患者さんですが、D証人も、出火直後に303号室に駆け付けています。この人も、やはり「A証人を見ていません」と証言しました。それだけではなくD証人は、「303号室に駆けつける前に、自分の病室に居る被告を見た」とも証言しました。

　つまり、自己矛盾だけではなくて、A証人の証言は、ほかの証言ともかなり矛盾していることが出てきたのです。

　そういう中で、無罪判決は、D証人・E証人の証言を重視し、被告人にはアリバイが成立するとしたのです。実は、十数秒間のタイムラグをもってアリバイが成立するという、ある意味で、非常に微妙な事実認定によって無罪としたのです。

【第24章】反対尋問の新たな展開

裁判官の信用性判断とアプローチとの関係

　では無罪判決は、A証人、B証人についてどういう信用性判断をしたのでしょうか。資料の信用性判断部分を見ていただければ分かるとおり、実は、「A証言は非常に信用できる」と言っています。「被告人がいた位置やその時の被告人の姿勢、その時被告人が咳き込みながら何か言っていたということまで明確かつ具体的に証言しているし、その供述態度は非常に誠実なものである。また、あえて被告人に不利なうそをつく動機も見当たらない。加えて、同証人は、……ほぼ一貫して上記のとおり述べている。そうすると、その証言の信用性は極めて高いようにも思われる」というのです。そこまで言ったうえで、結論は「A証人は、……（事後的に）、被告人が303号室に出入りし、あるいは、他の患者が室内で入院患者の救護に当たっている様子を目撃した可能性があるから、これらの機会に目撃した被告人や他の患者の姿の記憶と、出火当時の記憶とを取り違えている可能性も否定できず、その証言は信用することができない」ということで、ようやく信用性を否定してくれた。ある意味では、薄氷の信用性否定という状況になっていました。

　B証言については、「B証言は、被告人のいた位置や姿勢についてもA証言とよく合致しており、A証言と相互に裏付け合っているようにも思われる」としつつ、しかし、「しかし、B証人は、……（捜査段階で）弁護人と面談し、出火当時303号室に被告人はいなかったと述べている。B証人は、弁護人に対してこのように供述した理由を、……と説明するが……納得できるものではない。……自分に嫌疑がかかることをおそれて、あえて被告人に不利な供述をするとの動機もある」などとして信用性を否定しています。ここでは弁護士に対する説明との自己矛盾を重視してくれました。ただ、単純な自己矛盾だけではなく、変遷理由の合理性について言及していることが重要だと思われます。

　結局、反対尋問はどうすべきだったのでしょうか。ここで自己矛盾を出すだけで判決の認定がうまくいったかというと、必ずしもそうではなくて、先ほども言いましたが、要するに、ほかの証言との矛盾や、変遷理由を問題にしなければならなかったと言えそうです。

　一つ注目してほしいのが、先ほどの高木先生の話にも出てきたA証人の体

験性の欠如です。A証人の公判証言を前提とすると、303号室に駆け付けてすぐ燃え盛る車椅子の後ろに行ったはずです。ところが、この点について、この場面について、彼女は何も語っていません。実際、守衛のE証人が駆け付けるまでに約30秒間あります。30秒間、燃え盛る車椅子の後ろに立ち尽くしているかたちになりますが、その場面についての具体的な説明が何もありません。

　もう一つ、非常に特徴的なことがあります。A証言では、どの場面で被告人を見たのかが、初めは曖昧でした。私たちは、公判の直前にA証人に会いに行きました。そこでA証人がどういう言い方をしたかというと、私たちに会うなり「私は、被告人を見たのは間違いありません」と言ったのです。そのうえでさらに、「私は、今度証人に出ることになって、現場をもう1回見に行きました。見に行ったら、303号室の外に居ると見えないことが分かったんです。だから、私は303号室に入ったことは間違いないんです」という言い方をしました。話が逆転しています。「見た」ことを前提に、部屋に入ったことを強調する言い方になっていたのです。では、この証言を崩せるのでしょうか。自己矛盾もあり、供述の変遷過程も不自然に思えますが、反対尋問で何かできるのかは、パネルディスカッション（本書25章）で考えてみたいと思います。

　B証人の供述変遷についても、あとのパネルディスカッションで触れたいと思いますが、ここで問題なのは、弁護士との録音供述は、事前に検察官に開示しています。だから、検察官にとって供述変遷は織り込み済みです。実際、検察官は主尋問で変遷を明らかにした上で、手当てをしてきました。そうすると、反対尋問で改めて3Cをしただけでは意味がないでしょう。こういう場合にどう反対尋問をするかが、また大きな課題です。

　そして、C証人の弾劾についてです。ここも実は話をはしょりましたが、この人は、アルコール依存で、作話傾向のある人です。そのことを反対尋問で浮き彫りにすることに成功しました。どういうことかというと、この事件では、豚まんが登場します。被告人が、事件当日ナースステーションに差し入れた豚まんです。実際には、この豚まんを看護師さんたちは受取っています。ところが、C証人は、被告人が豚まんを看護師さんたちから受け取ってもらえなかったと証言したのです。Cさんは作話傾向があるので、いろいろ自由に話をしてもらったら、でたらめなストーリーが出て来るのではない

【第24章】反対尋問の新たな展開

か、と想像したのです。そのとおりとなりました。反対尋問で「突き返された豚まんはどうなったんですか」と聞いたら、「被告人が持ってかえってきました」と言い始めました。「そのあと、どうなったの？」と聞くと「みんなで食べました。私も食べました」という話になりました。実際には、被告人が差し入れた豚まんは、そのまま、看護師さんたちが食べていたのです。これがC証言の信用性が完全に崩れた大きな理由になりました。

　いろいろありましたが、実は、もう一つ触れておきたいことがあります。私たちは、この事件は無罪であると確信を持っていました。その一つの理由は、判決で全く触れられていなかった人物の存在です。303号室に居た別の認知症のFさんという患者さんです。この患者さんは、認知症が非常に進んでいたにもかかわらず、なぜか、火災報知器が鳴るより前に給湯室まで行って、やかんを持ってきて、消火をしようとしました。なぜこの人がそういうことができたのかというと、早い段階で本人がこの火災に気付いていたとしか思えません。

　そして、焼け落ちた車椅子ですが、ちょうどベッドがひもでくくり付けられていた部分が激しく燃えたことが明らかです。仮にベッドにくくりつけたひもをライターで切ろうとすると、ちょうど、そのような燃え方になることが燃焼実験で確認されています。しかも、事件直後にFさんの枕元にある床頭台にライターが１個置いてあったことが発見されています。そういう事情がありました。私たちは、この事件で、真犯人はFさんだろうと思っていました。しかし、判決はこのFさんを無視した形になっているのです。事実認定との関係で言うと、Fさんには言及せず、最終的には、A証言、B証言、そしてC証言も含めて、信用性を否定するということで無罪にしたのです。その信用性判断に非常に気になるところがあります。うその動機があるか、ないかを強く意識している結果、認定に強い戸惑いが見られることです。うその動機が弱いA証言の信用性を本当に否定していいのだろうかと、非常にためらっていることがよく分かる判示になっているのです。

　結局、本件では、3C手法をやっただけではきっと勝てなかったと思っています。その点をどう考えるべきか。高木先生と一緒に、その中で供述心理学との連携について、もう一度、尋問手法を考えてみたいと思っています。そこで意識したいのは、裁判所は、うその動機にこだわっていることです。それが間違っているとまでは言いませんが、やはり、裁判所の信用性判断につ

いては誤った経験則が存在するのではないかという懸念があります。それにどう対応していけばいいのかについても、高木先生とパネルディスカッションで話したいと思います。私からの問題提起は以上です。

【第25章】パネルディスカッション：供述心理学は反対尋問技術に活かせるか

[パネリスト]
高木光太郎　青山学院大学社会情報学部教授
秋田真志　大阪弁護士会
[コーディネーター]
小坂井久　大阪弁護士会

供述心理学から見たダイヤモンドルール
──矛盾の背景を意識せよ

小坂井　ダイヤモンドルール研究会は、具体的で実践的なルールの提示を行ってきたわけですが、今日は、果たして実践的な提示ができるのかどうか。ハードルが非常に高くて荷が重いですが、ディスカッションしていきたいと思います。

　　　　秋田さんの報告を受けて、高木さんにいくつかお訊きしたいと思います。秋田さんから先ほど説明があったように、私たちが反対尋問で用いる手法として、一つは「自己矛盾」というものがあります。「3C」といわれている手法ですね。もう一つは、「客観矛盾」です。これは、他の証人との食い違いというものも入ってくるのかもしれませんが、こういう２つの手法が大前提としてあるというかたちで、ダイヤモンドルールはやってきました。

　　　　その辺り、供述心理学的に見てどのような評価をされるのでしょうか。

高　木　客観的な矛盾とか供述にある自己矛盾に注目するのは、私たちが

供述信用性評価をする場合でも、大前提としてやっていくことです。「客観的なこととずれているのは、何かおかしいことがあるだろう」ということになるわけです。

　そのうえで、今日話を聞いていて、そのことだけで足りない可能性が何かあるとするならば、やはり、矛盾の質をどう評価するかということだと思います。矛盾しているということが、いったいどういう意味を持っているかとか、それが供述者のどういう態度なりどういう姿勢に結び付いていることなのかが、よく見えない。そこが、裁判官が物足りなく思う部分なのかなと。

　その意味では、先ほどの豚まんに関する反対尋問（本書305頁）は、やはり、単に矛盾を明らかにするということとはちょっと違う聞き方になっていると思います。つまり、あれは、供述者に、「次どうなったんですか。次どうなったんですか」と脈絡をつくっていってもらうような聞き方をする。そうすることによって、この人のそもそもの供述に対する向かい方、つまりその場で聞かれたことに対して、うまくつじつまを合わせて話していくという積み重ねで、事実と違うことが出てきてしまう供述態度が浮き彫りになってきている。

　これは、矛盾が起こっているということではなくて、矛盾の背後にある供述に向かうスタンスとか、今のコミュニケーションの中に自分をコミットさせる姿勢が浮き彫りにすることですが、こういったことが重要です。そんなことを、話を聞いて考えていました。

小坂井　秋田さん、どうですか。高木先生の話を聞いて、秋田さん自身が、「今の反対尋問の手法では不十分ではないか」という問題提起をされましたが、あなた自身がダイヤモンドルールの提示をしてきたわけで、不十分というだけではいささか無責任だと思いますが。

秋　田　無責任だというのは百も承知です。だから、今の高木さんのお話にもあるように、私たちは、例えば自己矛盾の変遷理由など、その根底にある理由というものを考える、自己矛盾にしても理由を考える。考えたうえでそれをどうするかを次の課題とする。ただ

誤解して欲しくないのは、「だから理由を聞け」ではないんです。「理由を聞け」ではないけれども、理由も意識をして尋問事項は組み立てなければいけないと痛感しています。

あまり抽象論になってしまってもいけませんので、できればその辺りを事例で具体的に話を進めていければと思います。例えば、この事件の判決では、先ほどのＣ証言についての豚まんの話で「反対尋問の際の受け答えの様子から見ると、質問者の誘導に乗って簡単に記憶をつくり上げる傾向も見られる」と判示しています。反対尋問が成功したことが分かります。

反対尋問のために証人との事前面談はすべきか
――供述特性の重要性

秋　田　この反対尋問をしたのは、実は私ではありません。山本了宣さん（大阪弁護士会）です。なぜこれができたのかというと、山本了宣さんは、とにかく、反対尋問の前にできるだけ証人に会うことを非常に強く提唱している人です。このＣ証人にも事前に会えないかと努力をして、何とかコンタクトを取ることができました。証人尋問の前日、山本さんは電話でこのＣ証人と話をすることができました。そうすると、確かに検察のストーリーを話します。ところが、違う順番でちょっと違うことを言うと、どんどん話が広がっていくことに気付いたのです。「自然にオープンに聞いていったら、話がどんどん広がるのではないかと思う」と山本さんが言い出して、弁護団で協議した結果「やってみよう」ということになりました。実際に山本さんの予想通りになって、さっきの豚まん話につながったのです。

小坂井　反対尋問というと、私たちロートルは、どちらかというと、「弾劾する証人に事前に会うようなことはいかがなものか」みたいな発想が旧来ありましたが、それはもう改めるべきだということですか。

秋　田　はい。私は、山本さんと一緒にこの事件をやることによって、完全に立場を変えました。会えるんだったら会ったほうがいい。も

ともと、反対尋問をするときに会うことをためらっていた理由は、もちろん、敵性証人だし、反発されるかもしれないということがあります。実際誰でも会えるというわけではありません。例えば被害者に会えるかというと、それはもうかなりいろいろハードルも高いと思います。しかし、このような目撃者などの第三者的な立場の人については、会えるなら会うほうがいいだろうと、今は思っています。

そもそも、反対尋問でそういうことをしないほうがいいと思っていた理由は、反対尋問の手のうちを相手に明かしてしまうのではないかということもありました。そういう側面ももちろん否定できませんが、むしろ、この人はどういうことを言うのか、どういう性格の人なのか、どういう話し方をするのかということも含め、あらかじめ会うことによって得られる情報は非常に多いと痛感しました。これらの情報は反対尋問に使えるなと思い、会えるんだったら会うというのが私の今のポリシーになっています。

小坂井　確認ですが、高木さんは、今の点は同じように考えられますか。

高　木　はい。会うべきか会うべきでないかはちょっと分かりませんが、今の事例を聞くと、結局、事前に何がつかめたかというと、私たちの言い方をすれば供述者の供述特性です。どういう供述の態度をもって体験を話す人なのかが見えたということです。

供述の評価は、説明内容が矛盾している、整合しているかなど、ついつい、アウトプットの評価になってしまうのですが、私たちが気になるのは、アウトプットがどういう製造工程から出てきたかです。出てきた製品は一緒でも、どういう工場だったのかを見ておかないと、その製品の評価ができない。

先ほど指摘された、いろいろなことが勝手に広がっていってしまうというのは、まさに、そういう供述特性で、供述が生まれるプロセスの特性が見えてきたことがすごく大きい。これは供述評価においても非常に重要なポイントになってきます。こういったことが裁判の中で表に出てくるのは、裁判官の供述評価においても非常に重要な情報になると考えます。

小坂井　まさに、その人を見て、その供述特性を見て、反対尋問の方法も

決めていくということになりそうな気がしますね。

判決は客観矛盾を重視した

小坂井　本件の具体例に即して議論をしていきたいのですが、秋田さんの報告の中にあった、A証人に対する反対尋問でも、いわゆる3Cと客観矛盾で反対尋問をされていったと理解していいでしょうか。

秋　田　ええ。A証人の反対尋問では、まず自己矛盾を出すことを目指しました。さきほどの部屋に入ったか入ってないかを出そうとして3Cの手法でやったというのは、まさにそのとおりです。

　他の証人との供述矛盾は、判決は、どちらかというとD証人、つまり他の病室の患者との供述矛盾を重視するようなところがあったのですが、反対尋問の意識としては、守衛のE証人の証言との矛盾をピン留めしようという意識が強かったのです。この点判決では、E証人が火災報知器の警報を聞いて303号室に駆けつけるまでの警察での実験について言及しています。「捜査段階で警察官と一緒に3回再現実験をしたところ、非常ベルを聞いてから303号室前に到着するまでが3回とも19秒前後、約20秒であり、それに301号室前に消火器を取りに行って戻って303号室に入るまでを加えた時間が3回とも32秒から33秒前後であったと証言する」と認定されている部分です。これは何かというと、私が反対尋問で、E証言として獲得した部分です。要は、そういう客観矛盾をできるだけ具体的に出すことを意識したことになります。

　結論的には、そのように他の証言との矛盾を指摘する反対尋問は成功したと思っていますが、A証人の自己矛盾については、見たら分かりますが、判決では、悲しいかな、一言も触れられていないという現状があります。

体験性の欠如と反対尋問——シミュレーションの重要性

秋　田　もう一つ、高木さんのお話にあった体験性の欠如は、正直、実際

の事件の反対尋問ではあまりできていません。ただし、全くできてなかったかというと、多少できていました。というのは、さっきの30秒間の空白があるという話になったときに、彼女に「何していたんですか」と聞くと、「バイタル（サイン）を採っていた」と証言したのです。看護師がバイタルサイン（生命兆候）を採るということはあるけれども、燃えている人から、どうやって血圧を測って、どうやって脈を採ったのか。そういうことをぼやっと言われて、何か変だなという印象はありました。
　ただ、その点も、判決では一顧だにされていません。やはり、印象が弱かったのかなと、その辺りはもう少し反対尋問の工夫があったのではないかと、今は思っています。

小坂井　高木さんにお尋ねします。今、秋田さんが言われた体験供述の欠落というか非体験性の兆候とかいうかたちで、先ほどの講義でもいろいろ聞かせていただきましたが、この事例に即して考えると、どうやって検討していけばよいのでしょうか。

高　木　基本的にはとても常識的なことだと思います。徹底的にその人の体験の流れを再構成して考えることに尽きます。つまり、例えば、ベルが鳴ってドアの前にやってきて、そこで立ち尽くしてしまっていることを想定して、そこに別の人がやってきてどうだというときには、どういう脈絡的な展開になるだろうか。一方で、中に入ったときに、そのあとに守衛がやってきて、向こう側には何か怪しげな人が立っていたみたいな状況があったときに、その脈絡をどう再構成できるだろうか。そういうシミュレーションを非常に事細かにやると、今日の話にあったような、ちょっと時間差で誰かがやってくるなど、関係性が非常に細かく積み重なっていきます。
　私たちは、ついつい、俯瞰的に、「さっきここに人が居て、あとからここに人が来て、こうなって、こうなって」と整理して捉えてしまいます。しかし、映画の主観のカメラみたいに、その人の目線の中にその瞬間に何が入ってきていて、その前にはいったいどういう光景が広がっていったのだろうか。例えば2人の人が居たら、こっち側の人からどう見えていたのだろうか。そういった

ことをいろいろな資料からなるべく立体的に浮かび上がらせていくと、特に興味深いものとして、その人は何を見ていたかということと同時に、何が見えなかったのかという、見えていることと見えてないことのメリハリみたいなものが非常に立体的に浮かび上がってきます。

体験性のある供述というのは、ほかの人の体験性のある供述と、見えていること、見えてないことが、非常に上手にというか、当たり前ですが、自然に組み合わさってくる。ところが、どこかでうそをついたり、記憶違いが起こって、実際の流れと違うことになってくると、そこにちぐはぐなことが起こってくる。これが一つです。要するに、視野に広がる出来事の流れが自然につながってくるかどうかです。

もう一つ、人の行為というのは、自分だけで動いているものではなくて、常に、出来事に対するリアクションとして動いています。私たちは、ついつい、人は意思を持って前に向かってくると考えてしまいますが、実際には常に環境とか他者に対する反応として行為が展開します。なので必ず、他者あるいは環境との、例えば燃えている人を目の前にしたときのリアクションとしてどうなのかとか、後ろから守衛が走ってきたときのリアクションとしてどうなのかというかたちで、アクション・リアクション関係の脈絡で考えていく必要があります。

それを丁寧に再構築したときに、うそをついている人の供述は、変なところで変な欠落が所々に見えてくる。これが私たちが分析している実感です。そういう作業をしていくのが、具体的なところになります。

小坂井　秋田さん、今、高木さんの話を聞いて、どうですか。心理学的な分析手法が、反対尋問で応用可能なのか。

秋　田　確かに、A証人は公判の主尋問で「駆け付けてすぐに303号室に入った」「そうしたらすぐに被告人が見えた」と明言しました。ところが、それを見たというA証人は、「居てるわ、ぜんそくがあるのにかなりせき込んで大丈夫かしらと思った」ともいうのです。どうでしょうか。リアリティーに欠けていないでしょうか。燃え

ている人が居るのに、こんなのんきな考え方をするだろうかというのが、感覚としてあります。

　ただ、この点を反対尋問で使えるでしょうか。例えば「あなたは、そんなことを考えている余裕があったの？」などとA証人にぶつけたとしても、議論になってしまうだけで、結局駄目だろうと思います。ではどうすべきか。対象を拡げる必要があると思います。

　どういうことかというと、もし本当に駆けつけて、そこまで余裕を持って被告人を観察している、あるいは被害者のバイタル採ったという人であれば、もっと他にもしているはずだ、ということです。これに対し、実際のA証人は何もしてないのではないかということをもっと突けたのではないかと思っています。例えば、「『ぜんそくがあるのにかなりせき込んで大丈夫かしらと思った』というあなたは、被告人に声をかけましたか」と聞くことが考えられます。実際、A証人が、被告人に声をかけたという話は、全然出てきません。また、303号室に入ったということは、救出に行ったことになるはずです。そうであれば、入ってからの30秒間、車椅子をどうしたのでしょうか。火を消そうとしたのか？引っ張り出そうとしたのか？　その話が全然出てきません。ですから「あなたは消火をしていませんね」「車椅子を出していませんね」と聞けるはずです。

　また、近くにたくさんの動けない患者さんが居ました。「その人たちに呼びかけていますか？」「『火事よ。逃げなさい』と言いましたか」と聞けますね。このように「それもしていませんね」「これもしていませんね」「あれもしていませんね」というかたちで欠落を浮き上がらせることができたはずです。このように、証言内容そのものの不自然さばかりを意識するのではなく、存在しないこと＝欠落を意識する。私はこれを「欠落矛盾に着目せよ」と呼んでいますが、このときの手法の一つとして使えたのではないかと思います。

　これを先ほどの高木さんの話につなげるのであれば、具体的にその状況をシミュレーションしてみて、その行動をやってみる

と。その際には、供述に出てくることだけではなく、存在しないことを意識して、その不存在の不自然さを浮き上がらせることが重要だと思います。供述心理学の手法と併せて考えると、そういう議論が可能なのかなと思います。

小坂井　判決ではその辺りは認定されていないということですか。

秋田　できていませんから、判決ではその点には一切触れていません。この判決は、A証人の信用性判断に非常にページ数を割いています。「明確かつ具体的に証言しているその供述態度は非常に誠実なものである。また、あえて被告人に不利なうそをつく動機も見当たらない。そうすると、その証言の信用性は極めて高いように思われる」ということから始まっています。

そのあといきなり、「しかし、A証言には重大な疑問がある」としてD証言との整合性について検討しています。さらに「加えて」として、E証言との整合性を検討しています。結論から言うと「E証人とD証人の供述と矛盾しているじゃないか」としているのです。だから、彼女がすぐに303号室に入ったかどうかについての自己矛盾や、その場ですぐに入ったということが合理的か不合理か、その辺りの体験性についての判断は、残念ながら一切されていない状況です。

うその動機を重視する裁判所の意識と反対尋問手法

小坂井　それからこの判決もそうですが、裁判所は、どうも、うその動機というか、そういったことを非常に重視しているようです。先ほどの高木さんのお話にもありましたが、うそというか虚偽供述という場合は、大きく分ければ、意識的なうそと無意識的な思い違いというか、そういうものと両方あります。

秋田さん、反対尋問的には、この両者は全く違った手法になるということなのか。ダイヤモンドルールでは、今まで、その辺りについて必ずしも詰めた議論をしてないようにも思うのですが、どうでしょうか。

秋田　そうですね。先ほど、高木さんから、意図的なうその場合は、うそ

のハードルがかなり高いから、いろいろ一生懸命うそをつかなければいけないというお話があったかと思います。反対尋問技術としては、必ずしもそういう区別を意識的にはあまりしていなかったと思います。特にこのＡ証人については、非常に難しい問題があって、例えば部屋に入ったという一つとってみても、あえて意図的にうそをついているように見えたかというと、全然見えませんでした。このＡ証人についても、私たちは、尋問の１週間か10日ぐらい前に会いに行っています。山本弁護士らと会ったのですが、Ａ証人の話は、いきなり「私は見たんです」ということから始まっています。もともとは、被告人をどの場面で見たかあまりはっきりしないというのが捜査段階の供述でしたが、そのときには、とにかく「見た」と断定するのです。先ほども言いましたが、Ａ証人は「私は、見たから入ったんです」とも言っていたのですが、これは私にはすごく作為的に、うそっぽく聞こえました。実際、山本弁護士は、面談の後、供述変遷の不自然さに手応えを感じていたようでした。しかし私は、逆に危ないと思いました。なぜかというと、Ａ証人は、変遷より何より、まさにその場ですぐに駆け付けて中に入って被告人を見たということを心底確信しているとしか見えなかったのです。これはえらい大変なことになったなというぐらいの思いでした。

高木　例えば、もともとの記憶がぼやけているとするじゃないですか。だけど、裁判みたいなプレッシャーがある状況で目撃証人というのは、やはり、多くの人が、役立とうと思ったり、いい証人であろうとしてしまうのです。そうなったときに、ぼやけている記憶の中で、「入ったかもしれないな」という気持ちが少しでも起こってくると、もうその時点で、「そっちのほうだったよね。だって、入んないわけないじゃん、私が」みたいに考え始めてしまう。

　　　そう考え始めた途端に、さっきの話で言えば、短期記憶の中で呼び出された記憶がどんどん上塗りされていくわけです。それで、長期記憶に１回戻してしまえば、もはやそれが定着する。本人は、一生懸命思い出して記憶を書き換えているわけです。要するに、「どうだったかな。でも、だって、私、見ているんだから、見

ているって言っているわけだから、見ているはずなんだから、それは見られる場所に居たに違いない」ぐらいの推論は、簡単に起こってきます。

　日常生活だと、このぐらいのことはよくします。つまり、完全に自分の記憶だけでものごとの判断をしようということはあまりなくて、例えば捜し物をするときに、「これ、最後に置いたの、どこだっけ」ということだけを手掛かりに考える人はあまり居ません。「普段、私はそれをどこに置くだろうか」とか、「私が置かないとしたら家族はどこに置くだろうか」という推論とない交ぜにして、過去に起こったことをなるべく正確に判断をしようとするほうが普通です。

　だから、こういうことを意識していない人に、「ちゃんと過去のことを説明してください」と言うと、記憶だけを喚起しないで、いろいろなことを考えながら一番正しかったはずのことを導き出してくる。それが正しいと確信できれば、「それが私の記憶である」という話になるので、間違いなく記憶として固まってくるし、そのとき、本人には、うそをついているとか間違っているという気持ちは全く起こらない。

　そうなると、そこから後は、正直に本当に確信を持って自分の記憶を語る人として語り始めますから、外形的な供述態度も非常にしっかりしているというか、ぶれのない、信用できる態度になってくるわけです。

秋田　そうだとすると、もし、このＡ証人に、うそつきだという前提で反対尋問をしてしまったら、恐らく失敗しただろうと思います。間違いなく、難攻不落というか失敗しただろうなと。だから、そこの見極めはしなければいけない。その意味では、この人は、記憶がすり替わっていても、信じ込んでいることを前提に反対尋問をせざるを得ないなとは思っています。では、どうするのかというと、それはもう客観矛盾や自己矛盾をできるだけ積み重ねる。特に自己矛盾だけではダメで、客観矛盾、体験欠如とかそういうものをやっていくしかないかなと思います。

小坂井　高木さん、供述の信用性判断で、裁判所は、うその動機とかそう

いうものを非常に重視する傾向が強いですが、その辺りは供述心理学的にはどう見るのがいいのでしょうか。

高木　これに関しては、今回のこの判決のような裁判所の在り方は、心理学的に見ると、やはり、間違っていることが多すぎて問題だと思います。明確にうそをつく動機がある人はいます。しかし大きな動機がばーんと自分の中に生まれて、それが最後まで貫き通されてゴールまで行くことは、実際にはあまりないです。

　例えばどこか買い物に行こうというときに、「買い物に行こう」ぐらいの大まかな動機は生まれますが、最初にどこのお店に入ってとか、どこの辺りを回ってみたいなことは、その場その場で、例えば、町のここまで行ったら何となくこっちに行きたくなったといった感じで、その都度新しい動機が生まれていく。大きく「買い物をする」という動機は維持されているけれども、個々具体のアクションみたいなことは、実は、その都度つくられていきます。

　心理学の中で言われているのは、人間のリアルな動機というのは、大半はそういう細かい積み上げ的な流れであって、それでも私たちは、「その都度思い付きで動いている」なんてなかなか言えないので、あとから人に聞かれたときには、「今回、買い物で洋服と食べ物をちょっと見て帰ろうと思っていたんだよ」みたいな説明をするわけです。

　つまり、「動機」と日常語で言われている言葉の多くは、実は、本当にその人の行為を駆動している心理学的な原因ではなくて、むしろ、その人が自分の行為をあとから説明したり、他人が別の人の行為をあとから理解しようとするときに、「こうだったんじゃないの」と推定するために使う、後付け的な説明の道具だという考え方のほうが、今や一般的になっています。

　ですので、そもそも、うその動機があるとか、ないとか、動機をベースとする評価が先に来たらいけないんです。つまり、今回のＡ証人の場合で言うと、実際は供述が変遷している。曖昧なものから、目撃された人の犯人性を疑わせるような明確なものに変化している。この変化には、記憶がちゃんと喚起された可能性と、何かに引っ張られてそのことを見た気になってしまっている可能

性の二つがある。そのうえで、客観証拠との矛盾がある。証拠とか客観的な別の供述との矛盾がある。そうすると、やはり、このプロセスは、どうも、引っ張られて事実ではないような供述をしている可能性が高い。そうなると今度は、これがうそかどうかという判断になってきます。そのときに初めて、「この人が、この状況下でうそをつくような理由が、それでできるかどうか」という話になりますし、また、そうでなければ、この供述はそもそも間違っているわけだから、うそをつく理由がなければ、記憶違いの可能性が高い。

　つまり、間違った供述だということは、まず、供述内在的に確認されてから、それが発生した理由として、記憶違いなのか、ある動機のあるうそなのかが付随してくるという考え方をしていかなくてはいけません。

　ところが、今回のこの判決は、先に、動機がないということで、「信用できるはずなんじゃないの」というところから入っていって、これに供述内在的な問題点を従属させるような論法になっています。これは、やはり、私たちの立場から見ても、評価として手順が逆転しているのではないかと考えます。

供述変遷を認めている証人に対する反対尋問

小坂井　次に、B証人について、秋田さんに尋ねます。これは、変遷は明らかだけれども、通常の3Cだけでは駄目だということでやられたようですが、どういう反対尋問をされたのか、紹介してください。

秋　田　まず、変遷理由の不合理性というものを問題にしようと思いました。B証人が変遷理由を何と言っていたかは判決が認定しています。「B証人は弁護人に対してこのように供述した理由を、心の準備ができていなくて精神的に疲れていたから、あるいは弁護人との関わり合いを避けて早く面談を終わらせたかったから、うそをついたと説明する」という部分です。これは公判の証言の引用です。実は、B証人の供述調書には、「弁護士が、朝、食事をする前に来たから腹が立った」などといった別の理由が書かれていまし

た。変遷の理由も変遷した訳です。ただ、「腹が立った」か「精神的に疲れていたか」はともかく「弁護人と話すのが嫌だった」という点では、一貫しているとも言えます。

　反対尋問の準備中に、それを合理的と言えるかどうかを検討している中で思い付いたことがありました。それは、弁護人とB証人のやりとりの録音反訳を見れば分かるのですが、例えば弁護人が、「誘導は、こいつやったんちゃうかみたいなことを言うわけですか」というと、B証人が「いや、そうじゃないです」と訂正する場面が出てきます。他にもB証人は、警察から被告人の写真面割りをさせられているのですが、弁護人がそのことを聞いて「写真は1枚の写真？」と誘導的に聞いているシーンが録音に残っています。つまり、弁護人は、警察がB証人に被告人が犯人だと言わせるために「単独面割り」じゃないかと疑っていたわけです。しかし、B証人は、弁護士の誘導に乗ることなく、「いや、そうじゃなくて、複数の写真から選ばされた」と述べているのです。さらに、弁護人が「被告人が入ってきて出ていったら火が出たと勘違いしているということですか」と誘導しても、B証人は「いや、火が出る前に被告人がおったというふうに、刑事さんが勘違いしている」と訂正しています。その他にも弁護人の思い込みによる誘導が多いのですが、「そんな感じじゃないけど」などと言っています。つまり、B証人は、弁護人の思い込み、勘違い、間違いをどんどん正していってくれているのです。弁護人が聞くまでもなく積極的に説明してくれる場面もあります。

　反対尋問ではこれらの部分を順番に指摘する尋問をしたわけです。「弁護人との関わり合いを避けて、早く面談を終わらせたかったとうそをついた」という内容と相反しているのではないかということで、「あなたはこう訂正していますね。こういうふうに訂正してくれましたね。こういうふうにやってくれましたね」ということをどんどん言っていったのです。

　これらの点は判決でも信用性判断に出てきます。「B証人は弁護人との面談時に、自ら積極的に弁護人に情報を提供したり、弁護人の認識の誤りを正したりしており、上記の説明は納得できる

ものではない」と、そういう認定をしてくれたことになります。これは反対尋問でやったことが、そのまま事実認定に使われたと言えます。

証人の供述特性とその分析手法

小坂井　思惑どおりの認定だったようですね。高木さん、B証人について秋田さんのされた方法を、供述心理学的にはどう見ますか。

高木　まず一つは、先ほどの話ともつながりますが、結局、B証人の供述態度というか供述特性みたいなものが表に出たということです。つまり、積極的に自分から情報提供をして間違いを訂正するという関わり方が見えてきたことによって、それが判決に影響を与えています。

　つまり、語っている内容というよりも、むしろ、弁護人とのコミュニケーションに積極的にコミットする姿勢が示されてきていて、それが評価の足掛かりになっているので、やはり、ここでも一つ、供述態度とか供述特性と言われるものが表に出てくるようなやり方が有効だったと言えると思います。

　私たちも、この手の具体のやりとりをデータとしてもらえたときに、最初にやることは、質問する人がどれぐらい話していて、答える人がどのくらい話しているのかの確認です。発話量を比べるだけで、その人がコミュニケーションの場にどのくらい積極的にコミットする人なのか、ある程度分かります。

　もう一つは、供述の自発的な訂正や、聞かれたことを超えて話している内容はどのくらいあるかといったことを調べていって、供述に対するコミットを見ていきます。これが、供述特性とか供述態度を見るときの一番基本的なチェックポイントになっています。そのあと、本人の癖とか、独特のしゃべらなさとか、いろいろなものを見ていきます。そういう意味で、B証人については非常にベーシックな供述態度が浮き彫りになっているなというのが、一点目です。

　もう一つは、先ほど、私の話の最後のほうで、「できるだけ本人

に話させるのがいい」という話をしましたが、本人になるべく自由にたくさん話してもらうのが、本人の供述特性を見るには一番いいのです。ただ、反対尋問だとそうもいかないわけです。しかしこの場合でも、やはり、本人が自発的に話したくなるようなネタを小刻みに振っていって、本人の脈絡で話を少しずつ積み重ねていってもらう。

　そうすることによって、逆に、この人がどういうことをどのくらい語れて、何を語ろうとしている人なのかが見えてくることもあります。そういう意味でも、この尋問というのは、供述特性を反対尋問の中で供述特性を浮き彫りにしていくやり方の一つの手掛かりというか、ヒントがすごく埋まっている事例なのかなという印象を持ちました。

新たなダイヤモンドルールの提言

小坂井　このディスカッションの総括として、この事件を通じ、本日の高木さんの議論なども踏まえて、秋田さん、新たなダイヤモンドルールの提言はありますか。

秋　田　いくつかはあるかなと思います。先ほどのB証人について反対尋問がなぜ成功したというと、一にも二にも、弁護士が事前に会いに行って録音していたからです。可視化していたからです。逆に言ったら、このやりとりが残ってなかったらどうしようもなかったと思われます。弁護士がいろいろ勘違いをしている細かいところを、B証人が訂正した。本当に録音録画＝可視化されてなかったら出てくるはずがない内容です。まず、できるだけ事前面接をする。録音をする。そして、その供述特性を確かめる。やはり、それが一つのルールになると思います。

　また、証人供述の分析が、非常に重要だと思います。これまで、あまり意識的に提言されていなかったのが、当該証人の立場に立ってシミュレーションをしてみることです。A証人もそうですが、B証人も同じです。証人の立場になって行動を1回ずっとシミュレーションして、実際にどうなのかを分析をしてみる。そう

いう中で、体験性の欠如、あるいは体験性の過剰とか、おかしなところが出てくるのではないかということを意識することが重要です。

- 敵性証人でもできるだけ事前に面談せよ。
- 敵性証人の供述特性を確かめろ。
- 証人の立場で行動をシュミレーションせよ。
- 証人の体験性の欠如を突け。

あと、これはルールでも何でもないですが、裁判官に誤った経験則がいろいろあるのをどうすればいいか。これは、高木さんにお聞きしたいと思っています。

小坂井　高木さん、今の秋田さんの説明を聞いてご批判・ご意見等があれば、お願いします。

高　木　特に批判点はありませんが、今回の判決を見ていると、やはり、一貫しているとか、明確だとか、詳細に話しているなど、心理学者から見るとおよそ根拠がないと言わざるを得ないような原則がまだ動いている。こういう状況は、私たちがいろいろ情報発信していくことも含めて、変えていかなくてはいけません。幸い、司法研修所の裁判官の研修などでも話をさせてもらう機会があるので、そういうところも含めてやっていかなければいけないと思います。

　今日は、私たちの立場で、特に秋田さんの話をいろいろ聞いて印象を強く持ったのは、コメントでも繰り返し言ったことですが、やはり、供述の内容的な矛盾とか客観証拠との矛盾に加えて、個々の供述者の供述特性、供述者の場に対するコミットの在り方みたいなものがセットになったときに、非常に強力な主張や推定ができるということです。

小坂井　若干マニアックな質問で申し訳ないのですが、そのあたり浜田寿美男理論から高木理論への転移があるのでしょうか。

高　木　浜田先生がやられていたのは、内容の変遷とか内容の矛盾に対するアプローチであって、私たちは、それに対する補充的なという

か、不足分を補うかたちで供述者の供述特性や供述態度、そこから見えてくる情報の欠落の特性の分析をやってきました。いわば車の両輪です。

　それと同じように、私たちが培ってきた供述特性を見ていく視点や技術を、反対尋問を行う弁護人の尋問技術にもうまく組み入れていくようなコラボレーションが今後できていけば、より面白くなるのかなと思いました。

証人の記憶の変容をどう見るか

小坂井　時間が若干あります。せっかくの機会ですので、質問がある方はぜひお願いします。

西　村　西村健（大阪弁護士会）と言います。髙木さん、今日はありがとうございました。髙木さんに質問一つと、秋田さんに質問一つです。

　髙木さんに質問したいのは、判決を見ると、A証言について、被告人はあとから現場に来て消火活動に加わっていた可能性があるということを前提にして、「これらの機会に目撃した被告人や他の患者の姿の記憶と出火当時の記憶を取り違えている可能性も否定できない」とあります。つまり、あとから被告人が来たということもあったから、しかし、それを見たけども、出火当時から居たというのと取り違えている可能性も否定できないとなっています。もし、うそでなくて、こういうふうに記憶の変容があったとしたときに、供述心理学的には、先生が先ほど、「いくつかの問題がある」と指摘されましたが、A証人の場合、どの辺りでこの変容ができたのか。つまり、先ほど、先生は、思い込みがあったとか、いい証人になろうとしたとか、そういう動機を言われていましたが、A証人の場合は、こういう取り違えの可能性が仮にあるとした場合、どのように供述心理学的に説明できるのかを教えていただければと思います。

　秋田さんには、3Cで理由を聞かないことについて疑問を提出されたようで、では、この場合、B証人はいいのですが、A証人の場合、先ほどの矛盾で言えば、警察段階では病室の中に入らな

かったと言ったけども、公判廷では中に入ったという矛盾がある。そういうことで、矛盾を引き出したときに、その次に、なぜそういう矛盾が生じたのかという、例えば理由を聞いていたかどうか、その辺りについてお願いします。

高木　まず、A証人の記憶の変容のプロセスです。私も記録を詳しく見ているわけではないので、ここにある情報だけからのありそうなストーリーということになりますが、多分、深く関わっている要因が2つあります。

　一つは、恐らく、取調べで、「あなた、見たでしょう」といったプレッシャーがかかる状況があっただろうと。もう一つは、もう少し心理学的なメカニズムの話で、先ほど述べた無意識的転移の話がここに絡んでくるのではないかと思います。つまり、日にちは別にしてあの部屋の中に被告人はいたという記憶がある状態で、事件当日被告人を「見たかもしれない」という仮説を与えられることで、事件当日の記憶が、「私が部屋に入ったときに被告人はいた」という内容にすり替わっていく。これは、心理学的にはそれほど無理がある推論ではありません。

供述の変遷と記憶の整理

秋田　変遷理由ですが、この判決の裁判長は、実際弁護人の反対尋問の途中で介入して、理由を尋ねてきました。後で、私たちは介入尋問に抗議をしに行き、裁判長も自重するということになったのですが、A証人の場合は、一番初めの証人だったこともあり、介入を許してしまいました。その介入尋問で、A証人から出てきた答えは、「記憶を整理したからこうなったんです」という説明でした。ただ、私はその後の反対尋問では、「記憶を整理した」を逆手にとる形で、「このときはすでに記憶を整理していたですよね」「このときも記憶を整理していたですよね」と確認した上で、A証人の供述は二転三転していることを指摘する尋問をしました。「記憶を整理して供述が変わり、記憶を整理してまた変わったね」ということを一応やったつもりです。ただ、この判決を見たら分

かりますが、その反対尋問は、一顧だにされていない状況です。記憶整理をどう見るかということを私も高木さんに聞きたいのですが、どう理解したらいいのでしょうか。

高　木　記憶は、原則として整理してはいけないのです。なぜかというと、これは、供述信用性評価の一つの重要な基準でもありますが、体験性の高い記憶はまとまりがないからです。

　　　　現時点で必要だと思う情報がかちかちかちかちと記憶から取り出されるなんていうことはありません。悲惨な事故・事件を目撃したときのことを思い出していても「そういえば、その直前に肉まん食べたな」みたいなことをふと思い出したりするなど、記憶は、あっちに行ったりこっちに行ったり、飛んだり、いろいろするわけです。いろいろな情報が様々なメリハリで緩くつながっている状態が、どちらかというと人間の記憶のリアリティーであって、記憶を精査したいのなら、それをそのまま取り出さなくてはいけないのです。変に整理させるのではなくて、思い付くままに、自由に、こっちが干渉しないように本人に話させて、それをあとで分析者が整理すればいい。

　　　　逆に「整理して、整理して、整理して」というのは、「書き換えて、書き換えて、書き換えて」と同じ話になるので、手が入り過ぎて本当かどうかも評価できないような供述になってしまう。原則は、目撃後なるべく早い段階でプレッシャーをかけないかたちで、本人が自由に思い出したものを、かっちり記録して、それを一次資料として検討するということになります。時間がたてばたつほど、本人の記憶も曖昧になってくるし、本人の立場による歪みも出てきますから、あとから本人が話すことよりも、事件直後のちゃんとした記録のほうがはるかに情報価が高い。こういう意識は、心理学者だったら皆持つでしょう。

小坂井　もう少し議論をしたいのですが、残念ながら時間が来てしまいました。具体的・実践的ルールの提言にまで至ったかどうかはともかく、非常に興味深い、いろいろな話が聞けたと思います。ありがとうございました。

　　　　最後に、閉会の挨拶を後藤貞人さん（大阪弁護士会）よりお願い

します。

後藤　高木さん、本当にありがとうございました。私の感想を一つ述べます。本を読んで分かるということはあります。しかし、高木さんの話も、今日、直接お聞きして、非常に理解が深まった感じがします。短時間でしたが、具体的な素材を基にお話ししていただいて、本を読んでいるだけではまだしっくりと頭に入らなかったのが、よく入ったと思います。これを機会に、もう一度、本を読んで、それを私たちの反対尋問に生かしたいと思います。

秋田さんも言ったように、反対尋問にどう活かすかというのは、すぐには出てきません。しかし、少なくとも、私たちは、証人の供述が変遷した場合に、なぜ変遷しているんだろうか、どうして変遷したんだろうか、それを裁判官に分からせるためには何を聞いておくべきなのかという観点が必要だということが、非常によく分かりました。本当にどうもありがとうございました。

皆さんも、おつかれさまでした。非常にためになったと思います。ありがとうございます。

特別編②──髙野嘉雄からのメッセージ

　次に掲載するのは、奈良弁護士会の髙野嘉雄弁護士が、2011年4月1日に大阪弁護士会館で開催された第23回ダイヤモンドルール研究会「ダイヤモンドルールにモノ申す!?」のために寄稿されたものであった[1]。しかしながら、その校了直前である2011年9月13日、髙野弁護士はその生涯を終え（享年64）、本稿は残念ながら遺稿となってしまった。

　ダイヤモンドルール研究会は、これまで、「成果をあげた尋問」から、「誰にでも伝承可能なルール」を体系化すべく、研究を行ってきた。すなわち、さまざまな「成果をあげた尋問」例を検証し、それらに含まれる普遍的なルールを見つけ出し、「ルール」として定型化することで、誰にでも優れた尋問ができることを目標としていたのである。

　これまでのわが研究会の作業の中で参考にさせていただいた尋問例に含まれる技術は、誰にでもすぐに実践できるというものではなかったにしても、ルールとして定型化しやすい要素が多分に含まれていた。われわれが、少しずつ「ルール」として普遍化する作業も可能といえるものだった[2]。

　しかしながら、われわれは、「どうにも他の者が『まねのできない尋問』を行う達人」の存在を耳にしていた。達人は、ルールを超えた存在なのだろうか？

　その達人が、髙野弁護士だったのである。

　髙野弁護士は、関西の冤罪事件として著名な甲山事件において、多くの検察側証人の弾劾に成功し、無罪判決を導く原動力となった弁護人の一人であった。

　髙野弁護士は司法修習26期で、1974年に大阪弁護士会に登録し、甲山事件以外にも無罪を争う刑事事件を数多く手がけ、多くの無罪判決を獲得してきた。1993年に奈良弁護士会に登録換え後は、1997年の月ヶ瀬村の女子中学生殺人事件、2004年の小1女児誘拐殺人事件など、重大な事件を手がけた。「無実の人を無罪にするのは当たり前、真に罪を犯した人をどう弁護するかこそが、弁護人の腕の見せ所」として、最近では刑事弁護の中でも情状弁護に熱を入れ、常に「更生に資する弁護」を提唱されてい

た。

　達人の目には、ダイヤモンドルールはどのように映ったのか？

　上記の研究会は、表題のとおり、達人・髙野弁護士からの技術論（ダイヤモンドルール）への批判を予想して開催されたものであった。われわれの予想は、半分当たり、半分外れたといえるであろう。髙野弁護士は、技術を強調するダイヤモンドルールの意義を認めつつ、それはあくまで基本にすぎず、無罪を獲得するためには、それだけでは十分ではないとされたのである[3]。では、さらに必要なものは何か……。

　本稿では、髙野弁護士の実践的達人技の裏にある発想がわかりやすく語られている。達人・髙野弁護士の「頭の中」を覗いてみよう。

　髙野弁護士のご冥福を心からお祈り申し上げます。

（編者）

1　ちなみに、同日の研究会は、本稿と、ダイヤモンドルール研究会ワーキンググループ編著『実践！刑事証人尋問技術――事例から学ぶ尋問のダイヤモンドルール』（現代人文社、2009年）28頁以下の「偽りの目撃者!?」ケースをベースにしながら、髙野弁護士と同書124頁に登場する「大阪弁護士会で反対尋問の名手と言われる」後藤貞人弁護士のバトルトークの形で行われた。参加者は、当初の予想をはるかに超えて、130名を超える盛況であった。

2　そのルール化については、ダイヤモンドルール研究会・前掲注1書を参照されたい。

3　髙野弁護士の了解を得て、当研究会において、表記について若干の修正・加筆を行った。

ダイヤモンドルールにモノ申す
——私の言いたいこと

私はなぜ「勘」に依拠するのか

　私は「勘」に依拠して反対尋問をすることは否定しません。それには理由があります。

　信用性のない供述はなぜなされたのかについて徹底的にこだわるからです。職業裁判官は、被告人は嘘をつくものという予断があります。また、証人は時として供述を変遷させ、自己矛盾供述をすることは少なくないが、ことさらに嘘をつく動機がない以上、または供述内容に明確に反する客観的、しかも物的な証拠がない以上、それらは些細なものであって、骨格部分、主要部分の供述の信用性を左右しないという職務上の経験則ないし論理則があります。

　これを打破しないかぎり無罪判決を得ることは著しく困難であるというのが、私の根本的な考えです。したがって、ダイヤモンドルールの反対尋問は基本、基礎としてはきわめて重要、有効でありますが、それ以上ではありません。

ケースストーリー

　私は、内容虚偽の供述、証言について、反対尋問をする際に徹底的にケースストーリー*を検討します。なぜこの証人は内容虚偽の供述、証言をしたのかということの分析と評価です。

　その分析の前提となるのが、主尋問における供述を徹底的に観察し、その証人の性格、傾向性を分析し、これを反対尋問の内で生かすことです。

　主尋問での観察の結果から一応の反対尋問の骨格、ケースセオリーをつくります。そして反対尋問においては冒頭、私が分析した証人の性格、傾向性を確認する尋問をします。これを確認した後に私が立てたケースセオリーに従った尋問をします。

あまりに抽象的ですので具体的に述べます。

事例①：甲山事件の園児証人の反対尋問

　甲山事件の元園児証人たちは、いずれも知的障害を持つ人々でした。
　それらの人たちが5年近く前の事件について「証言」をするというのです。それ自体、証言の内容の信用性に疑問を生じさせます（しかし、それでも信用性がないとはいえないというのが裁判官一般の考えです。本当は先に心証ありきなのですが）。
　しかし、それらの証人が相互に補強し合う証言を主尋問でしました。
　私たちは主尋問に対して異常といわれるほどの異議申立てをしました。1つには十二分に練習をし、一問一答を叩き込まれた証人の証言の流れを阻止するためです。もう1つは、異議申立てに対する各園児証人の反応、あるいは尋問を変更した後の証言内容の変化を見るためでした。
　各証人はさまざまな対応をしました。供述を維持することに本当に悩む証人（この証人は後の反対尋問の中で「何と答えたらよいのかわからない」といって泣き叫びました）、自己保身的に、極端に供述内容を無責任に変更する証人（この証人は、検察官は味方、弁護人は敵という感情を強く持っていました）、あるいはキーワードを使うとまったく同じ証言をする証人等の個性が強く出ました。
　私たちはこれらを前提に、法廷でこの証人たちに嘘をつかせてみせる、あるいは何と言ったらいいかわからないということを言わせてみせるという方針で、反対尋問をしました。
　反対尋問は成功しました。
　検察官、警察官のトレーニングがどんなものであったかを想定し（ケースセオリーを立て）たわけです。捜査官はどのようにして虚偽供述を形成させるのかについて激論しました。誘導したから等と簡単に言ってもらったら困るのです。誘導というのなら、どのように誘導したかやってみろと怒鳴ったこともあります。
　私の結論は、誘導ではなく、都合のよい、ストーリーに合致した答えを言うまで、何回も同じ質問を繰り返すというのが捜査官の手法だというものです。
　証人たちは、この供述では駄目だということでさまざまに供述（答え）を変

え、ついに捜査官が期待する供述をします。そうすると捜査官は「そうそう、よく思い出してくれた」と褒めます。証人はそう答えたらよいのだと理解し、その答えを繰り返すようになります。それが誘導の基本です。そういうケースストーリーを立てました。

　要するに元園児証人たちには、そもそも「記憶」を喚起する等という思考はまったく欠落しているのです。証人によっては知的なレベルが低い証人もいます。どう答えたらよいのか判断することが困難な証人もいます。その場合は特定のキーワードをつくります。「そのとき、どこを通ったの？」というのがそれでした。そう聞くと証人は、現場での状況を延々と述べるのです。

　私たちは、その元園児証人に対して、朝食後、昼食後、そして夕食後の３度にわたって犯行現場を見たという嘘の供述を法廷で実演させました。弁護人を敵と思い、弁護人が期待する証言はしないという傾向性を強く持つ証人には、主尋問で尋問した検察官の人相等を尋問しました。証人はその検事の顔をチラチラ見ながら、まったく反対の供述をしました。髪が長いのに短い、眼鏡をしていないのにしている、そして、検察官席を示して尋問をした検察官はいますかと尋ねると、その検事の顔を見ながら「ここにはいない」と証言をしました。法廷で嘘の供述をすることを実演させたのです。

事例②：内ゲバ殺人事件の目撃証人

　殺人現場で、事件直後に直近で犯人を目撃したという証人が３人ほどいました。みな、被告人が犯人にきわめてよく似ている、あるいはこの人ですと供述しました。目撃時間、位置等からして、証人ごとにバラツキがあって当然なのに、眉の形等の特徴点を指摘したうえで、非常によく似ていると証言するのです。

　私たちはモンタージュ写真を作成していたこととの関係から、モンタージュ写真が各証人の証言に強い影響を与えたと想定して（ケースセオリーを立てて）反対尋問をしました。すると、モンタージュ写真は、証人全員が集って、眉がどうこう、口元がどうこうということを言い合い、それに従って作成されたことが判明しました。各証人は、顔付き、体格等について他の証人が述べたものを、あたかも自己の記憶であるかのごとく証言していたことが判明しました。

ダイヤモンドルールにモノ申す

この事件はアリバイが成立したことが決定的でしたが、危ないところでした。

　もう1つ、この事件では、犬の臭気鑑定が問題となりました。被告人の枕の臭気と現場の遺留品の臭気を選別してくわえてきたというのです。

　臭気鑑定（犬の識別）の非科学性をいうことは当然です。しかし、私たちは犬は正しい選別をした、ところがそれは被告人の臭気ではなく、別人の臭気であったと主張したのです。枕と遺留品を集めて保管したのが同一の警察官だったからです。

　尋問途中で証人の捜査官に対して、「ちょっと手を見せてください」、「あれ、ひどく汗をかいていますね」と問い、「私はひどい汗かきなのです」と証言させました。もちろん、手袋は自己所有のもので、1つしか持っていないこと、しょっちゅうポケットに入れているということも認めさせました。

　私たちが立てた、犬が持ってきたのは両方の物を触り、保管していた捜査官の臭気を選別したのだというケースセオリーが、否定できないという結論になりました。

事例③：ある鑑定人に対する反対尋問

　これも甲山事件の証人です。死亡した園児の着衣に付着した繊維と被告人の着衣の繊維の色相が酷似するという鑑定をした人です。

　私たちはウェルマンの『反対尋問の技術』[1]という古典を何回も読みました。鑑定人には十分な敬意を尽くすことというのが、ウェルマンの指摘の基本です。

　鑑定書には、押収繊維（付着繊維）と対象繊維（被告人の着衣）の分光曲線図がありました。2つを硫酸紙に転写して、重ね合わせると山と山、谷と谷が多少ずれており、両曲線は交差しているのです。

　当初はこれを示して、酷似という結論を糾弾するという方向で反対尋問をするという意見が強かったのですが、同じ染料でもこのようなズレ、交差が起こりうるということを私たちは文献から知っていました。そうすると、当初から鑑定証人を追及すると、専門家である鑑定証人は必ずそのことで反論してくると予想して、このような方針は避けました。徹底的に鑑定人の諸論文を集め、読み込みました。そして反対尋問をしました。

素人らしく、分光曲線の理論についての説明を求め、理解できないところを尋ねました（本当は理解していたのですが）。鑑定人は説明をしました。尋問者は鑑定人の論文を引用して、「ああそうですか。先生が今おっしゃったのは、この論文でこう記載していることなのですね」というやりとりを何回も繰り返し、論文中にある、分光曲線が交差する場合は色相が異なり、染色剤も異なるとの部分を示し、その点についての説明、講釈をさせました。そのうえで２つの分光曲線を重ね合わせて、交差していることを鑑定人に認めさせました。
　そして先ほどの説明のとおり、「色相は異なる、染色剤は異なるということですね」と尋問をし、鑑定人はこれを認めました。
　そして、「ところで鑑定書には『酷似』とされていますが、どういう意味ですか」と問いました。鑑定人は「分光曲線の形がよく似ているというだけで、それ以上の意味はありません」と証言しました。

強調したいこと

　私が強調したいのは

- 反対尋問においても常に証人の証言について、なぜ事実に反する供述をするのかというケースセオリーを十分に検討せよ。
- 主尋問に注意を集中せよ。

　そして

- ダイヤモンドルールの領域外に踏み出すことは慎重に。危険を感じたらすぐに撤退せよ。

という３点です。
　私としては、勘とか感性とは１つ目のケースセオリーのことを言っているつもりです。
　最後に、ダイヤモンドルールの「反対尋問はプレゼンテーションである」とのテーゼについてですが[2]、私は、

- 反対尋問は弁論である。
- 弁論的反対尋問。

というテーゼを提唱しています。ケースセオリーが反対尋問の基礎にあるからです。

1　アメリカの反対尋問の達人と呼ばれたフランシス・ルイス・ウェルマンが1903年に著した。林勝郎により翻訳され、1973年、青甲社より『反対尋問の技術(上)(下)』として、発刊されている。
2　ダイヤモンドルール研究会・前掲注1書234頁参照。

＊　編者注：髙野弁護士は、「ケースストーリー」と「ケースセオリー」と2つの表現を用いられている。両者の関係については説明しておられないが、両者を使い分けておられるようである。本書では、オリジナルの原稿のまま掲載することとする。

（髙野嘉雄）

あとがき

　いかなる事件、いかなる被告人であっても、依頼人の利益と権利を守るのが私たち弁護人の仕事である。そのとき、弁護人に熱意がなければ、その依頼人は不幸である。被告人とされた人の権利と利益を守ろうする熱意のないところに良い結果が訪れる筈がないからである。弁護人にあふれるほどの熱意があっても、拙劣な弁護技術しか持っていなければ、その依頼人は不幸である。弁護人の熱意を感じて期待してしまった依頼人だけでなく、熱意はあるのに十分な技術が伴わず、求める結論を得ることができなかった弁護人も不幸である。

　法廷弁護技術の中で証人尋問はもっとも難しいとされるものの一つである。

　経験が技術を向上させるだろうか。経験を重ねるだけでより良い尋問ができるようになるのなら、経験が多い弁護士ほど尋問が上手いはずである。そうではないことを私たちは知っている。失敗の経験をいくら積み重ねても、それが失敗であることに気付かなければ、技術は進歩しない。失敗に気付いても、何故失敗したのかを理解しなければ、次もまた失敗するだろう。

　うまくいった尋問は偶然にうまくいったのではない。失敗した尋問も偶然ではない。うまくいく、失敗する、そこには何か共通するルールがある筈である。キース・エヴァンス『弁護のゴールデンルール』は、私たちの目から鱗を落としたと同時により細やかな手がかりが欲しいという気持ちをわき上がらせた。

　ダイヤモンドという、いささか気恥ずかしい冠をつけた研究会は、あふれる熱意を持つ不幸な弁護士たちが、一歩でも、半歩でも前進することができるようにと、2000年に立ち上げられた。はじめから、コッパー、シルバー、そしてゴールドまでも飛び越えて、ダイヤモンドを目指そうと意気込んだ。

　それから17年、書物から学び、優れた実践から学び、互いに議論を交わし、自らの技術を磨いた。研究会のメンバーはそれぞれ確実に進歩した。熱心なメンバーは大きく進歩した。そうでないメンバーもそこそこに進歩した。技術は正しく磨けば必ず上達するからである。

　しかし、メンバーの技術の向上だけでは研究会の目的は達せられない。研

究会は立ち上げの当初から、研究の果実を研究会会員だけに留めず、広く伝えることを目的としていた。

　こうして、2009年に発刊されたPart1に引き続き、これまでの成果をまとめて本書はできた。ゴールドを超えていないかもしれないが、熱意をもった弁護士が本書を読めば、そこに輝くルールを認めることができるはずである。

　きたるべき裁判で、そのルールにしたがって、法廷に立ちたまえ。

　あなたがこれまでよりは少し幸福な弁護士になることは確実である。

2017年8月
後藤貞人

抽出されたダイヤモンドルール

反対尋問の基本手法

- 反対尋問で弁護側に有利な事実を引き出せ。【第1章】
- 弁護側に有利な事実を引き出し、検察側ストーリーを弾劾せよ。【第1章】
- 「主尋問で出た事実」をなぞって、塗り壁をするな。【第2章】
- 「主尋問で出なかった事実」に注目せよ。【第2章】
- 自己矛盾を示すだけでは足りないことを知れ。【第10章】
- 客観矛盾と自己矛盾の合わせ技を使え。【第10章】
- 自己矛盾供述の弾劾でも、ケースセオリーを意識せよ。【第10章】
- 変遷（欠落）の意味づけを意識せよ。【第10章】
- 証人の体験性の欠如を突け。【第25章】
- 反対尋問においても常に証人の証言について、何故事実に反する供述をするのかというケースセオリーを十分に検討せよ。【特別編②】
- ダイヤモンドルールの領域外に踏み出すことは慎重に。危険を感じたらすぐに撤退せよ。【特別編②】
- 反対尋問は弁論である。【特別編②】

反対尋問の準備

- 弾劾対象の供述を分析せよ。【第3章】
- 動かない事実（時系列、現場など）を検討せよ。【第3章】
- 敵性証人でもできるだけ事前に面談せよ。【第25章】
- 敵性証人の供述特性を確かめろ。【第25章】
- 主尋問に注意を集中せよ。【特別編②】

反対尋問のブレーン・ストーミング

- ブレーン・ストーミング手法を活用せよ。【第3章】

《弾劾事実の抽出》

- 抽出過程は自由な発想で行え。【第3章】
- 抽出過程では批判をするな。【第3章】
- 疑問点とそれを支える事実を抽出せよ。【第3章】
- 「現場百遍」で弾劾事実を探せ。【第2章】
- 「主尋問で出なかった事実」に注目せよ。【第2章】
- 弾劾事実の抽出には実際に起こった事実を具体的にイメージせよ。【第4章】
- 証人の立場で行動をシミュレーションせよ。【第25章】
- 事実を細かく分解・分析せよ。【第2章】

- 証拠の行間を読んで、弾劾事実を探せ。【第2章】
- 検討の対象を拡げて、弾劾事実を探せ。【第2章】
- 証人が否定できない有利な事実を探せ。【第1章】
- 論理的な矛盾を探せ。【第4章】
- 前提矛盾、帰結矛盾、欠落矛盾に着目せよ。【第4章】
- 事実認定者を納得させる矛盾を選び出せ。【第4章】

《弾劾事実の整理》

- 抽出された弾劾事実を整理せよ。【第5章】
- 尋問すべき事項は取捨選択せよ。【第5章】
- 尋問順序を重視せよ。【第5章】
- 証人が否定できない周辺事実から始めよ【第5章】。
- 終わりは強く。【第5章】
- リハーサルをせよ。【第5章】

自己矛盾供述による弾劾手法（3C手法）

- 3Cのステップを習熟せよ。【第7章】
- 些末な変遷にこだわるな。【第9章】
- 本質的な変遷を突け。【第9章】
- 不相当な異議や訴訟指揮には的確に反論せよ。【第9章】
- 調書を示す法的根拠に精通せよ。【第9章】
- 呈示を禁止されたら検察官に確認させつつ、朗読せよ。【第9章】
- 自己矛盾供述の顕出は最後までやり通せ。【第9章】
- 自己矛盾を示すだけでは足りないことを知れ。【第10章】
- 客観矛盾と自己矛盾の合わせ技を使え。【第10章】
- 自己矛盾供述の弾劾でも、ケースセオリーを意識せよ。【第10章】
- 変遷（欠落）の意味づけを意識せよ。【第10章】

《調書の呈示》

- 調書は刑訴規則199条の10で示せ。【第7章】
- 刑訴規則199条の10で示す根拠を習熟せよ。【第7章】
- 裁判長の不当な介入には的確に異議を述べよ。【第7章】

専門家証人の尋問

《主尋問》

- 専門家証言の目的を意識せよ。【第14章】
- 専門家証言の性格を知れ。【第14章】

- 専門家証人は、専門的経験則にデータを当てはめた評価（意見）を述べることを意識せよ。【第14章】
- 専門家証人の「公正さや能力（地位）」、「鑑定の前提条件（データ）」を重視せよ。【第14章】
- 専門家尋問では、構成を意識せよ。【第15章】
- 尋問の全体像がわかるように工夫せよ。【第16章】
- 専門家証人の主尋問は、「サマリー（要約）」→「人物紹介（経歴）」→「専門的経験則とデータ」→「あてはめと結論」という構成で聞け。【第15章】
- 「専門的経験則」と「データ」を個別に整理して聞け。【第16章】
- 専門的な細部にこだわるな。【第16章】
- 「あてはめ」と「結論」を明確に示せ。【第16章】

《反対尋問》
- 裁判所は専門家の判断を尊重することに留意せよ。【第19章】
- 協力してくれる専門家を探せ。【第17章】
- 専門的経験則で対抗しようとするな。【第17章】
- 専門家があてはめたデータを吟味せよ。【第17章】
- 専門領域でも勉強してから尋問に臨め。【第18章】
- データの不十分さを突け。【第17章】
- データの不備を突け。【第18章】
- 専門家証人は見落としや欠落を探せ。【第18章】
- 専門家が想定していないアナザー仮説を探せ。【第19章】
- 専門性の高さを活かせないかを検証せよ。【第19章】
- 専門家でも、専門的経験則に反する不合理な鑑定をすることがあることを忘れるな。【第20章】
- 不合理な専門家の判断には、専門的経験則で対抗することも躊躇うな。【第20章】
- 専門的経験則で対抗する場合には、他の専門家の協力を得て、徹底的に準備せよ。【第20章】

犯人識別証言の反対尋問手法

- 犯人の視認状況と犯人識別過程を吟味せよ。【第6章】
- 犯人視認状況を妨げる周辺事実を積み重ねよ。【第6章】
- 犯人識別過程の誘導がどこにあるかを見極めよ。【第6章】

通訳事件の尋問技術

- 要通訳事件では多義的な単語を避けよ。【コラム】
- レトリック、婉曲表現、曖昧表現を避けろ。【コラム】
- 二重否定を使うな。【コラム】
- 前置きは削り、短く問え。【コラム】

- 省略はするな。【コラム】
- 通訳人の準備に配慮せよ。【コラム】
- 通訳人の負担に配慮せよ。【コラム】

【初出】

第1章	季刊刑事弁護60号（2009年）170頁
第2章	季刊刑事弁護75号（2013年）120頁
第3章	季刊刑事弁護76号（2013年）151頁
第4章	季刊刑事弁護77号（2014年）134頁
第5章	季刊刑事弁護78号（2014年）105頁
第6章	季刊刑事弁護71号（2012年）143頁
第7章	季刊刑事弁護65号（2011年）162頁
第8章	季刊刑事弁護81号（2015年）30頁
第9章	季刊刑事弁護81号（2015年）37頁
第10章	季刊刑事弁護86号（2016年）135頁
第11章	季刊刑事弁護79号（2014年）164頁
第12章	季刊刑事弁護80号（2014年）239頁
第13章	季刊刑事弁護81号（2015年）164頁
第14章	季刊刑事弁護72号（2012年）58頁
第15章	季刊刑事弁護73号（2013年）101頁
第16章	季刊刑事弁護74号（2013年）143頁
コラム	季刊刑事弁護87号（2016年）203頁
第17章	季刊刑事弁護82号（2015年）114頁
第18章	季刊刑事弁護83号（2015年）101頁
第19章	季刊刑事弁護84号（2015年）143頁
第20章	季刊刑事弁護85号（2016年）149頁
第21章	書き下ろし
第22章	季刊刑事弁護84号（2015年）15頁
第23章	第28回ダイヤモンドルールを作ろう研究会（2016年4月8日、大阪弁護士会館）より
第24章	同上
第25章	同上
特別編	季刊刑事弁護68号（2011年）73頁

【執筆者】

秋田真志（あきた・まさし／弁護士）　序論、第1～5章、第7章、第9～10章、第14
　～16章、コラム、第17～20章、第24章～25章

森　直也（もり・なおや／弁護士）　第6章

髙見秀一（たかみ・しゅういち／弁護士）　第8章、第11～13章

小田幸児（おだ・こうじ／弁護士）　第21～22章

髙木光太郎（たかぎ・こうたろう／青山学院大学社会情報学部教授）　第23章、第25章

髙野嘉雄（たかの・よしお／弁護士、故人）　特別編②

小坂井久（こさかい・ひさし／弁護士）　はしがき

後藤貞人（ごとう・さだと／弁護士）　あとがき

GENJIN刑事弁護シリーズ20
実践！ 刑事証人尋問技術　part 2
事例から学ぶ尋問のダイヤモンドルール

2017年9月15日　第1版第1刷発行
2025年3月10日　第1版第2刷発行

編著者　ダイヤモンドルール研究会ワーキンググループ
発行人　成澤壽信
編集人　北井大輔
発行所　株式会社現代人文社
　　　　〒160-0004
　　　　東京都新宿区四谷2-10八ツ橋ビル7階
　　　　Tel 03-5379-0307　Fax 03-5379-5388
　　　　Web www.genjin.jp
発売所　株式会社大学図書
印刷所　株式会社平河工業社
装　幀　Malpu Design（清水良洋）

検印省略　Printed in Japan
ISBN　978-4-87798-680-3 C2032
Ⓒ2017 ダイヤモンドルール研究会ワーキンググループ

◎乱丁本・落丁本はお取り換えいたします。

JPCA
日本出版著作権協会
http://www.jpca.jp.net/

本書は日本出版著作権協会（JPCA）が委託管理する著作物です。複写（コピー）・複製、その他著作物の利用につきましては、事前に日本出版著作権協会（info@jpca.jp.net）または小社に許諾を求めてください。